스토리 세계사

5

중세편 · Ⅱ

■ 일러두기

- 본문에 나오는 인명과 지명 등의 표기는 원칙적으로 국립국어원이 정한 외래어 표기법을 따랐으나, 저자의 요청이 있거나 관례로 굳어진 몇몇 경우는 예외로 했습니다.

- 고대편과 중세편은 각 장의 미주를 책 마지막 부분에 장별로 구분하여 함께 실었습니다. 근대편과 현대편은 미주를 따로 싣지 않고 책의 뒤쪽에 참고자료로 정리했습니다.

- 책 이름은 『 』, 잡지나 신문명은 《 》, 개별 작품은 「 」으로, 영화나 연극, 미술작품 등의 제목은 〈 〉로 감싸서 표기했으며, 미주에서는 각 장별로 처음 나오는 책은 저자 등의 서지 정보를 다 수록했으며, 이후부터는 책 이름 이외의 서지 정보를 생략했습니다.

유럽의 시작부터 중세와 근대의 갈림길까지

스토리 세계사
5

중세편 · Ⅱ

임영태 지음

21세기북스

역사의 삭은 과일에서 희망의 술을 뜨자

이어령

역사의 수레바퀴는 뒤로 돌리지 못한다. 그러나 역사의 녹화 테이프는 뒤로 돌릴 수 있다. 미래를 준비하기 위해 역사를 되돌아보는 일은 필수불가결한 일이다. 요즘 사람들은 과거의 일을 쳐다볼 겨를이 없다. 앞만 보고 달려가기에도 바쁜 탓이라 말한다.

그러나 역사를 되돌아보지 않고 앞만 보고 달려나가다 보면 사달이 나게 마련이다. '세월호' 사건이 그렇고 인사 난맥이 그렇고 우리의 경제가 그렇다. 과거에 이미 해답이 다 있는데도 불구하고 그 해답을 굳이 찾아보지 않은 채 앞으로 내달리기만 하기 때문에 큰일이 벌어지는 것이다.

앞만 보고 달리는 일을 잠시 멈추고 숨을 고르는 시간이 필요하다. 역사책을 읽는다는 것은 그런 의미에서 큰 가치가 있다. 그러나 요즘은 역사책마저도 요약본이 대세다. 몇 년도에 어떤 일이 있었고 누구누구는 몇 년도에 태어나서 몇 년도에 세상을 떠났다는 것만 아는 것은 역사를 제대로 이해한 것이 아니다.

역사에는 원인과 결과가 있다. 역사는 누구에게 어떻게 영향을 미쳤는지 분석하고 판단하는 총체적인 과정을 거쳐야 비로소 우리에게 필요한 길잡이가 되는 것이다. 역사를 아는 사람과 모르는 사람은 아주 큰 차이가 있다. 역사에 세상살이의 이치가 녹아있기 때문이다.

따라서 이번에 출간되는 『스토리 세계사』는 가뭄 끝의 단비와 같다. 역사를 겉핥기식이 아니라 속속들이 깨물어 먹게끔 해주기 때문이다. 처음부터 편안하게 읽어나가기만 하면 재미와 함께 세계사의 장면 장면들이 오롯이 떠오르기 때문이다. 또한 행간마다 녹아있는 저자 특유의 분석력은 각 사건이면 사건, 인물이면 인물들의 인과관계를 일목요연하게 보여주면서 역사의 인과관계를 조감도로 그려낸다.

기존의 역사책들, 우리가 교과서를 통해 배우고 책을 통해 알던 역사는 그리스에서 시작된 서양식 역사관에 의해 만들어진 것이다. 예를 들어 동양과 서양이 전쟁을 벌인 장면도 서양식으로 쓴 역사는 '동양의 누가 서양의 아무개 나라를 침입했다'는 식의 설명이 고작이다. 전쟁의 원인을 제공한 것이 서양 쪽의 '아무개'라면 더더욱 그렇다.

『스토리 세계사』는 이제까지 서양인의 시각으로 본 세계의 역사를 동양인, 그것도 극동아시아의 작은 나라인 한국 역사학자의 시각으로 쓴 것이다. 그렇다고 해서 이 책이 국수주의적으로 쓰인 것은 아니다.

다만 세계 역사 속에서 한국인이 서야 할 정당한 자리를 차지하고, 보다 중립적인 시각으로 보편적인 인류의 삶을 이야기하고자 하는 것이다.

『스토리 세계사』는 인류 역사의 시작인 오스트랄로피테쿠스부터 2011년 12월 말 미국 오바마 행정부가 이라크 주둔 미군을 철수하고 아프가니스탄에 증파했던 일에 이르기까지 방대한 역사를 다루고 있다. 이것은 기존에 우리가 익히 알고 있던 반 룬이나 곰브리치의 역사서와 확연히 다른 점이다. 인류가 과거 천 년 동안 생산해낸 정보가 근래의 십 년 동안 생산해낸 것보다 적다고 한다. 시간은 빛의 속도로 흘러가는데 우리는 근 백 년쯤 전에 나온, 그것도 서양인의 시각으로 본 세계사의 늪에 빠져있었던 것이다.

『스토리 세계사』는 이밖에도 또 하나의 미덕을 갖추고 있다. 세계사 자체의 기술을 사건, 혁명, 인물, 테마 등으로 잘게 분류하여 하나의 사건이라도 입체적으로 바라볼 수 있게 도와준다는 것이다. 시간의 흐름에 따라 평면적으로 서술된 것이 아니라, 어떤 사건이나 특정한 인물이 어떤 경위로 역사에 등장하게 되었고, 어떤 영향을 끼쳤는지를 균형 잡힌 시각으로 보여준다. 따라서 인류의 과거와 현재를 바로 볼 수 있고, 앞으로 우리 삶이 어떻게 흘러갈 것인지에 대한 안목을 기를 수 있다.

　역사, 그것은 나와 같으면서도 다른 사람들이 동시대를 살아가는 수평적인 기록들을 수직적으로 바라본 작업의 결과물이다. 씨줄과 날줄로 엮여있는 삶의 궤적들을 엄정한 눈으로 잘라내고 그 의미를 찾아내려고 노력한 『스토리 세계사』가 여러분에게도 많은 통찰을 안겨줄 수 있었으면 한다.

　역사가 내포하고 있는 역설은, 행동으로 역사를 만들어가는데 그것을 말로 기술한다는 데에 있다. 저자는 비록 글로써 『스토리 세계사』를 서술했지만 그의 삶 자체가 양심과 함께 부단한 실천으로 일관된 것이었기에 이 책이 더욱 믿음을 준다는 점을 강조하고자 한다.

　이제 우리는 『스토리 세계사』를 통해 역사의 삭은 과일에서 희망의 술을 떠야 할 시간이다.

1. 중세 유럽

중세 유럽은 어떻게 시작되었나?

최초의 '유럽' 개념의 등장

오늘날 우리가 서구라고 말할 때는 유럽, 미국과 북미, 오세아니아 지역을 포괄한다. 러시아는 유럽 국가적 정체성을 기본으로 하면서도 아시아 국가로서의 성격도 갖는 독자적인 영역을 확보하고 있다. 그럼에도 러시아는 기본적으로 서구에 포함된다고 봐야 할 것이다. 중남미 라틴 또는 이베로 아메리카 지역의 국가들을 서구의 개념 속에 넣을 것인지도 논란이 되지만 이들 국가는 서구와는 다른 독자적인 영역으로 보는 것이 타당할 것이다. 결국, 오늘날 우리가 쓰는 서구 또는 서양이라고 말할 때 넓게는 유럽의 확장판이라고 해도 틀린 말은 아니다.

그렇다면 '유럽'은 언제부터 등장하는 것일까? 실제로 유럽이라는 지역 명칭이 최초로 나타난 것은 기원전 8세기 그리스 시인 헤시오도스의 작품이라고 한다. 그러나 그러한 명칭이 어떻게 붙여졌는지는 정확히 알려져 있지 않다. 역사가들은 아마도 유럽이라는 명칭이 에우로페Europe의 전설에서 나온 것이 아닌가 추정하고 있다.* 고대 그리스 신화에 따르면 오늘날의 레바논에 살던 페니키아의 왕녀 에우로페의 아름다움에 현혹된 제우스는 그녀를 크레타섬으로 납치했다. 에우로페는 제우스의 세 아들을 낳았는데, 그 중 하나가 바로 크레타 문명을 이룬 미노스 왕이다. 에우로페는 미노스 왕조의 모후로 모셔졌다.[1]

크레타섬의 미노스 문명은 본토에서 고대 그리스 문명이 본격적으로 전개되기 전 펠로폰네소스 반도를 중심으로 전개된 미케네 문명에 큰 영향을 미쳤다. 고대 그리스 문명은 이들 미노스·미케네 문명과 직접 연결되지는 않지만 많은 부분에서 유사성을 갖고 있다. 따라서 미노스 문명은 최초의 유럽 문명으로 볼 수 있을 것이다. 그리스인들은 인근 주변 지역을 야만으로 규정했지만 그들의 자부심과는 달리 최초의 고대 문명은 동방오리엔트에서 시작되었고, 그것은 장구한 세월에 걸쳐, 서방 지역으로 전파되어 유럽의 고대 문명 형성에 중요한 역할을 담당했다.

고대 그리스인들은 오늘날의 다르다넬스헬로폰토스 해협과 지중해를 경계로 세 지역으로 나누어진다고 생각했다. 그리스인들이 사는 유럽과 소아시아와 메소포타미아, 페르시아 등의 오리엔트, 그리고 리비아와 이집트의 아프리카가 그것이다. 이와 관련하여 헤로도토스는 『역사』에서 이렇게 적고 있다.

---

*   에우로페(Europe)에서 유로파(Europa)라는 지명이 나왔다고 알려진다. 하지만 실제로는 유로파라는 지명이 있고, 에우로페가 나왔다는 이야기도 있다.

이때까지 이미 많은 사람이 세계 지도를 그렸지만, 나는 그 모든 지도의 불합리성에 실소를 금할 수 없다. 이 사람들은 육지가 마치 컴퍼스로 그린 것 같이 완전한 원형을 이루고 있고, 그 주위를 오케아노스大洋가 흐르는 것처럼 지도를 그리고, 아시아와 유럽을 똑같은 크기로 만들어 놓고 있다. …… 그러나 유럽에 대해서는, 그 동쪽 및 북쪽이 과연 바다로 둘러싸여 있는지의 여부도 명확히 알고 있는 자가 없는 형편이다. 단 유럽이 다른 두 대륙을 합한 길이만큼 뻗어 있다는 것만은 잘 알려져 있다.

대체 무엇 때문에, 본래는 하나의 거대한 땅덩어리인 육지에 여자 이름에서 유래하는 세 가지 명칭이 붙었고, 또 이집트의 나일 강과 콜키스의 파시스 강— 마이오티스로 호로 흘러들어 가는 티 나이스오늘날의 돈 강와 '킴메르오늘날의 보스포루스 해협'을 드는 사람도 있다.—이 그 경계선으로 확정되었는지, 그 이유를 나로서는 아무리 생각해도 이해할 수 없다. 또한 어떠한 사람들이 그렇게 구분해 놓았는지, 그 사람들의 이름이나 그렇게 이름 지은 유래도 나로서는 모르고 있다. …… 그러나 이름에 대해서는 이 정도로 해두겠다. 여하튼 나는 관용적으로 써온 그 이름들을 계속해서 사용할 예정이기 때문이다.[2]

그리스인들은 드넓은 아시아 대륙에 붙어 있는 작은 혹 같은 곳이 유럽이라는 사실을 알지 못한 채 유럽이라는 개념을 만들어 냈다. 그 결과 유럽의 동쪽 경계는 항상 유동적이었고 아시아 또한 바뀌어왔다. 유럽에 대응하는 아시아는 처음에는 페르시아까지, 다음에는 인도까지, 그리고 중국과 한반도, 일본까지 점차 확대되었다. 여기서 알 수 있듯이 유럽이라는 개념은 물리·지리적 개념보다는 정치·지리적 관점에서 파악되었다. 기원전 5세기 초에 겪은 페르시아 전쟁의 경험은 단지 지리적인 관점에서만이 아니라 기후와 문화, 언어 및 관습과 특성의 차원에서도 유럽과 아시아를 구분하는 계기를 제공했던 것이다. 그 때문에 유럽이라는 개념은 자의성에서 벗어날 수가 없었다. 그런 점은 심지어 기원전 5세기의 헤로도토스조차도 이미 지적했던 바다.

중세 유럽의 기초가 된 로마 문명

그런데 무엇보다 중요한 것은 그리스인들이 아시아와 유럽 양 대륙을 정치제도의 관점에서 비교했다는 사실이다. 그들이 정치제도의 비교를 하면서부터 전제적이고 정체된 아시아와 자유롭고 민주적인 유럽이라는 개념의 대비가 만들어지는 실마리가 나타나기 시작했다. 또한, 그들은 아시아와 유럽의 차이가 자연적인 조건에서 기인하는 것처럼 인식했다.[3] 그들은 그 이유의 하나로 기후 조건을 들었다.

아시아인들이 유럽인에 비해 덜 호전적이고 보다 더 순종적인 성향을 지니는 이유에 대해서 좀 더 생각해보아야 할 것이다. 아시아 주민에게서 보이는 활기와 용기의 부족은 주로 아시아 대륙이 계절에 따른 온도 변화가 크지 않아 1년 내내 기후가 안정되어 있다는 데서 기인한다. 아시아와 같은 기후에서는 자연스럽게, 사람의 기질이 사나워지지 않는다. 또한, 안정된 상황에 처해 있을 경우보다 더욱 격렬한 경향의 비非

이성과 정념을 유발하는 심성의 충격이나 격렬한 육체적 혼란도 생기지 않는다. 항상 인간의 마음을 자극하여 소극적인 상태에 머무르지 못하도록 하는 것은 바로 변화다.[4]

심지어 아리스토텔레스는 유럽의 찬 기후와 아시아의 더운 기후에서 그 주민들의 성정과 정치적인 특성까지 추출해냈다. 즉, 찬 기후를 배경으로 형성된 유럽인들은 용감하지만 숙련되지는 못하다. 그러나 이 때문에 그들은 독립적이다. 반면 아시아의 주민들은 두뇌가 뛰어나고 숙련되어 있지만, 용기와 의지가 부족하여 예속된 종족으로 살고 있다는 것이었다. 한 걸음 더 나아가 그리스인들은 양 대륙의 중간적인 위치에서, 양자의 긍정적인 특성을 결합하여 최상의 정치제도를 갖추었다고 보았다. 이후 유럽인들은 그들의 정신적 선조로 여기는 그리스인들의 정치적 선진성을 근거로 다른 지역 주민에 대한 우월의식을 갖기도 하였다. 자신들을 문명인이라고 본 반면 주변의 이민족을 '바르바로이Barbaroi'라고 해서 야만족으로 보았다.

'바르바로이'란 그리스어로 이어족異語族, 다른 말을 쓰는 사람들, 야만인 등을 의미했다. 이 말은 처음 외국어를 못 알아듣던 그리스인들이 외국인들을 모조리 야만인 취급하면서 생긴 단어다. 본래는 비하의 뜻이 없이 '다른 말을 하는 자' 정도의 뜻이었으나 후대에 와서 점차 비하의 뜻이 덧붙여지기 시작했던 것이다. 그리스어를 못하는 외국인들이 말을 더듬으며 '버-버' 거리던 데서 유래했다고 알려진다. 이 단어에서 파생된 단어가 바로 바바리안이다. 다시 이야기하자면 외국인들은 말을 못하는 것이 아니고 단지 그리스어를 못하는 것일 뿐이었다. 그러나 그리스인들은 일단 그리스어를 못하면 무조건 야만인으로 분류했기 때문에, 문화적으로도 최소한 자신들에 버금가거나 여러 면에서 능가했던 페르시아조차 야만인으로 취급했다. 훗날 헬레니즘 문화를 만들어내는 알렉산드로스 대왕도 처음에는 야만인 취급을 받았다. 그리스인은 자신들을 제외하고는 모두 야만인 취급을 했다는 점에서 중화사상과 비슷하다고 볼 수 있다.[5]

한편으로는 '우리는 문자가 있지만 저들은 문자가 없다'는 이유로 우리가 저들보다 더 문명인이라는 사고를 갖게 된 것도 아니고, 단지 '우리의 말을 못 한다'는 이유로 야만인 취급을 한 것은 어찌 보면 중화주의보다 더하다고도 볼 수 있다. 거기다가 아리스토텔레스는 바르바로이는 동식물이랑 똑같다고 할 정도였으니, 당시 그리스가 얼마나 선민의식에 찌들어 있었는지를 알 수 있을 것이다. 그들은 그리스어를 못하는 것 말고도 "한 명의 왕만을 섬긴다, 도시에서 살지 않는다, 벗지 않고 운동한다, 와인에 물을 섞지 않는다."는 등의 이유로 페르시아를 야만인 취급했다.[6]

그런데 기원전 4세기 말경 그리스인들이 처음에는 야만인 취급을 했던 마케도니아의 왕 알렉산드로스는 소아시아와 페르시아, 인도 북서부와 이집트 지역을 통합한 대제국을 수립했다. 뿐만 아니라 알렉산드로스의 원정 과정에서 그리스 문화는 지중해 전역과 페르시아 지역으로 확산되었으며, 이를 바탕으로 헬레니즘 문명을 탄생시켜 유럽 문명을 위한 하나의 기반을 마련했다. 기원전 1세기 말 세계 제국으로 팽창한 로마는 헬레니즘을 바탕으로 여러 지역의 문화적 요소들을 통합하여 서양 문명의 큰 줄기를 형성하게 된다. 특히 로마는 서부 지중해 지역과 유럽 대륙과 영국 등으로까지 제국을 확대하는 성과를 거두었고, 이는 중세 서유럽 문명을 탄생시킬 씨앗이 되었다.

그러나 로마제국은 지중해 제국이었지 결코 유럽 제국은 아니었다. 그 시대에 유럽은 아직 완성된 상태가 아니었다. 로마의 영토는 라인 강과 도나우 강 너머까지 확장되지 않았으며, 영국의 경우에도 잉글랜드의 일부 지역에 국한되었다. 게다가 로마제국의 영토는 아시아와 아프리카의 넓은 비非유럽 지역까지 포함하고 있었다. 그러니까 로마제국 시대까지만 해도 유럽과 아시아의 경계, 또는 대비가 불명확하고 희미했던 것이다. 결국, 로마는 이 광대한 영역과 이질적인 문화를 완전히 통합하여 새로운 하나의 통일 문화를 건설하는 데 실패한 상태로 몰락했다.

비잔틴과 이슬람, 서유럽 문명의 병존

오늘날 우리가 보는 유럽이 형성되는 것은 로마제국 해체 이후의 일이다. 로마의 몰락과 함께 로마가 전성기에 지배하고 있던 지역을 중심으로 기원전 7세기경부터 새로운 시대가 열리기 시작했다. 7백 년을 즈음하여 지중해 연안에는 통일된 로마제국 대신 비잔틴 문명과 이슬람 문명, 서유럽 기독교 문명 등 경쟁적인 세 문명이 자리를 잡게 된다. 각 문명은 제각기 고유의 언어와 독자적인 생활 방식을 확보하고 있었다.[7]

먼저, 기독교를 로마의 국교로 정한 테오도시우스 황제가 사망한

395년 이후 로마는 라틴어 사용 지역인 서로마 제국과 그리스어 사용 지역인 동로마 제국, 즉 비잔틴 제국으로 분리되었다. 그 후 서로마 제국과 동로마 제국 사이에 약간의 유대가 유지되기는 했으나 양 지역은 사실상 별도의 문화권으로 분리되었다. 그리스를 비롯하여 세르비아, 슬로베니아, 크로아티아, 불가리아, 루마니아 등의 남슬라브 지역은 처음에는 서로마 세계와 다소 분리된 채 동방정교의 비잔틴권에 속해 있다가 1453년 동로마 제국의 몰락 이후로는 이슬람권에 편입되었다.

그리스가 다시 서양 세계로 복귀하게 되는 것은 1830년 오스만 투르크로부터 독립한 이후다. 오스만 투르크가 쇠퇴를 거듭하던 19세기 중엽, 유럽과 이슬람의 양 문명권은 다시 크림 전쟁으로 크게 부딪쳤고, 이후 남슬라브 지역도 유럽 문화권에 다시 편입되었다. 그러나 이 지역은 이슬람Islam과 기독교가 교차하는 가운데 종교와 언어, 인종적 분화가 극심했다. 이런 이유 때문에 이 지역은 제1차 세계대전의 발화점이 되었고, 그 뒤에도 세계의 화약고로 불리는 등 유럽에서 갈등의 진원지가 되었다. 그리고 마침내 냉전체제가 해체된 뒤 1999년에는 유고 내전과 코소보 분쟁 등 비극적 상황을 겪어야 했다.[8]

그런데 사실은 게르만족의 침입으로 서로마 제국이 해체되면서 유럽은 오히려 확대의 계기를 맞게 된다. 게르만족은 로마 문화를 파괴하는 한편, 일부를 계승하여 서유럽을 중심으로 하는 새로운 사회와 문화를 만들었다. 특히 프랑크족의 후예인 카를 마르텔Karl Martell*은 8

---

* 또는 샤를 마르텔로 불린다. 프랑스어로는 Charles Martell, 독일어로는 Karl Martell, 라틴어

세기에 남서부 유럽을 크게 위협했던 아랍인들을 피레네 산맥 남쪽으로 격퇴시키고 유럽 문명의 지역적 기반을 확보하는 데 크게 기여했다. 그리고 약 70년 뒤 그의 손자 샤를마뉴^{Charlemagne*}가 북부의 바이에른으로 영역을 넓힌 서로마 제국의 황제로 등극한 것은 유럽의 형성 과정에서 매우 시사적인 사건이었다. 이 사건 이후 11세기 초까지 서방은 스스로 승자라는 자부심을 갖고 있었다. 한편 피레네 이남의 이베리아 반도는 수 세기에 걸친 기독교인들의 재정복 노력으로 아랍인들이 궁극적으로 축출되면서 다시 유럽으로 편입되었고, 이후 서유럽은 이슬람의 지배에서 완전히 벗어나게 되었다.⁹

로는 Carolus Martellus로 표기하며, 680년에 태어나 741년에 사망했다. 그는 프랑크 왕국의 동쪽 지방인 아우스트라시아의 궁재로, 사실상 아우스트라시아, 네우스트리아, 부르군트 3개로 나뉜 프랑크 왕국 전체를 지배했다. 마르텔은 '망치'라는 뜻이다. 사라센의 침략을 격퇴하여 신망을 얻었다. 그는 프랑크 왕국의 궁재 직을 석권한 뒤, 737년부터는 공석이던 프랑크 왕국의 국왕을 대신하여 왕국을 통치했다. 그의 사후 프랑크 왕국의 궁재 직은 카를로만 1세와 피핀 3세가 나누어 차지했다.

* 샤를마뉴 또는 카롤루스(Carolus) 대제로 불린다. 그는 카롤링거 왕조 프랑크 왕국의 2대 국왕이다. 카롤루스 대제는 서부, 중부 유럽의 대부분을 차지해 프랑크 왕국을 제국으로 확장했다. 재임 기간 동안 이탈리아를 정복하여 800년 12월 교황 레오 3세에게 비잔티움 제국의 황제와 반대되는 신성 로마제국 황제 직을 수여받았으며 황제가 된 후 교회를 통해 예술, 종교, 문화를 크게 발전시켜 카롤링거 르네상스를 일으켰다. 카롤루스 대제는 서유럽과 중세 시대를 정의하는 데 기여했으며 프랑스, 독일, 이탈리아, 신성 로마 제국 등의 재임 연표에서는 샤를 1세 또는 카를 1세로 알려져 있다. 아버지 피핀의 뒤를 이어 프랑크 왕국의 왕이 되었다.
그는 왕국을 위협하던 사라센과의 전쟁 중 무훈시 「롤랑의 노래」에서도 언급된 779년 론세스바예스 전투에서 끔찍한 패배를 겪기도 했으나 교황의 보호자 역할을 계속 수행했다. 또한 롬바르드 왕국, 사라센과의 장기간에 걸친 전쟁을 끝낸 후, 유럽 동쪽에 사는 민족 중 특히 작센족을 굴복시켜 가톨릭교로 개종시켰다. 오늘날 카롤루스 대제는 프랑스, 독일 군주의 시초를 연 인물로 여겨지고 있다. 뿐만 아니라 로마제국 이후 최초로 대부분의 서유럽 지역을 정복하여 정치적, 종교적으로 통일시켰으며 카롤링거 르네상스를 통해 현재 유럽의 정체성을 마련했다. 그 때문에 그는 오늘날 '유럽의 아버지'로도 불린다. 카롤루스 대제는 할아버지 카를 마르텔의 뒤를 이어 '카를 대제'라는 칭호를 받았다. 카를이라는 이름은 라틴어인 '카롤루스'에서 유래했다.

9세기 노르만족의 이동과 함께 서양 문화권은 스칸디나비아 반도를 포함하는 북서부 유럽으로 확산되었으며, 10세기에 들어 안정된 유럽 봉건 사회는 동쪽으로 확대되었다. 이에 따라 동부 독일, 서슬라브 지역의 폴란드와 체코슬로바키아, 헝가리 등 동유럽 지역이 봉건화되었으며, 서방 기독교 세계도 확장되었다. 유럽에서 배제되었던 우랄 산맥 서쪽의 러시아는 17세기 유럽으로 편입되어 거의 2세기 동안 그 일원으로 남아있었다. 그러다가 1917년 혁명으로 러시아는 유럽에서 제외되었으나 1991년 소련의 해체와 함께 다시 유럽으로 복귀했다.

중세 시대 유럽은 봉건제의 분권성으로 정치적 통합은 미미했다. 그러나 유럽은 대체로 로마제국의 영토와 문화를 기반으로 하고 있었고, 가톨릭 교회를 바탕으로 한 공통의 종교와 문화, 지식 기반을 갖고 있었다. 나아가 유럽 전 지역에서 지식인들이 사용했던 라틴어라는 보편적인 문화 기반도 확보하고 있었다. 특히 서로마 제국의 와해 이후 19세기 초까지 사실상 범유럽적인 상위공동체와 유사한 형태로 존재했던 신성 로마제국은 '유럽 기독교 공화국'이라는 이념을 대변하면서 중세 유럽에 정체성을 부여하는 데 크게 기여했다.

11세기 말부터 이른바 '성지 회복'을 명분으로 시작된 십자군 운동이 13세기 말까지 진행되면서 유럽은 한동안 자체의 경계를 넘어서 유럽 바깥으로 진출하게 된다. 그러나 십자군 운동은 종교를 빙자한 서유럽 지도자들의 침략 전쟁이었다. 여기에 아랍인들도 이슬람 종교와 영역의 방어라는 명목 아래 무력으로 맞서면서 양측의 대결은 극단적인 폭력 전쟁의 형태를 띠게 되었다. 그러나 이러한 투쟁의 이면에는 단순히 기독교도와 이슬람교도 간의 전쟁뿐만 아니라 서방 가톨릭과 동방정교, 가톨릭 교황과 세속 군주들, 또한 각 지역의 군주들, 심지어 이슬람교도들 사이의 갈등과 권모술수가 난무했다. 그 결과 중세의 십자군 전쟁을 중심으로 벌어진 투쟁 속에서 유럽과 서아시아 지역은 많은 상처와 혼란을 낳았다. 1453년 투르크인들이 콘스탄티노플을 점령하면서 옛 비잔틴 지역은 이슬람권의 오스만 제국 영토로 넘어가고 말았다. 이후 두 문명권 사이의 대립은 더욱 확연해졌으며, 유럽의 이슬람에 대한 공포심과 적대감도 더욱 깊어졌다.[10]

오리엔탈리즘과 옥시덴탈리즘을 넘어서

기원후 700년 즈음에 그 뚜렷한 모습을 드러내기 시작하는 비잔틴 문명, 이슬람 문명, 서유럽 기독교 문명의 출발점과 기원은 사실은 같은 곳에 있다. 멀리는 수메르에서 시작되어 오리엔트 지역과 에게해, 그리고 지중해로 전파된 고대 오리엔트 문명이 그 먼 출발점이다. 그것은 에게 문명과 히브리 문명, 레반트 및 페르시아 문명으로 이어졌으며, 헬레니즘 문명과 로마 문명으로 발전했다. 하지만 로마의 몰락과 함께 세 개의 문명이 자리를 잡아 각축하고 교류하면서 새로운 세계를 열어가게 되었다.

이들 세 문명은 공통점도 있지만, 제각기 고유한 언어와 독자적인 생활 방식을 가지고 있었다. 동로마 제국의 직접적 계승자인 비잔틴 문명은 그리스어를 사용했으며, 로마의 정치적 전통과 기독교 신앙의 열정을 결합하고자 했다. 이슬람 문명은 아랍어에 바탕을 두고 있었으며, 역동적인 신흥 종교로부터 정치·문화적 영향을 받고 있었다. 서유럽의 기독교 문명은 다른 문명들에 비해 발달이 늦었다. 경제적으로 발달이 더디었고, 정치·종교적으로도 취약했다. 그러나 서유럽 문명은 기독교와 라틴어에 통합의 기반을 두었고, 얼마 지나지 않아 더 큰 정치·종교적 결속력을 가지고 무섭게 발전하기 시작했다.[11]

서유럽의 기독교 문명은 근대로 들어오면서부터 그 경쟁자들을 앞지르게 되었다. 그 때문에 서유럽의 지식인 중에는 아직까지 비잔틴 문명과 이슬람 문명을 낙후되고 비합리적인 문명이라고 업신여기는 경향이 존재하고 있다. 그러나 역설적이게도 7세기에서 11세기까지 가장 뒤떨어진 쪽은 서유럽 기독교 문명이었다. 대략 4~5백 년에 달하는 기간에 걸쳐서 서유럽은 비잔틴의 콘스탄티노플과 이슬람의 메카의 그늘 아래서 살았다.

이제는 서유럽 중심적 사고가 많이 극복되고 있지만, 아직도 그런 사고에서 완전히 탈피했다고 볼 수는 없을 것이다. 특히 현실 문제를 다루는 입장에서는 이러한 사고 방식과 관점이 강하게 지배하고 있으며, 역사의 영역에서도 결코 그와 같은 사고 방식과 편견이 완전히 사라졌다고는 볼 수 없다. 서구 중심의 이런 잘못된 사고 방식을 비판하기 위해 '오리엔탈리즘Orientalism'이란 말이 사용되고 있다.

본래 오리엔탈리즘은 서양의 작가, 디자이너, 예술가들이 동양 문화의 여러 측면을 묘사하거나 모방하는 것을 의미했다. '오리엔탈리스트'란 말은 이러한 활동을 하는 사람으로 볼 수 있으나, 동양을 연구하는 학자를 이르는 전통적 용어이기도 하다. 오리엔탈리즘은 예술사에서 북아프리카나 근동 또는 서아시아의 지중해 나라들을 여행하면서 얻은 요소들을 이용한 내용, 색깔, 양식을 주제로 다룬 19세기 프랑스 예술가들의 작품을 이를 때 널리 사용되었다.[12]

그러나 이러한 의미는 20세기 학자 에드워드 사이드Edward W. Said, 1935~2003년*가 그의 논쟁적인 책 『오리엔탈리즘』을 내놓으면서 달라졌다. 사이드는 그의 저서에서 18~19세기에 유럽의 제국주의적 행동과 사고 방식에서 형성된, 동양에 대한 적대적인 시각의 서양 예술과 학술 전통을 의미하는 말로 썼다. 이런 의미로 사용될 경우, '오리엔탈리즘'은 동양 문화와 사람에 대한 근본적이면서도 편향된 외부의 해석을 뜻한다.

오리엔탈리즘을 논하고 그것을 분석할 때 대충 그 출발점을 18세기 말로 잡는다면, 오리엔탈리즘은 동양을 취급하기 위한 — 동양에 관하여 무엇을 서술하거나, 동양에 관한 견해에 권위를 부여하거나, 동양을 묘사하거나, 강의하거나 또는 그곳에 식민지를 세우거나 통치하기 위한 — 동업조합적인 제도로 볼 수 있다. 간단히 말하자면 오리엔탈리즘**

---

* 팔레스타인에서 태어나 이집트 빅토리아 대학과 미국 프린스턴, 하버드 대학에서 공부했다. 박사 학위는 하버드 대학에서 받았으며, 미국 시민권자다. 그는 영문학자·비교문학가·문학평론가·문명비판론자로서, 제3세계 문학과 중동학에 깊은 관심을 가지고 연구했다. 에드워드 사이드는 현대 중동학에서 상당히 인정받는 학자 중 한 명이다. 그는 대표 저서 『오리엔탈리즘』에서 제국주의에 근거한 서양 위주의 사고 방식을 비판하여 특히 유명해졌다. 그러나 그의 오리엔탈리즘은 중동만의 동양을 바라보면서 서양의 동양학에 대한 편향을 비판하고 있어서 동양 전체를 바라보는 서양의 편향된 학문과 사고를 비판하는 데는 한계가 있다. 그럼에도 그의 오리엔탈리즘은 오도된 제국주의적 문화 인식에 대한 부정이며, 새로운 인식을 위한 부정이라는 점에서 진정한 지성적 태도로 평가받고 있다.

** 원서에는 Orientalist라고 하나, '오리엔탈리즘적인 것'이라고도 할 수 있다.(원번역자 주)

이란, 동양을 지배하고 재구성하며 위압하기 위한 서양의 스타일이다.[13]

에드워드 사이드가 말하는 오리엔탈리즘을 만들고 지배한 국가는 서양 제국주의였으며, 그중에서도 영국, 프랑스, 미국이 대표적이었다. 오리엔탈리즘에 입각한 그들의 동양학 연구 목적은 자신들의 제국주의 지배의 정당성을 이론적으로 확인하기 위한 것이었다. 다시 에드워드 사이드의 말을 들어보자.

19세기 초엽부터 제2차 세계대전까지는 영국과 프랑스가 동양과 오리엔탈리즘을 지배했다. 제2차 세계대전 이후에는 미국이 동양을 지배하게 되었고, 과거의 프랑스 및 영국과 마찬가지 방식으로 동양에 대하여 접근하고 있다. 이러한 접근 관계의 역학은 모두 서양(영국, 프랑스, 미국)의 동양에 대한 우월을 시위하기 위한 것이었다고 할 수 있으며, 그 생산력은 거대한 것이었으며 이러한 관계의 내부로부터 내가 오리엔탈리스트라고 부르는 방대한 분량의 텍스트*가 출현했다.[14]

사이드는 서양의 오리엔탈리즘적 학술 전통을 비판했으며, 그의 비판을 받아들여 '오리엔탈리즘'을 극복하기 위한 시도가 다양하게 진행되었다. 그럼에도 현대 세계와 한국 사회에서 오리엔탈리즘적 시각이나 서양 중심주의가 완전히 극복되지는 못하고 있다. 특히 한국 사회의 경우, 서구미국 편향이 매우 심각한 수준이어서 정체성이 위협받고

---

* 텍스트란 문헌, 작품, 원전, 원본 등으로 번역될 수 있으나 사이드는 그것을 모두 포괄하는 뜻으로 사용하고 있다. (원번역자 주)

있는 대표적인 경우라고 말할 수 있을 것이다. 이러한 서양 중심적 시각과 사고 방식은 세계사를 보는 데서도 그대로 투영된다. 서유럽 중세 문명은 근대 이후 세계를 주도하게 되는 서양 문명의 싹과 근원을 보는 일이다. 따라서 우리는 이 같은 '오리엔탈리즘'의 편향에서 벗어나 보다 객관적이며 합리적 시각에서 이를 파악할 필요가 있다.

그렇다고 해서 오리엔탈리즘의 또 다른 거울로 여겨지는 옥시덴탈리즘Occidentalism에 빠지는 것도 올바른 태도는 아닐 것이다. 옥시덴탈리즘은 오리엔탈리즘에 대한 반작용으로 나타났지만, 동일한 인식 구조와 특성을 지니고 있다. 오리엔탈리즘이 '서양에 의해 구성되고 날조된 동양'에 관한 인식이라면, 옥시덴탈리즘은 '동양에 의해 구성되고 날조된 서양'에 관한 인식이다. 옥시덴탈리즘은 사이드의 오리엔탈리즘에서도 오리엔탈리즘의 거울 개념으로 표현된 바 있다.[15]

하지만 옥시덴탈리즘이 학계에서 널리 쓰이게 된 것은 2000년대 이후의 일로 서구에 대항하는 이슬람 극단주의 등을 설명하는 데 사용되기 시작했다. 샤오메이 천Xiaomei Chen은 2001년 발간한 『옥시덴탈리즘 : 마오쩌둥 이후 중국의 대항담론』이라는 책에서 옥시덴탈리즘이라는 개념을 기초로 마오쩌둥 이후 중국에서 나타난 서양 문화에 대한 태도를 분석했다. 그리고 2004년 이언 바루마Ian Buruma와 아비샤이 마갤릿Avishai Margalit은 『옥시덴탈리즘 : 반서양주의의 기원을 찾아서』라는 책을 발간해 옥시덴탈리즘을 둘러싼 학계의 논의를 확산시켰다.*

---

* 샤오메이 천(Xiaomei Chen)은 2001년에 발간한 『옥시덴탈리즘-마오쩌둥 이후 중국의 대항담론』에서, 옥시덴탈리즘 개념을 기초로 마오쩌둥 이후 중국의 문화, 정치 담론을 분석하면서 타자로서의 서구가 지배담론과 대항담론 속에서 각기 어떻게 등장하고 다뤄지

게르만족의 이동과 로마제국의 해체

서로마 제국이 비틀거리기 시작하면서 유럽 역사의 새로운 주역으로 떠오른 것은 게르만족이었다. 게르만족은 로마의 전성기에 라인강과 도나우강 너머에서 부족제의 원시생활을 영위하고 있었으나 로마가 쇠퇴하는 3세기경부터 점차 로마 제국의 영역 안으로 들어오기 시작했다. 특히 4세기 중엽 게르만의 여러 부족은 중앙아시아의 훈족, 곧 흉노족의 서진으로 압박을 받으면서 로마의 영토 안으로 대거 이동했다.[16] 초기의 평화적인 이주는 곧 무력 침공으로 바뀌었고, 게르만 부족들은 각각의 점령 지역에 왕국을 수립하기에 이른다.[17]

410년경 서고트족은 한때 로마를 점령했다. 이들도 게르만계의 한 부류였다. 뒤이어 게르만족은 로마 제국의 영토였던 유럽 곳곳에 자

는지를 고찰했다. 샤오메이 천은 사이드의 '오리엔탈리즘' 개념이 지적하는, 세계적 범위에서의 서구적인 것과 비서구적인 것 사이의 지배-종속관계와는 반대로, 비서구 사회 자체 내부에서는, 종종 토착 지배 세력이 '뒤집어진 오리엔탈리즘(옥시덴탈리즘)'을 통해 정치적 억압이나 사회적 불평등을 정당화하고, 반대로 '서구적인 것'이 그러한 민주주의나 사회적 평등을 주창하는 대항담론의 자원이 되는 역설을 지적했다. 그는 여기서 사이드의 오리엔탈리즘 개념이 세계적 차원에서의 서구와 비서구 사이의 관계만을 일면적으로 강조함으로써 자칫 비서구 사회 자체 내에서 진행되는 실제적인 사회적 과정을 왜곡할 수 있음을 지적한다.

또한 이안 부루마와 아비샤이 마갈릿는 2004년에 발간한 『옥시덴탈리즘-반서양주의의 기원』에서 여러 비서구권 국가가 '적' 서구에 대한 적의적인 이미지, 지양해야 할 사회 전형으로 바라보는 다양한 (그리고 때로는 상호 모순되는) 관점을 옥시덴탈리즘이라고 칭한다. 이러한 이미지는 서구 사회의 인간을 영혼이 없고 기계적이며 변질된 가치관에 종속된 존재로, 또 자국의 문화를 그것을 초극할 대안으로 규정한다. 태평양 전쟁기 일본이 탈아입구의 가치관을 버리고 서구(나아가 근대) 문명의 안티테제인 일제의 가치관을 강조한 것이나, 동유럽의 유대인들이 서유럽의 '기계적인' 독일인들과 자신의 고유한 문화를 대비시킨 것 등이 여기에 포함된다. 재미있는 것은 이러한 서구의 이미지 자체가 서구에서 연원했다는 사실이다. (엔하위키 미러_'옥시덴탈리즘, 서양을 타자화하다', 《대학신문》, 2007년 4월 1일 참고)

신들의 왕국을 건설하기 시작했다. 가장 먼저 서고트족이 오늘날의 스페인 지역에 그들의 왕국을 세웠다. 이어서 부르군트족이 프랑스 남부 지역에, 반달족이 아프리카 북부에 왕국을 세웠다. 영국에도 앵글로색슨족이 몰려들어 잉글랜드 지역을 중심으로 7개 왕국을 건설했다. 또한, 동고트족은 마케도니아 지역에 그들의 왕국을 세웠으며 나중에는 이탈리아 반도까지 장악했다.[*]

비슷한 시기에 프랑스 파리를 중심으로 또 하나의 게르만 왕국이 세워졌다. 바로 프랑크 왕국이다. 프랑스라는 이름도 이 프랑크족에서 유래했다. 그러나 프랑크 왕국은 프랑스뿐만 아니라 독일, 오스트리아 등 여러 나라에 걸쳐서 영토를 확보했다. 따라서 넓게 보면 이들 나라의 공동 조상이 되는 나라라고 할 수 있다.

---

* 고트족은 유럽 고대사에서 기원후 4~5세기경, 로마 제국이 쇠퇴할 때 로마 영토를 장악한 동부 게르만계 민족 가운데 하나다. 그 이름은 고딕(Gothic) 양식이란 역사, 문화 용어로도 남아 우리에게 결코 낯설지 않다. 르네상스 이전 거칠고 세련되지 못한 문화양식을 고트족에 빗대어 고딕 양식이라 일컬었으니 그리 좋은 표현은 아니다. 그나마 문화 파괴 활동의 대명사 반달리즘이란 부정적 유산을 남기고만 반달족보다는 대접이 나은 셈이다. 고트족은 3세기 때까지만 해도 게르만족의 대부분을 느슨하게나마 거느렸던 거물급 민족이다. 3세기의 반달족은 고트족에게 굴복했던 잡다한 민족 중 하나였다. 고트족은 원래 지금의 고틀란드섬과 예탈란드 지방(스웨덴 남부)에 살고 있던 종족이었다. 현재의 고틀란드(Gotland), 예탈란드(Götaland)라는 지명도 '고트족의 땅'이란 뜻에서 유래한 것으로 추정되고 있다. 이후 이들은 점차 남하하여 로마 영내를 침범할 무렵에는 오늘날의 루마니아 남부 및 우크라이나 서부에 거주하고 있었다. 고트족은 서쪽과 동쪽으로 나뉘어 각자 독자적인 발전 과정을 거치므로 훗날 서고트족(Visigoths)과 동고트족(Ostrogoth)으로 따로 일컫게 된다. 스칸디나비아 반도에 잔류한 고트족은 이후 기트족이라 불리게 된다.
하지만 그렇게 기세등등하던 고트족의 영광은 오래가지 못하였다. 서고트는 507년 경쟁 부족 프랑크인의 족장 클로비스에게 패배한 뒤 오늘날 프랑스 방면의 영토를 잃고 세력이 하강 국면에 접어들게 된다. 또한, 이탈리아 본토에서 군림하던 동고트는 522년 비잔티움 제국의 유스티니아누스 대제에게 멸망했다. 그나마 이베리아 반도의 스페인 방면에서 명맥을 유지하던 서고트족도 711년 지브롤터 해협을 건너 침공한 이슬람교 세력에 의해 역사의 뒤안길로 사라진다. (엔하위키 미러 참고)

게르만족이 로마 영토 곳곳에 왕국을 건설하면서 로마 제국의 영토가 많이 축소되었다. 그런데다가 이번에는 이들보다 더 무시무시한 훈족이 중앙 유라시아 지역에서 유럽 쪽으로 이동하면서 몰려들었다. 훈족의 왕 아틸라Attila는 모든 유럽인에게 공포의 대상이었다. '신의 채찍'이라는 별명이 붙을 정도로 사람들은 그의 이름만 들어도 벌벌 떨었다. 그 때문에 그와 관련된 전설들이 갖가지로 생겨나기도 했다. 로마는 게르만 용병들을 고용해서 훈족과 대항했으나 계속해서 밀리기만 했다. 그러다가 교황 레오 1세가 아틸라와 담판을 벌여 마침내 군대를 철수시켰다.[18]

훈족이 물러나자 이번에는 게르만족이 연달아 반란을 일으켰으며, 아프리카의 반달족이 서로마 제국의 심장부인 로마로 진격해왔다. 로마군은 이미 무력화되어 이들에 대항할 능력이 없었다. 결국, 속수무책으로 당한 끝에 또다시 로마가 게르만족의 군대에 점령되고 말았다. 영국에서도 게르만족의 반란으로 로마군은 철수하지 않을 수 없었다. 무력하게 허물어지던 서로마 제국은 476년 역사 속으로 사라지는 운명에 처했다. 게르만 용병대장 오도아케르Odoacer에 의해 서로마 제국의 마지막 황제 로물루스가 강제로 끌어내려졌다. 서로마 제국의 멸망으로 로마 제국의 역사는 사실상 끝나고 동로마를 이은 비잔틴 제국이 콘스탄티노플을 중심으로 동방에서 그 세력을 유지하게 되었다.

서로마 제국이 멸망할 무렵 유럽 각지에는 여러 게르만 국가들이 있었지만 절대 강자가 없었던 탓에 혼란의 소용돌이에 휩싸였다. 그러다가 481년 지금의 프랑스인 갈리아 지방 출신의 클로비스Clovis가 프랑크족을 통일하여 나라를 세웠다. 프랑크 왕국의 첫 왕조인 메로빙거

Merovingian 왕조481~751년가 시작된 것이다. 486년 클로비스는 루아르 강에 남아있던 로마 군대를 몰아내고 갈리아 지방을 모두 장악했다. 또한, 클로비스의 군대는 갈리아 서남부 아키덴 지방에 남아 있던 서고트족과 동남부에 있던 부르군트족을 아래쪽으로 밀어냈다.[19]

프랑크 왕국과 중세 유럽의 시작

게르만의 여러 왕국들 가운데 유일하게 존속한 것은 메로빙거 왕조의 프랑크 왕국이었다. 부르군트족, 동고트족, 서고트족, 반달족 등 대부분의 게르만 부족은 장거리로 이동하여 본거지와의 연락이 어려웠기 때문에 그들이 세운 왕국을 오랫동안 유지할 수 없었다. 반면, 프랑크족Franks은 다른 게르만계 민족과 달리 갈리아 북부 지역에서 내려왔다. 그들은 바로 라인강 이북에 있던 근거지와 연락이 용이했고 이동으로 인한 소모를 최소화할 수 있었다. 그 때문에 로마의 영역 내에서 다른 종족들과는 달리 좀 더 확고히 뿌리를 내릴 수 있었고, 로마가 남긴 제도 또한 철저히 파괴할 수 있었다. 그들은 서고트족만큼 로마와의 교류가 거의 없었기 때문에 자신의 독특한 문화를 간직하고 있었다.

프랑크 왕국은 갈리아 지방을 중심으로 로마가 지배하던 영역들로 점차 세력을 확장해갔다. 또한 그들은 이 과정에서 로마 교황과 손을 잡았다. '제1차 니케아 종교회의'*에서 이단으로 몰린 아리우스파를

---

*   일반적으로 '니케아 공의회(Concilium Nicaenum Primum)'라고 부른다. 이는 325년 로

믿었던 서고트족을 몰아낸 것도 프랑크족이었다. 게다가 496년 프랑크의 왕 클로비스는 '정통 로마 가톨릭'을 받아들여 세례를 받았다. 그에 따라 프랑크족은 로마인들이 믿고 있던 아타나우스파 가톨릭으로 개종했다. 서로마 제국의 멸망으로 의지처가 사라진 로마 교황에게는 이보다 더한 원군이 없었다. 프랑크 왕국은 로마 문화의 유일한 계승자가 된 로마 가톨릭 교회와 제휴하여 게르만 문화와 로마 문화, 그리고 기독교 신앙을 융합시킴으로써 중세 유럽 문화와 사회적 기반을 닦을 수 있었다.[20]

800년에는 이러한 역사적 배경을 바탕으로 서로마 제국이 다시 부활하게 된다. 여기에는 프랑크 왕국을 새로이 장악한 신흥 가문인 카롤링거 왕조Carolings의 약진이 큰 역할을 했다. 무엇보다도 카롤링거 왕조가 유럽 문화를 수호하는 데 크게 기여한 점이 중요하게 작용했던 것이다. 카롤링거 왕조는 7세기 이래 유럽을 괴롭혀 오던 이슬람을 격퇴하여 유럽 문화를 방어해내는 데서 결정적인 역할을 했다. 6세기

마 제국 황제 콘스탄티누스 1세에 의하여 콘스탄티노폴리스(현재 터키의 이스탄불) 근교의 고대 그리스의 작은 식민도시 니케아(Nicaea)에서 열린 공의회다. 니케아 공의의, 제1회 세계회의 또는 제1회 니케아 공의회라고도 한다. 니케아 공의의는 기독교 최초의 세계적 회의(동서 양 교회의 총회의)라는 시각도 있으나, 사도행전에 나오는 예루살렘 공의회를 최초의 기독교 전체 회의로 보는 시각이 지배적이다.

콘스탄티누스 대제는 국가 통일을 위하여 그리스도 교회의 세력을 이용하려 했으나 당시의 교회 내부에는 많은 교리의 대립이 있어 수습이 곤란했기 때문에 스스로 전 교회의 사교(司教)·사제(司祭) 약 3백 명을 니케아에 소집하여 대회의를 열었다. 회의에서는 아리우스파와 아타나우스파가 주로 대립했는데, 난항을 거듭한 끝에 아타나우스파가 승리했다. 니케아 공의회를 통해, 삼위일체 교리가 바른 교리로 선택되었으며, 예수를 피조물이라고 주장한 아리우스파를 이단으로 규정하여 교회에서 추방했다. 추방당한 아리우스파는 게르만인들이 사는 곳으로 도망가서 전도했는데, 이 과정에서 서고트족이 이를 받아들였던 것이다. (글로벌 세계대백과사전 참고)

이후 게르만족의 이동은 일단 종식되었으나 이슬람은 유럽 남서부 일대를 공략하며 이탈리아 본토와 서유럽 지역을 위협했다. 732년, 메로빙거 왕조 프랑크 왕국의 궁제^{재상}였던 샤를 마르텔은 '투르 푸아티에 Tours-Poitier 전투'에서 이슬람을 피레네 산맥 이남으로 몰아냄으로써 그 이북 지역을 이슬람의 침입으로부터 방어할 수 있었다. 이에 800년, 정치적 실력자의 후원이 필요했던 로마 교황 레오 3세는 프랑크족의 최고 실력자인 카롤링거 왕조의 샤를마뉴를 서로마 제국의 황제로 즉위시켰다. 서로마 제국의 부활은 '고대 로마 문화의 계승자인 로마 교회와 게르만 수장의 제휴'라는 의미를 갖고 있다.[21]

중세 서유럽은 사실상 샤를마뉴에서부터 시작된다고 말할 수 있다. 샤를마뉴가 서로마 제국의 황제로 취임하는 9세기부터 프랑크 왕국을 중심으로 중세 봉건 사회가 시작되었던 것이다. 중세 봉건 사회는 중앙권의 붕괴와 이민족의 침입에 따른 사회적 혼란을 수습하는 과정에서 성립되었다. 유럽은 9세기 이래 게르만족의 일파였던 노르만인, 아시아계 유목민인 마자르인 등의 공격에 시달렸으며, 이슬람의 위협 역시 계속되었다. 이러한 상황에서 무력을 가진 기사 집단이 실력자로 등장했고, 이들을 중심으로 영주-기사-농민이라는 신분관계가 성립된 것이다. 중세 봉건제도는 농노제, 영주제, 혹은 장원제라는 말로 표현될 수 있으며, 정치적으로는 지방분권적인 통치를 특징으로 한다. 이러한 중세 서유럽의 봉건제도의 주요 무대는 프랑스와 서부독일, 영국 등이었다.

그리고 이와 함께 유럽의 종교적 통합을 상징하는 존재로서 로마 교황이 있었다. 중세 시대 봉건제 아래서 유럽에는 프랑크 왕국을 비롯하여 프랑크 왕국의 분열에 따른 동서 프랑크 왕국, 그리고 신성 로마 제국과 잉글랜드 왕국 등 여러 왕국이 존재했으며 왕과 황제라는 이름의 통치자들이 있었다. 하지만 왕국의 최고 책임자였던 왕과 황제의 자리는 실제적인 실권이 없는 자리였다. 중세 시대를 움직인 실질적인 권력은 영주와 로마 교황에게 있었으며, 그들을 뒷받침하는 무력으로는 봉건영주들이 거느린 기사단이 있었다. 이와 같은 봉건제도의 특성 때문에 중세 시대에는 로마 교황의 권위가 막강했으며 세속의 황제나 왕들은 무력을 갖고 있으면서도 여러 면에서 교황에게 머리를 숙일 수밖에 없는 상황이 되었다.

샤를마뉴 황제

2. 서유럽 봉건제

중세 서유럽에서 봉건제가 성립하다

카롤링거 왕조 프랑크 왕국의 등장

737년 프랑크의 왕 테우데릭 4세$^{Theuderic\ Ⅳ}$가 사망했지만, 왕국의 실권을 장악하고 있던 궁재 카를 마르텔은 굳이 왕을 세우지 않았다. 왕은 명목뿐이었고, 실제로 정치는 궁재인 자신이 하고 있었으니 왕을 세우지 않는다고 해서 큰 문제가 되지도 않았다. '궁재$^{宮宰, Mayor\ of\ the}$ ^{Palace}'는 라틴어로 'maior domus'라고 했는데 "집안의 관리자"라는 뜻이었다. 프랑크 왕국은 448년 메로비스에 의해 창립된 이후 손자 클로비스에 의해 기초가 확립되고 그 아들 클로타르 1세 때에 갈리아 전체를 장악함으로써 번영했다. 시리아인과 유대인 등 오리엔트 상인의 내왕도 많아 상업이 발달했고, 그에 따른 관세 수입 등을 기초로 관료제 국가로 발전했다. 그러나 게르만 고유의 균분상속 원칙 때문에 왕국은 항상 분열의 위기에 놓였다. 또한, 분국을 해나간 왕들이 서로 싸우면서 왕권은 약화되었고, 그에 따라 대토지를 소유한 귀족 세력이 대두하면서 정치적인 실권은 이들 귀족 중에서 가장 세력이 강한 분국

의 궁재에게 넘어갔다.[1]

카를 마르텔 사후 두 아들 카를로만과 소小 피핀Pippin the Younger이 아버지의 뒤를 이어 권력을 계승했다. 카를로만은 아우스트라시에 분국의 궁재를, 소 피핀은 네우스트리아 분국의 궁재를 맡았다. 두 사람은 명목상의 왕을 앉히기로 결정했다. 프랑크 왕국의 왕위는 벌써 7년째 공석이었던 것이다. 두 형제가 선택한 사람은 힐데리히 3세Childeric Ⅲ였다. 그는 전에 프랑크 왕을 지낸 인물의 아들이었지만 정치에 관여한 적도 없는 자격 미달의 인물이었다.

그런데 그로부터 몇 년 후 카를로만이 정치에서 물러났다. 747년 40세의 나이에 아내와 자녀들을 동생에게 맡기고 수사修士가 된 것이다. 형이 떠나자 소 피핀은 단독 궁재가 되었다. 그는 751년 힐데리히 3세를 내쫓고 자신이 직접 왕이 되기로 마음먹었다. 그러나 아무래도 명분이 부족했는지 두 명의 사절을 자카리아스 교황에게 보냈다. 그들은 교황을 찾아가서 "지금 프랑크 왕국의 왕들은 왕으로서 힘이 전혀 없는데 그게 좋은 것이냐."고 물었다. 그러자 자카리아스Zacharias 교황은 피핀에게, 실권을 쥔 사람을 왕으로 삼는 게 좋겠다는 말을 해주었다. 교황의 권위로 피핀이 왕이 되어야 한다고 선언한 것이다.[2]

피핀은 힐데리히 3세의 머리를 깎게 한 다음 수도원으로 보냈다. 힐데리히 3세는 수도원에서 5년을 살다가 죽었다. 메로빙거 왕조의 마지막 왕이었다. 이렇게 해서 피핀이 카롤링거 왕조의 초대 왕으로 등극했다. 즉위식은 구약 시대 신정정치 의식에 따라 왕의 머리에 신성한 기름을 붓는 의식으로 진행되었다. 752년 자카리아스 교황이 사망하자 후임 교황 스테파누스 2세^{Stephanus II}는 머리를 굴려 다시 대관식을 집전해주고 대가를 챙기는 작전을 썼다.

754년 북쪽 프랑크 땅으로 가서 피핀에게 장엄하고 화려하게 기름 붓는 의식을 치러주었다. 교황은 피핀의 후계자인 두 아들, 즉 일곱 살인 샤를과 세 살인 카를로만에게도 같은 의식을 집전해주었다. 프랑크 역사와 관련된 한 기록에는 이런 내용이 있다.

> 교황은 이와 함께 앞으로 교황이 축복하지 않은 자를 선출하면 성무^{聖務}
> 정지와 파문^{破門}*을 당할 거라고 위협했다. 프랑크 왕자들의 발목을 확
> 실히 잡아둔 것이다. ³

스테파누스 2세는 프랑크 왕의 권력을 교황의 권위와 결부시켰다. 그 대가로 피핀 왕은 알프스 산맥을 넘어 이탈리아로 진군해서 비잔틴에 파견한 총독이 관할하던 땅에서 그들을 몰아내고 그 땅과 교황령을 모두 교황에게 넘겨주었다. 이렇게 해서 피핀은 등극한 지 5년 만에 프랑크 왕인 동시에 이탈리아의 실질적인 통치자가 되었다.

교황 또한 많은 것을 챙겼다. 우선 교황령이 늘어나 교황청이 있는 로마는 물론이고 비잔틴 제국의 거점이었던 라벤나^{Ravenna}까지 차지하게 되었다. 그에 따라 교황은 당시 제일 중요한 네 교구, 즉 안티오크, 알렉산드리아, 콘스탄티노플, 예루살렘보다 우월한 지위를 갖게

---

* 파문은 개인에게 교회의 성사(聖事) 참여를 금지하는 것이고, 성무 정지는 공동체 구성원 전체에 대해 성사 참여를 금하는 조치다. 교회가 한 국가나 지역에 대해 성무 정지를 내리면 그 구성원 누구도 성사를 받을 수 없고 공식 예배도 일절 금지된다.

되었으며, 따라서 '세상의 하느님 교회' 전체를 관장하게 되었다.[4]

샤를마뉴 시대의 르네상스

피핀 왕은 사망하면서 프랑크 왕국을 두 아들이 공동 통치하도록 조치했다. 장남 샤를은 21세였고, 차남 카를로만은 18세였다. 그들은 전통적인 방식으로 네우스트리아와 아우스트라시아로 나누지 않고, 샤를이 북부 지방과 연안 쪽을 맡고, 카를로만은 남부 지방을 다스리는 식으로 통치권을 나눴다. 그러나 771년 카를로만이 사망하는 바람에 샤를은 프랑크 왕국의 단독 군주가 되었다. 그는 기존의 프랑크 왕국을 보존하는 데 만족하지 않고, 정복 전쟁에 나서 영토를 넓혀 나갔다. 샤를은 정복 전쟁을 통해 동쪽으로는 피레네 산맥까지, 북쪽으로 엘베강과 다뉴브강 너머까지 진출했다. 또한, 이탈리아 북부 롬바르디아 왕국을 정복하여 교황에게 바쳤다. 후에 유럽 사람들은 샤를의 업적을 기려 '샤를마뉴 대제'라는 칭호를 부여했다.

800년 12월 25일, 크리스마스 날 교황은 샤를마뉴카롤루스*에게 대단한 선물을 주었다. 성 베드로 성당에서 성탄절 미사가 열렸고, 이 자리에 프랑크 국왕인 샤를도 당연히 참석했다. 샤를은 무릎을 꿇고 기도를 했다. 그런데 그 순간 교황 레오 3세가 그에게 다가가서 금관을 씌

---

* 샤를마뉴, 카롤루스 등으로 불리는데, 고등학교 세계사 교과서에서는 카롤루스로 표기하고 있다. 카롤루스는 라틴어식 표기이고, 샤를마뉴는 프랑스식 표기다. 그는 프랑스, 독일, 이탈리아의 공동 조상이라고 볼 수 있다.

위주었다. 샤를마뉴의 전기를 쓴 아인하르트^{Einhard*}는 '예상치 못한 일'
이었다고 적고 있다. 샤를마뉴는 교황이 자신에게 면류관을 씌워주려
는 계획을 몰랐다고 주장한다. 하지만 누가 믿겠는가. 샤를이 바보가
아니라면 말이다. 어쨌든 교황이 샤를에게 왕관을 씌워주는 것을 본
관중들은 환호했다.

"샤를마뉴 대왕 만세! 가장 경건한 아우구스투스, 평화를 사랑하는
위대한 황제, 하느님이 주신 왕관을 쓰셨도다!"

샤를마뉴는 이제 로마 제국의 황제가 되었다. '임페라토르 아우구
스투스'가 된 것이다. 그러나 이 로마 제국의 황제 명칭은 이미 비잔티
움 궁전에서 사용하고 있었다. 그렇지만 프랑크 왕국의 입장에서는 이
것은 문제가 되지 않았다. 그들은 교황으로부터 로마 제국의 계승자임
을 공식적으로 인정받았기 때문이다. 이 일을 계기로 서유럽에서 황제
가 되려면 로마 교황의 승인을 받아야 한다는 관례를 남기게 되었다.
그에 따라 앞으로는 서유럽에서 교황이 승인하지 않거나 파문당한 황

---

*　　프랑크 왕국의 역사가 · 궁정학자로서 샤를마뉴의 생애와 카롤링거 왕조에 관한 매우 소중
　　한 정보를 담은 저서를 남겼다. 779년 이후 풀다 수도원에서 교육을 받았는데, 곧 총명함을
　　인정받아 791년 아헨에 있는 샤를마뉴의 궁정학교로 보내졌다. 곧바로 왕의 신임을 받는 친
　　구이자 고문이 되었으며 건축술에도 상당한 조예를 보여 아헨의 궁정 건축에 이바지했다.
　　814년 샤를마뉴가 죽은 후 경건왕 루드비히 1세가 왕위에 오르자 그는 루드비히가 왕권을 강
　　화하도록 영향력을 행사했다. 당시 아인하르트는 몇몇 수도원의 대수도원장이 되었으며 방
　　대한 토지를 하사받았다. 『샤를마뉴의 생애』는 830~833년 그가 아헨을 떠나 젤리겐슈타트
　　에 살던 시절에 썼을 것으로 여겨진다. 그는 샤를마뉴가 23년 동안 궁정에서 일한 경험과 왕
　　실 연대기에 대한 연구를 토대로 이 책을 썼는데, 특히 자신의 교육에 대한 샤를마뉴의 도움
　　에 감사하고 찬양하는 마음을 전달하려 했다. 이 책은 훌륭한 라틴어 문체로 씌어 있으며 샤
　　를마뉴의 가계, 그의 국내외 업적, 개인적인 취향, 왕국의 행정, 그의 죽음 등을 분석하고 있
　　다. 『샤를마뉴의 생애』에서 다루어진 분야와 세부 묘사는 간략하고 제한되어 있지만, 일반적
　　으로 그 시대에 대한 정확하고 직접적인 고찰을 담고 있다. 카롤링거 왕조의 궁정에서 일어난
　　문예부흥의 한 예로서, 성직자가 아닌 인물에 관한 중세 최초의 전기로서 이 책은 당시 많은
　　감탄을 불러일으켰다. (브리태니커 백과사전 참고)

제는 더 이상 황제로서 대우받지 못하게 되는 일이 벌어졌다.[5] 이를 통해서 교황권이 권위를 확립하게 되었다.

샤를마뉴는 영토 확장뿐만 아니라 문화적인 면에서도 많은 업적을 쌓았다. 그 때문에 그의 시대를 카롤링거 왕조의 르네상스라고 부르고 있다. 794년 샤를마뉴는 독일 남서부의 아헨Aachen에 궁정과 왕실 교회를 짓고, 이곳을 사실상의 수도로 정했다. 그는 이곳을 중심으로 고대 로마 제국의 위엄과 영광을 되살리고 그리스 로마의 문화를 부흥시키기 위해 노력했다. 그는 이를 위해 아인하르트와 영국의 앨퀸, 롬바르디아의 라바누스 마우루스 등과 같은 학자들을 아헨으로 초빙했다. 그는 또한 교회 신부들의 저술과 고대 작가들의 작품을 소장하는 왕실도서관을 설립했으며, 젊은 기사들을 가르치기 위해 궁정학교를 창설했다. 샤를마뉴는 올바른 종교 관념과 도덕성을 중시했으며, 모든 수도원학교와 성당 학교에 라틴어와 논리학 등을 집중적으로 공부하게 했다.

샤를마뉴의 이 같은 노력에 힘입어 그의 시대에 로마의 고전 문화와 그리스도교, 그리고 게르만 전통이 융합된 새로운 중세 서유럽 문화권이 형성될 수 있는 기반이 마련되었다. 샤를마뉴 대제의 측근이었던 아인하르트는 『샤를마뉴 전기』에서 그를 이렇게 묘사했다.

> 샤를마뉴는 힘이 세고 위풍당당한 체격에 키는 발 길이의 일곱 배나 되었다. 말타기와 사냥을 즐겼으며, 독서와 음악 감상을 좋아하였다. 그는 라틴어에 능통하였으며 교양을 중요하게 여겼다.[6]

샤를마뉴는 40년간의 치세를 통해 주변의 국가들을 정복하여 대부분의 게르만족과 다양한 종족들을 하나의 국가, 하나의 종교로 통합하는 데 성공했다. 이러한 그의 행적은 후대 작가들에게 많은 낭만적인 작품과 무훈시, 희극을 창작할 수 있는 소재가 되었다. 또한, 샤를마뉴가 유럽을 형성하는 3대 문화 요소인 그리스와 로마의 고전 문화, 그리스도교, 게르만 민족 정신을 완전히 통합했다고 보고, 후대 유럽의 여러 국가들은 샤를마뉴 대제에게서 자신들의 전통과 정통성을 찾으려 하게 되었다.

샤를마뉴 사후 프랑크 왕국은 경건왕 루드비히루이 1세의 뒤를 이은 로타르 1세 대에 이르러 3개로 분열되었으며 왕국들 사이에 영토 분쟁이 벌어졌다. 결국, 843년 8월 '베르됭Verdun 조약'에 따라 전쟁을 끝내고 동프랑크, 중프랑크, 서프랑크로 분리되었다. 독일과 프랑스, 이탈리아의 원형이 만들어진 것이다. 그 뒤 884년 뚱보왕 샤를마뉴가 일시적으로 재통일했지만 바이킹, 마자르 등의 침략을 막아내지 못하고 결국 프랑크 제국은 붕괴되고 만다. 그러나 샤를마뉴의 영향력은 여전히 남아있었다.

그 뒤에 등장한 신성 로마 제국의 오토 1세Otto I 는 스스로를 샤를마뉴의 계승자라 자처했으며, 교황 파스칼리스 3세는 프리드리히 1세Friedrich I의 요청으로 1165년에 샤를마뉴를 성인聖人으로 추증했다. 프리드리히 2세Friedrich II는 그의 묘소를 단장하고 그의 석관을 금으로 장식하기도 했다. 또한, 프랑스에서도 필리프 2세가 샤를마뉴를 기리는 전통을 되살리는 명을 내리기도 했다. 이후 샤를마뉴는 중세 유럽과 르네상스 시대의 각종 민담과 문학, 작품의 소재가 되는 등 신화적 존재로 격상되기도 했다. 이를테면 「롤랑의 노래」와 같은 민간의 전설

「롤랑의 노래」여덟 장면을 묘사한 그림

이나 시가문학에도 샤를마뉴가 등장했으며, 오늘날 그는 서유럽의 기반을 닦은 왕으로 묘사되기도 한다.[7]

중세 봉건제의 조직과 운영

중세 유럽 사회를 이해하기 위해서는 봉건제를 살펴보는 것이 무엇보다 중요하다. 봉건제는 중세 유럽의 경제제도이면서 정치·사회 제도였다. 중세의 봉건제도는 대체로 9세기부터 10세기에 걸쳐 완성되었다. 그러니까 샤를마뉴 시절에 이미 봉건제가 어느 정도 정착을 했

롤랑의 노래

중세 유럽인들은 음유시인들이 읊어주는 서사시를 통해 영웅들의 행적을 전해 듣곤 했다. 음유시인들은 역사 혹은 전설 속에서 위대한 활약상을 펼친 영웅들의 이야기를 노래로 만들었다. 여기에는 종종 도덕적이며 교훈적인 내용이 첨가되었다. 이들 서사시 중에는 오늘날까지도 전해지는 것들이 여러 편 있는데, 이것들을 통해서 중세 시대의 사회와 문화, 사람들의 생각을 읽을 수 있다.

프랑스의 중세 서사시 중에서 가장 오래된 것이 바로 12세기 초에 씌어진 「롤랑의 노래」다. 이 작품의 작자가 누군지는 정확히 알 수 없지만, 일부 연구자들은 '투롤두스튀롤'를 지목하기도 한다. 작품은 총 4천 2행으로 이루어져 있는데, 그 핵심 내용은 샤를마뉴의 조카인 롤랑 백작의 무훈과 죽음을 다루고 있다. 롤랑 백작은 브르타뉴 지방의 영주로서, 실존 인물이다. 그는 778년 샤를마뉴의 지시로 군대를 이끌고 스페인에 후위대로 남아 있다가 바스크인들에게 전멸당했다.

「롤랑의 노래」는 롤랑이 계부 가느롱에게 배신당하여 론세스바예스에서 스페인 왕 마르실리우스에게 죽임을 당한다는 내용이다. 롤랑은 죽기 전에 나팔을 불어 샤를마뉴 군대에게 위급한 상황을 알렸고, 나팔 소리를 들은 샤를마뉴는 그를 도우러 달려갔지만, 이미 허사가 되고 말았다. 그 뒤 샤를마뉴 군대는 마리실리우스의 군대를 추적해 발리간트를 무찌르고 사라고사를 정복했다. 당연히 배신자 간느롱도 처형되었다.

「롤랑의 노래」의 판본은 모두 아홉 개가 있으나 일반적으로 1834년에 발견된 옥스포드의 앵글로노르만어본이 원본으로 인정되고 있다. 그러니까 프랑스가 아닌 잉글랜드에서 처음 쓴 것인 셈이다. 이것은 1200~1300년 전에 벌어진 기사 롤랑의 마지막 전투를 노래하고 있으며, 그 주제 또한 기사도, 봉건적인 도덕관과 신앙 등을 담고 있다. 기사도 문학의 정수라고 알려져 있지만, 실제 내용 중에는 상당히 미묘한 태도가 드러나고 있음을 볼 수 있다. 전체적으로 롤랑과 그의 절친한 전우 올리비에의 죽음은 롤랑의 무식하고도 저돌적인 성향 때문이라는 생각이 들게 그려졌으며, 샤를마뉴 역시 계속된 전쟁 속에서 지쳐서 휴식을 바라는 한탄을 계속한다. 기사와 기사도에 대한 비판적 시야가 행간 곳곳에 드러나 있는 셈이다. 풍자적인 성격도 지니고 있는 무훈시라고 말할 수 있을 것이다.

다는 이야기다. 봉건제도는 이미 그 이전부터 발전하고 있었던 것이다. 샤를마뉴의 할아버지 카를 마르텔이 궁재로 있을 때 프랑크 왕국의 왕은 그다지 힘을 갖지 못한 존재였다. 카를 마르텔은 궁재이면서 자신의 영지를 가진 영주였다. 이미 이 시절에 많은 귀족이 사실상 자신의 영지를 가지고 어느 정도 독립적인 영주로 살아가고 있었다는 증거다. 이것을 본격적으로 발전시킨 것은 샤를마뉴 대제였다.

중국과 동아시아의 경우, 오래전부터 중앙정부의 왕이나 황제의 지시가 지방 곳곳까지 전파되는 중앙집권제가 확립되었다. 그에 따라 지방의 관리 또한 중앙에서 파견하거나 임명했다. 하지만 유럽에서 이런 정치체제가 마련되는 것은 근대에 들어서야 가능했다. 중세 시대 유럽에서는 중앙정부나 황제의 지시를 영주나 지방정부가 무시하기 다반사였고, 아예 이를 거부하는 경우도 종종 발생했다. 아직까지 유럽에서는 국가라는 개념이 존재하지 않았던 것이다.

샤를마뉴는 프랑크 왕국의 영토를 확장하고 로마 교황에 의해 로마 제국의 황제로 인정받았지만, 그가 지배한 모든 영토를 완벽하게 장악한 것은 아니었다. 따라서 샤를마뉴는 새로 정복한 지방에 자치권을 줄 수밖에 없었다. 사실 영토가 넓어짐에 따라 그전보다 정치권력의 분산화 경향이 더욱 심해지기 시작했다. 그뿐 아니라 샤를마뉴는 자신에게 충성하고 공을 세운 부하들에게 보상을 주어야 했는데, 이는 땅을 나누어 주는 것일 수밖에 없었다. 왕이 신하에게 주는 땅을 봉토封土라고 했으며, 봉토를 받은 영주는 그 대신 왕에게 충성을 맹세하는 것이었다. 영주 또한 자신의 땅을 기사들에게 나눠주고 기사는 충성을 맹세했다.

그런데 이러한 봉토는 정치적 신하에게만 주어진 것은 아니었다.

종교집단인 수도원에도 봉토가 주어졌다. 중세 세인트 골의 한 수다스러운 수도자는 샤를마뉴가 신하의 집을 불쑥 방문한 사건을 다음과 같이 흥미롭게 기록하고 있다.

> 샤를마뉴의 여행길에 어떤 주교의 영지가 있었다. 왕은 그 영지를 피해 갈 수 없었다. …… 그러자 현명한 왕 샤를마뉴는 사태를 파악하고 주교에게 이렇게 대답했다. "나는 축내기도 하지만 채워주기도 합니다." 그리고 덧붙였다. "주교궁 옆에 있는 땅을 가지도록 하시오. 이 세상이 끝날 때까지 당신의 후계자들도 그 땅을 갖도록 하시오."
> 같은 여행길에서 왕은 역시 피해 갈 수 없는 또 다른 주교의 영지를 지나게 되었다. …… 2년 동안 왕은 치즈 선물을 아무런 말없이 받았다. 3년째 되는 해는 힘들게 구한 치즈를 가지고 주교가 직접 궁으로 왔다. 대단히 공정한 샤를마뉴는 그의 수고와 근심을 잘 알고 있었으므로 그 주교좌에 훌륭한 땅을 하사했다. 주교와 그 후계자들은 그 땅에서 나는 곡식과 와인으로 풍족한 생활을 영위했다.[8]

영지는 기본적으로 왕이 신하, 주교, 수도원 등에 하사하는 형식으로 이루어졌다. 이를 장원이라고도 했다. 그렇다면 이 영지, 즉 장원은 어떻게 구성되어 있었을까? 파리 근처 생 제르맹 데 프레의 수도원장 이르미논이 작성한 '영지 기록부'는 그 당시의 장원이 어떻게 구성되었는지 그 모습을 잘 기록해 놓고 있다. 거기에 따르면 영지는 다음과 같이 조직되어 있었다.

생제르맹 수도원이 소유한 땅은 '피스크Fisc'*라는 다수의 영지로 나뉘어져 있다. 각 피스크는 관리인 한 명이 맡기에 적당한 크기로 구획되어 있다. 피스크는 다시 영주의 땅과 소작인의 땅으로 나뉜다. 전자는 수도자들이 관리인이나 다른 사람을 두어 관리하는 땅이고, 후자는 여러 소작인이 수도원으로부터 소작 받은 땅이다. 소작인의 땅은 다시 여러 개의 작은 농지, 즉 맨스Manse**로 나누어진다. 이 맨스는 하나 혹은 그 이상의 농부 가족이 농사를 짓는다.

수도자들이 유지하는 영주中央 맨스를 방문하면, 방이 세 개 혹은 네 개쯤 있는 집을 발견할 수 있다. 석조로 지은 이 집은 안뜰코트을 바라보고 있으며, 한쪽 면에는 여러 채의 집들이 울타리를 이루고 있다. 딸린 집에서는 중앙 맨스에 소속된 여자 농노들이 생활한다. 농노들이 사는 집은 모두 목조 가옥으로 작업실, 부엌, 빵 굽는 곳, 헛간, 마구간, 기타 농가가 붙어 있고, 커다란 나무 울타리로 둘러쳐져 있다. 이 중앙 맨스는 상당한 규모의 땅으로 경작지, 포도밭, 과수원, 초원 외에도 숲이 있다. 이 땅들을 다 경작하려면 상당한 노동력이 필요하다. 중앙 맨스에 부속되어 코트에 사는 농노가 이 땅을 경작하지만, 그들만으로는 감당할 수 없어 영지에 사는 다른 땅의 소작농들이 같이 해주어야 한다.[9]

그리고 영주의 맨스 옆에는 다수의 소규모 하급 맨스들이 있었다. 하급 맨스는 한 가족이 영농할 수도 있고, 두세 가족이 공동으로 하기

---

*   (1) fiscal(재정의, 수입의) (2) 국고 (3) 내탕금
**   (1) 목사관 (2) 대저택

도 했다. 각 하급 맨스는 허술하게 지은 나무집, 경작지, 초원, 거기에 딸린 포도원 등으로 구성되어 있었다. 농부들은 이런 시설과 땅을 제공받는 대신, 일주일에 약 세 번 정도 영주의 맨스에 가서 일을 해야 했다. 이것이 중세 시대 장원의 기본적인 모습이었다.

농노로 사는 것은 '아주 힘들다'

장원에는 농노들과 함께 영주의 관리인들이 있었다. 관리인의 주된 일은 농노들이 제대로 일을 하는지 감독하는 것이다. 영주는 농노에게 두 종류의 노동을 요구할 권리가 있었다. 하나는 들판에 나가서 하는 노동이다. 농노는 해마다 영주의 땅에 가서 일정한 양의 농사일을 해야 했다. 다른 하나는 강제노동이다. 이는 할당량이 정해지지 않은 노동으로, 관리인은 매주 필요할 때마다 농노에게 요구할 수 있었다. 농노들이 수도원 땅에서 해야 하는 강제노동은 '핸드워크Handwork'라고 불렸는데, 건물 보수, 나무 베어오기, 과일 따기, 맥주 만들기, 짐 나르기 등 다양했고, 사실상 관리인이 시키는 모든 일을 가리켰다. 바로 이런 노동을 통해 수도자들은 영주의 농장을 경작할 수 있었다. 핸드워크가 없는 주중의 나머지 날에는 농노들이 자유롭게 그들의 자그마한 농지를 경작했다. 아마도 자신의 농지에서 일을 할 때는 그렇지 않을 때보다 훨씬 더 많은 정성을 쏟았을 것이다.[10]

그들의 의무사항은 그것으로 끝나지 않는다. 노동의 제공뿐 아니라 소작료도 내야 했다. 또한 모든 남자는 군대세를 내야 했다. 샤를마뉴는 수도원으로부터 이 세금을 거두었고, 수도원은 다시 소작인들에게서 징수했다. 이것 외에도 해마다 닭 세 마리, 달걀 15개, 집수리에 들어가는 다수의 널빤지를 내놓아야 했다. 때로는 돼지 두 마리를 바치거나 와인, 꿀, 왁스, 비누, 기름 등을 내놓기도 했다. 농부가 장인을 겸하고 있다면 자기가 만든 물건을 내놓아야 했다. 대장장이는 수도원의 무기로서 창을, 목수는 나무통과 상자와 포도 넝쿨 지지대를, 바퀴 만드는 사람은 수레를 바쳐야 했다. 여자 농노들은 해마다 직물을 짜서 영주관에 들어갈 옷을 만들어야 했다.

관리인은 이런 모든 일을 할당하고 감독했다. 농부들은 관리인을 빌리쿠스Villicus 혹은 마르요Mayor라고 불렀다. 샤를마뉴는 관리자들에게 70건의 지침을 내렸는데, 거기에 따르면 빌리쿠스는 너무 힘들었을 것이라고 여겨진다. 그는 소작인들로부터 정해진 세금을 거두어야 하고, 매주 해야 할 일을 이야기해주어야 하고, 지시대로 했는지 확인해야 한다. 소작인들이 영주에게 바칠 물건을 제대로 가져왔는지도 확인해야 한다. 영주관의 농노들도 관리하여 일거리를 주고, 영지의 농산물을 보관했다가 팔기도 하고, 농노의 소작료를 제때 받아서 수도원에 보내야 했다. 그리고 수도원장에게 해마다 자세하고 충실한 업무 일지를 제출해야 했다.[11]

빌리쿠스는 자신이 소작하는 맨스의 소작료와 현물도 내야 했다. 샤를마뉴는 관리인이 현물과 돈을 제때 납부하여 타의 모범이 되어야 한다고 지시했던 것이다. 그러나 그는 관리인 업무를 수행하느라 자신의 맨스는 돌볼 겨를이 없었을 것이고, 샤를마뉴가 관리를 맡긴 것처럼 그들도 관리인에게 일을 대행시켰을 것이다. 그에게는 딘Dean이라는 수하가 있었는데, 큰집^{영주관}에 들어올 물품들을 받아서 창고에 넣는 일을 했다.

중세 유럽 농노들의 삶은 힘들었다. 어쩌면 힘든 상황을 넘어서 비참했다고까지 말할 수 있을지도 모른다. 그들이 자신의 삶을 어떻게 바라보았는지를 알아보기 위해, 영국의 중세 경제사회 사가인 아일린 파워는 중세 농민과의 가상 대화를 생각해냈다. 그가 상상한 대화를 한번 들어보자.[12]

"농부여, 당신은 어떻게 일을 합니까?"
"아, 선생님, 저는 아주 열심히 일을 합니다. 새벽에 일어나 황소를 데리고 밭에 나갑니다. 그리고 황소의 어깨에 쟁기를 얹지요. 겨울에는 아주 춥지만 감히 집에 있지 못합니다. 관리인이 두렵기 때문이지요. 황소에 쟁기를 얹고 보습과 풀 베는 날을 쟁기에 연결한 다음 한 에이크 혹은 그 이상을 쟁기질합니다."
"당신에게 동무가 있습니까?"
"어린 아들을 데리고 나왔어요. 호리호리한 막대기로 황소를 몰지요. 그 애도 추위에 고함을 치느라 목소리가 쉬었어요. (불쌍한 어린 비도!)"
"저런, 정말 힘든 일이로군요!"
"그렇습니다. 아주 힘든 일입니다."

그래도 그들은 '엄격하면서도 자상한 교회 덕분에' 일주일에 한 번씩 휴가를 맞이할 수 있었다. 교회는 신앙심이 깊은 황제를 설득하여 일요일과 성인 축일에는 농노의 일이나 기타 일을 하지 못하게 하는 포고령를 내리게 했다. 827년 샤를마뉴의 아들 루드비히루이 1세는 같은 포고를 다시 내렸다. 그 내용은 이런 것이었다.

짐은 교회의 율법에 따라, 또 예전에 포고를 내린 선제의 명령에 따라, 일요일에는 농노의 일을 하지 말도록 포고하노라. 온갖 농사일을 하지 말 것이며, 포도밭을 돌보지도 말 것이며, 밭을 갈지도 말 것이고, 곡식을 거두거나 건초를 만들어서도 안 된다. 울타리를 세우거나 땔 나무를 해오는 것, 나무를 베는 것, 채석장에서 일하거나 집을 짓는 것, 정원에서 일하는 것, 법정에 나오는 것, 짐승을 쫓아다니는 것 등을 해서는 안 된다. 하지만 다음 세 가지 운송 업무는 일요일에도 가능하다. 즉 군대를 위해 물건을 나르는 것, 음식을 날라 오는 것, 주인의 시신을 나르는 것(필요할 경우). 마찬가지로 여자들이 직물을 짜는 일, 옷감을 마르는 일, 바느질하는 일, 양털을 빗질하는 일, 대마를 치는 일, 공개적으로 빨래를 하는 일, 양털 깎는 일 따위를 해서는 안 된다. 이런 일들을 하지 말아야 주님의 날을 제대로 지키는 것이다. 하지만 어디에 있건 교회에 나와서 미사를 올리고 하느님이 우리를 위해 해주신 모든 좋은 일에 대하여 이날에 찬양을 드려야 한다."[13]

토지에 묶인 농노와 장원경제

중세 봉건제도는 프랑크 왕국의 샤를마뉴 대제 때부터 그 모습이 대체적으로 갖추어졌다. 그러나 중세 봉건제 사회가 본격적으로 그 모습을 드러내는 것은 샤를마뉴 사후 중앙권력의 권위가 붕괴하고 이민족의 침입에 따른 사회적 혼란을 수습하는 과정에서였다. 유럽은 9세기 이래 게르만족의 일파였던 노르만인, 아시아계의 유목민족인 마자르 등의 공격에 시달렸으며, 이슬람의 위협 또한 완전히 사라지지 않았다. 그런데 서로마 제국의 계승자를 자처한 프랑크 왕국은 이들을 제대로 방어하지 못했다. 오히려 프랑크 왕국은 동·중·서 프랑크로 분리되었고, 그에 따라 지방 세력이 득세하고 독립적인 영향력을 행사하기 시작했다. 이런 과정을 통해 중세 봉건 사회가 자리를 잡아갔다. 즉 무력으로 주민을 보호할 수 있는 기사들의 지배체제가 정착한 것이다. 귀족집단들이 무력을 확보하고 자신의 영지를 지키며 독립적인 군주처럼 행세한 중세 봉건 사회의 주요 무대는 서부 유럽, 즉 프랑스와 독일, 영국 등이었다.[14]

중세 봉건 사회의 기본 골격은 주종관계, 지방분권제, 그리고 장원 경제라고 할 수 있었다. 주종관계는 중세 봉건 사회의 군사·법률적인 제도라고 할 수 있다. 이민족의 침입에 맞서서 서로 힘을 겨루는 과정에서 기사들 사이에는 자연스럽게 위계 질서, 즉 상하관계가 생겨나게 되었다. 이에 따라 지배계급인 봉건 귀족집단은 최고 국왕으로부터 최하 말단 기사에 이르기까지 주군과 봉신이라는 연쇄적인 주종관계로 조직되었다.

주군과 봉신은 쌍무적인 계약에 입각한 상호 대등한 관계라고 할 수 있었다. 주군은 봉신을 보호할 의무가 있었다. 무엇보다 중요한 것은 봉토, 즉 토지를 하사함으로써 그들을 경제적으로 부양해야 했다. 이에 대하여 봉신은 군사적인 봉사, 즉 1년 중 정해진 기간 동안 주군을 위해 출정하는 의무를 이행해야 했으며, 또한 주군에게 재정적인 원조와 함께 중요한 일에 관한 조언을 제공해야 했다. 어느 한 쪽이 자신의 의무를 이행하지 않을 경우에 그들의 관계는 곧 파기될 수 있었다. 이처럼 주종관계는 지배계급 내부에서 위계 질서를 유지하는 기준이 되었다. 그러나 현실적으로는 전쟁을 통하여 더 많은 문제들이 해결되었다. 그 때문에 중세 사회가 전반적으로 위기 상황에 부딪히게 되는 14~15세기에 들어 주군과 봉신 사이도 대립과 갈등을 일으키게 된다.[15]

주종제도는 봉건 사회의 정치적 측면, 즉 지방분권적인 통치로 이어졌다. 모든 기사는 자신의 봉토 안에서 영주, 곧 주인으로서 상급자의 간섭을 받지 않고 배타적으로 주민을 지배할 수 있었다. 따라서 중세 시대에는 통일 국가가 존재하지 않았으며 통치행위 또한 분권적으로, 즉 지역적으로 행해졌다. 국왕은 봉건귀족 중에서 제1인자인 최고의 영주라는 의미를 지니고 있었으나 자신의 영지 이외의 다른 지역에 대해서는 군림하지 못했다. 그러나 왕은 비록 상징적으로나마 로마 황제와 같은 최고 통치자로서의 성격을 지니고 있었다. 그 때문에 국왕은 중세 말에 이르러 교황권이 쇠퇴하고 기사층이 몰락하면서 중앙집권적인 국가로 통합해가는 구심점이 되었던 것이다.[16]

중세 봉건 사회의 사회경제적인 구조는 농노제, 영주제, 혹은 장원제라는 말로 표현될 수 있다. 귀족들의 봉토는 로마 대농장의 영향을 받은 장원Manor으로 구성되었고, 이는 농촌의 자급자족적인 경제단위를 이루었다. 장원은 경지와 목초지, 임야, 황무지 등으로 구성되었다. 경지는 2포제 혹은 3포제 등으로 윤작되었는데, 영주의 직영지와 농민 보유지는 장방형 모양으로 혼재되어 있었다. 영주의 직영지는 농민들이 제공하는 부역에 의해 경작되었다. 농민들은 나머지 시간을 자신의 농지를 관리하는 데 투여했다. 장원은 크게 경작지, 목초지, 임야, 황무지 등으로 나뉘어 있었다. 경작지에는 울타리가 없었다. 이는 공동 노동을 하는 데 편리하기 때문이었다. 파종 시기나 수확 시기는 농민 공동체의 결정을 따랐다. 경작지는 보통 춘경지, 추경지, 휴경지 등으로 나뉘어 3포제 경작을 했다.[17]

장원 안에는 영주의 성, 농민의 가옥, 공동시설물, 교회 등이 세워져서 명실공히 독립적인 공동체 마을을 이루고 있었다. 장원의 중심에는 영주의 성영주관이 있어 영주나 관리인이 살면서 장원을 관리했다. 농민의 가옥은 보통 취락을 이루고 있었으며, 그 옆에는 조그만 텃밭과 창고가 있었다. 중세 영주는 단순한 지주가 아니라 영지 내의 농민에 대하여 경제외적으로 착취, 지배할 수 있는 통치자였다. 반면, 농민들은 장원에 예속되어 있는 농노였다. 농노는 장원에 묶여 있었다. 그들은 영주의 땅을 빌려 사는 대가로 그의 직영지를 경작해주는 부역과 현물을 납부해야 했으며, 거주이전의 자유가 없었다. 그들은 일주일에 3일 정도의 노동을 영주에게 제공해야 했고, 인두세, 사망세, 혼인세 등 온갖 세금도 바쳐야 했다. 그들은 영주가 설치한 여러 시설물들, 이를테면 방앗간, 양조장, 제빵소 등을 사용하고 사용료를 내야 했다. 농노는 또한 영주의 재판을 받아야 했다.[18]

아일린 파워가 쓴 『중세의 사람들』에는 농노의 생활이 자세히 묘사되어 있다. 이를 통해 중세 농노의 하루를 한번 살펴보면 대략 다음과 같다.

샤를마뉴 치세 말기의 어느 청명한 봄날 아침, 보도는 일찍 자리에서 일어났다. 오늘은 수도원 직영지에 가서 일을 해야 하는 날이기 때문이다. 잔소리가 심한 직영지 관리인이 두려워서 능장을 부릴 수가 없었다. 그래서 그는 큰 수소를 모는 첫째 아들 위드를 데리고 집을 나섰다.

가는 길에 다른 동료들과 만나 함께 직영지로 향했다. 그들 중에는 말이나 소를 끌고 온 사람, 곡괭이, 호미, 도끼, 큰 낫 등을 가지고 온 사람 등 가지각색이었다. 그들은 모두 관리의 명령대로 직영지나 목초지, 숲에서 일을 하기 위해 무리를 지어 갔다. 그는 점심 먹을 때를 빼고는 하루 종일 쟁기질을 해야만 했다.

그의 아내 에멘트루드 역시 바빴다. 오늘은 살찐 닭 한 마리와 달걀 다섯 개를 바치는 날이다. 그녀는 9살 난 둘째 아들에게 갓난아이를 맡겨 놓고 영주관으로 향했다. 그녀는 관리인을 만나 공손히 인사하고 닭과 달걀을 건네주고는 서둘러 집으로 돌아왔다. 집으로 돌아오자 곧 작은 포도밭을 돌보았으며, 저녁에는 양털로 천을 짜야만 했다.[19]

그러나 이들 농노Serf는 고대의 노예와 달리 독립된 가계를 형성할 수 있었다. 그들은 가옥과 그에 딸린 자신의 경작지를 갖고 생활하며 수입을 올릴 수 있었고, 결혼을 통해 가정을 꾸릴 수도 있었다. 또한, 그들은 원시 게르만 사회에서 비롯된 촌락의 오랜 관습인 공동체적 권리를 보유하여 영주에 맞설 수도 있었다. 중세 말기에 빈번했던 농민 반란은 바로 이러한 공동체의 결속력을 기반으로 했다. 농노들은 중세 말기 가혹한 영주의 착취에 저항하여 반란을 일으켰으나 그들의 새로운 공동체를 만드는 데는 성공하지 못한다.

3. 농업 혁명과 도시 혁명

중세 서유럽 문명의 기반이 마련되다

농업 혁명의 전제 조건들

우리는 중세를 흔히 '암흑기'라고 표현하는 것을 종종 볼 수 있다. 그것은 그대 그리스와 로마 등과 비교할 때 중세 서양이 전반적으로 뒤처진다는 느낌에서 나온 것이라고 볼 수 있다. 중세 시대에는 프랑크 왕국이나 신성 로마제국 같은 서유럽의 중심을 이룬 국가들이 있었지만 강력한 중앙집권체제를 이루고 제국으로서의 위용을 떨치지 못했다. 또한, 문화적으로도 기독교가 지배한 중세 시대는 고대 그리스나 로마에 비해 활발하지 못했다. 사상과 문화예술의 측면에서도 기독교 신앙의 엄격한 통제와 제약에서 벗어나지 못함으로써 어딘가 침체된 느낌을 지울 수 없다. 경제적으로도 중세 시대는 고대의 활발했던 동방 무역이 사라진 상황에서 자급자족적 장원경제의 울타리 속에서 낙후된 모습을 보였다.

그러나 서유럽에서 중세의 전성기라고 볼 수 있는 1050년경부터 1300년경 사이에 서유럽은 내적인 발전을 통해 그동안의 후진성에서 상당 부분 탈피할 수 있었다. 11세기 중반까지 서유럽은 아직 모든 면에서 비잔틴 제국이나 이슬람 세계보다 낙후되어 있었다. 하지만 14세기 초반, 그러니까 1300년경에 이르러 서유럽은 두 경쟁 세력을 능가할 수 있을 정도로 경제·문화적인 발전을 이루었다. 이 무렵에 이르면 오직 중국과 인도만이 정치, 경제, 문화적인 측면에서 서유럽을 능가할 뿐 나머지 세계는 결코 서유럽에 앞선다고 말하기 어려운 상황이 되었다. 이는 11세기 중반까지 서유럽이 처했던 보잘것없는 처지를 생각하면 놀라운 일이다. 따라서 중세 전체를 정체나 침체, 암흑기로 파악하는 것은 올바른 역사 인식 태도라고 할 수 없다.

그러면 서유럽은 이 기간에 어떻게 이처럼 빠른 발전과 진보를 이루었을까? 많은 중세 연구학자들은 유럽이 900년에서 1050년 사이에 이미 발전을 위한 조건을 갖추고 있다가 바이킹, 마자르인, 무슬림 등의 파괴적인 침공이 그치자마자 그 잠재력을 발휘했다고 보고 있다. 이들 외부 세계의 침공은 대부분 1000년경에 중단되었지만, 잉글랜드만은 데인족에 의해 11세기에도 계속 시달림을 받았다. 1066년에는 노르만족의 정복Norman Conquest이 있었으며, 동시에 바이킹의 마지막 잉글랜드 침략이 있었다. 일단 외적의 침입 위협이 없자 서유럽은 중단의 두려움이 없이 경제생활에 전념할 수 있었다.[1]

그렇게 해서 11세기 중반부터 14세기 초반 사이에 서유럽은 빠른 기술적 진보를 이루었으며, 이를 바탕으로 농업에서 획기적인 생산력 발전을 이룰 수 있었다. 일부 학자들이 '농업 혁명'이라고까지 부르는 농업 생산력의 발전과 더불어 인구가 급속히 증가하고 소읍과 도시들이 크게 성장했다. 그 속도가 어찌나 빨랐던지 일부에서는 '도시 혁명'

이라고 부르기도 한다. 아직 서유럽은 압도적으로 농업 사회가 지배했지만, 곳곳에서 도시와 상업이 발전했다. 경제적인 발전과 더불어 정치적인 안정도 가능해졌다. 경제와 정치적인 안정을 바탕으로, 보다 강력한 세속적인 정부가 신민들에게 안정과 평화를 제공했으며, 이를 바탕으로 근대적인 국가의 기초들이 마련되기 시작했다.

　11세기 중반까지 서유럽 농민들은 호미조차 제대로 갖지 못할 정도로 농업 기술과 도구들이 낙후한 상태였다. 카롤링거 왕조 시대에는 농업 생산력이 가장 앞섰던 지방에서도 철제 농기구가 드물었다. 대부분의 농민은 목제 농기구도 부족해서 말 그대로 맨손으로 자연을 헤쳐 가야 했다. 그러나 11세기 중반부터 13세기 중반 사이에 모든 것이 바뀌었다. 이 2백여 년 동안에 '농업 혁명'이 일어나면서 서유럽의 농업을 근본적으로 바꾸어놓았으며, 농업 생산량도 획기적으로 증대했던 것이다.[2]

　중세 서유럽 농업 발전의 전제 조건들은 대부분 11세기 중반 이전에 이미 나타났다. 가장 중요한 것은 유럽 문명의 중심이 지중해에서 북대서양 지역으로 옮겨졌다는 점이다. 남부 잉글랜드에서 우랄 산맥에 이르는 북서유럽 대부분 지역은 면적이 넓고 습하고 비옥한 충적 평야지대였다. 로마인들은 이곳의 경작에 거의 손을 대지도 않았다. 그런데 카롤링거 왕조 시대에 들어와서는 이곳의 식민화와 개간에 많은 관심을 기울였다. 이 무렵 사람들은 독일 중서부 전역을 농업 거주지로 개척하면서 새로운 농기구와 농경법을 실험했다. 그러나 카롤링거 왕조 시대의 평화는 너무나 짧은 기간에 이루어져서 그와 같은 농업 기술을 계속 쌓아가면서 지속시킬 수가 없었다. 10세기, 외적의 침입이 끝난 뒤 비로소 서북부 유럽의 잠재적인 부를 개발하기 위한 체계적인 시도가 가능해졌다.[3]

또한 이 시기 농업 발달에 최적의 기후 조건이 마련되었다. 기후사학자들은 대략 700년경부터 1200년경 사이에 서유럽의 기후가 '성장 최적 조건'을 유지했다고 확신하고 있다. 평균 기온이 섭씨 1도 이상 따뜻해졌으며, 날씨가 좀 더 건조해졌다. 북부 유럽은 이전까지만 해도 너무 습해서 농사를 제대로 짓기 어려운 상태였다. 그러나 기후 변화로 농업에 훨씬 유리한 조건이 형성되었다.

유럽인들은 카롤링거 왕조 시대부터 잠재적인 농업 기술을 갖고 있었다. 하지만 그들은 외적의 침입이 계속되는 상황에서는 이것들을 안정적으로 발전시키지 못하였다. 그런데 외적의 침입이 없어지고 평화를 지속적으로 확보해줄 안정적인 정부가 등장하면서 기술 발전에 박차를 가할 수 있었다. 이와 함께 영주들 또한 단순한 소비보다는 이윤 추구에 좀 더 많은 관심을 쏟게 되었다. 11세기 중반부터 13세기 초반까지 사이에 한 분야의 진보가 다른 분야의 진보와 발전을 북돋아 줌으로써 더 큰 투자를 위한 축적이 가능해졌다. 간단히 말하면 생산력 발전을 위한 농기구를 장만할 수 있게 된 것이다.

노르만족의 정복 Norman Conquest

노르망디 공작 윌리엄의 잉글랜드 정복을 말한다. 1066년 10월 14일 헤이스팅스 전투에서 이겨 잉글랜드의 정복에 성공했으며 그 결과 브리튼의 정치·행정·사회에 큰 변화를 가져왔다. 구舊잉글랜드 왕족인 앵글로색슨계의 마지막 왕 에드워드는 1051년 윌리엄을 그의 후계자로 지명했다. 그러나 1066년 1월 5일 에드워드가 죽은 후 강력한 웨식스 백작 해럴드가 왕위에 올랐지만 그의 왕위는 결코 안전하지 못했다. 당시 유럽 대륙의 여러 정치 세력들은 윌리엄을 지지했으며 윌리엄은 해럴드와 싸우기 위해 8월에 기사 5천여 명을 모았다. 해럴드는 여름 내내 군대에 경계근무를 시켰지만 9월 초 보급품이 떨어지자 군대를 해산시켰고, 그후 서둘러 요크셔 지방으로 가 스탬퍼드브리지에서 노르웨이 왕 하랄 3세의 침략을 격퇴했다.

노르망디에 있던 윌리엄의 수송선은 북풍 때문에 8주 동안 항구에 묶여 있었으나 9월 27일 바람이 방향을 바꾸자 즉시 영국 해협을 건너 이튿날 페번지 만灣에 상륙해 곧바로 헤이스팅스로 진격했다. 남쪽으로 행군을 강행하던 해럴드는 10월 13일 병사 7천여 명을 이끌고 헤이스팅스에 도착했는데, 무기를 제대로 갖추지 못하고 훈련도 받지 못한 병사가 많았다. 그러면서도 무리하게 전투 준비를 하다가 10월 14일 새벽 윌리엄에게 기습당해 헤이스팅스에서 북서쪽으로 16킬로미터 떨어진 능선까지 후퇴했다. 윌리엄은 하루 종일 기병대를 돌격시키면서 틈틈이 화살 공격을 퍼부었다. 잉글랜드군은 점차 싸울 힘을 잃었으며 오후 늦게 해럴드는 화살에 맞아 죽었고, 해질 무렵에는 남아 있던 잉글랜드군도 흩어져 도망쳤다.

윌리엄은 런던을 고립시키려고 파죽지세로 진격했으며 버컴스테드에서 잉글랜드의 주요 지도자들의 항복을 받았다. 그는 1066년 성탄절에 웨스트민스터 사원에서 왕위에 올랐다. 1071년까지 곳곳에서 토착민이 반란을 일으켰는데 가장 극심했던 노섬브리아 반란(1069~1070년)은 윌리엄이 직접 진압했으며, 뒤이어 군사를 몰아 드넓은 북부 지역을 제압했다. 그리고 곳곳에 많은 성채를 지어 잉글랜드를 완전히 정복했다.

역사가들은 노르만 정복 때문에 일어난 변화의 정도와 성격에 대해 오랫동안 논쟁을 벌여왔다. 정치적으로 보면 윌리엄이 승리한 결과 잉글랜드는 스칸디나비아와 유대를 끊는 대신 서유럽과 밀접한 관계를 맺었다. 한편 잉글랜드 내부에서 일어난 가장 근본적인 변화는 군대식 봉건제가 도입되었다는 점이다. 노르만 정복 이전에도 봉사奉仕의 대가로 토지를 소유하는 제도가 있었지만, 윌리엄은 4천 명이 넘는 기사를 봉건영주로 승격시켜 상류계급에 대변혁을 일으켰다. 왕은 기사 봉사에 대한 대가로 노르만인 180여 명 대부분에게 토지를 내렸고, 이들은 자신의 봉신들에게 영지를 재분봉했다. 고위 성직자나 행정관리 인사에도 그러한 변화가 일어나 거의 모든 분야에서 노르만 귀족이 중요한 자리를 차지했다.

앵글로색슨족은 잉글랜드 중앙·지방 행정을 고도로 조직화했고, 사법제도도 효율적으로 운영해왔으므로 윌리엄은 이런 제도들을 그대로 존속시켰다. 대관식 선서 때 잉글랜드 왕가의 전통을 유지하겠다는 뜻을 밝힌 윌리엄은 옛 행정구역을 그대로 유지했고, 주州·헌드레드주보다 작은 지역단위 법정의 관례적인 사법권을 침해하지 않았으며, 이들 재판소와 국왕법정에서는 계속해서 보통법common law에 따라 법을 집행했다. 삼림법森林法을 제한적이나마 새로 채택했고, 형사사건의 경우에는 옛 색슨족의 신판神判, ordeal과 함께 결투로 판결을 하는 노르만식 재판을 도입했으며, 행정과 사법 문제를 다룰 때에는 이웃이 선서증언을 하는 심문 방식을 많이 썼다. 주요한 변화는 세속법정에서 교회사건을 다루지 못하게 한 것인데, 이를 계기로 당시 급속히 확산되가던 교회법이 영국에 들어왔다.

구잉글랜드 귀족이 힘을 잃었다는 것 외에 노르만 정복 때문에 생긴 가장 애석한 결과는 문학·법률·행정 용어에서 잉글랜드 고유언어가 모두 사라졌다는 사실이다. 정복 후 공식문서와 그밖의 기록은 라틴어로 쓰였다가 점차 모든 분야에서 노르만 프랑스어로 다시 바뀌었기 때문에 노르만 정복부터 13세기까지 영어로 된 기록은 거의 찾아볼 수 없다. (브리태니커 백과사전 참고)

농업 기술 · 생산력의 발전과 그 결과

서유럽에서 새로운 문명이 탄생할 수 있는 정치, 사회, 기후적인 조건과 더불어 농업 기술이 크게 발전했다. 그런데 이 농업 기술의 발전에서는 크게 네 가지를 살펴볼 수 있다.[4]

먼저, 농기구의 발전을 들 수 있다. 로마인들은 땅을 깊게 갈 수 있는 쟁기를 사용하지 않았다. 지중해 연안의 토양이 부드러웠기 때문에 가볍고 얕게 가는 쟁기로도 얼마든지 농업이 가능했던 것이다. 하지만 북유럽의 무겁고 습한 토양에는 이런 쟁기가 무용지물이었다. 중세 초기 북유럽 토양에 적합한 무겁고 효율적인 쟁기가 개발되었다. 이 쟁기는 땅을 깊게 갈 수 있었고, 토양에 충분한 공기를 공급함으로써 북서유럽 농업 발전에 새로운 전기를 마련해주었다.

다음으로, 북서유럽 토양에 적합한 농기구의 개발과 더불어 농작물의 윤작에 3포제가 도입되었다는 점이다. 근대 이전 유럽 농민들은 지력의 고갈을 방지하기 위해 경작지의 상당 부분을 1년씩 묵혀두었다. 집약 농업을 위한 비료가 충분하지 않았고, 클로버나 알팔파 같은 질소 고정 식물을 알지 못했기 때문이다. 그 때문에 로마 시대 농민들은 해마다 농토의 절반 가량을 묵혀두는 2포제 경작을 실시해야 했다. 그런데 중세 시대 2포제를 3포제로 바꾸면서 휴한지를 1/3로 줄일 수 있었다. 토지의 이용도가 훨씬 높아진 것이다.

세 번째로, 방아를 사용함으로써 농업 기술을 혁신할 수 있었다. 로마인들은 노예노동이 풍부했던 까닭에 노동력 절감에 무심했다. 그러나 북유럽에서는 1050년경부터 물방아 제작이 성행했다. 유럽인들은 물방아 기술을 발전시켜 1170년경에는 풍차를 만들어냈다. 방아는 본래 곡식을 빻는 것을 목적으로 했지만, 점차 다양한 기능으로 사용되었다. 예를 들면 제재나 직조, 착유, 맥주 양조, 철공, 펄프 제조 등 긴요하고도 다양한 용도로 활용되었던 것이다. 종이는 중국에서 개발되어 이슬람을 거쳐 유럽으로 전파되었지만, 이들은 서유럽처럼 종이 제조를 위해 방아를 이용하지는 않았다. 서유럽은 종이 기술을 동양에서 받아들여 방아와 같은 기술과 결합함으로써 생산력의 새로운 발전을 이루었다.[*]

농업 혁명을 가능케 한 조건은 농업 기술의 발전만이 아니었다. 기술 혁신과 더불어 경작지가 확대되고 개간지에 대한 집약농업이 이루어졌다는 사실 또한 매우 중요하다. 카롤링거 왕조 시절 농민들이 농사를 짓는 땅은 매우 한정되어 있었다. 이 시대의 농업 거주지들은 광대한 산림, 소택지, 황무지에 에워싸인 채 마치 수많은 작은 섬들처럼 흩어져 있었다. 이런 상황에서 평화와 안정이 찾아오자 농민들은 개간 활동을 본격적으로 시작했다.

먼저 북프랑스와 서부 독일의 농민들은 섬과 같은 모양의 농업 거주지 바깥쪽을 야금야금 개간하며 경작지를 확대해갔다. 처음에는 농민들이 비밀리에 그 일을 했다. 하지만 나중에는 영주가 자신의 땅에 대한 지분을 요구하면서 개간 활동을 지원하게 되어 신속하게 진행되었다. 그렇게 해서 잉글랜드 북부와 네덜란드, 그리고 독일 동부

---

[*] 그 밖에도 중세 유럽에서는 말을 농경 기술에 사용했으며, 거기에 이용할 수 있는 여러 마구가 개발되었다. 또한, 유럽인들은 쟁기의 보습날로 철을 사용했으며, 외바퀴 손수레와 써레도 만들어냈다. 써레는 쟁기질 후에 밭을 평평하게 고르고 파종된 종자를 묻는 데 사용했다.

지역 등 그동안 농민들의 손이 닿지 않던 곳까지 영역을 확대해갔다. 농토의 개간과 더불어 농민들은 좀 더 효율적이고 집약적으로 경작할 수 있는 영농법을 찾았다. 농민들은 쟁기질 후에 써레질을 하거나 호미로 자주 잡초를 뽑아주고 해마다 두벌갈이를 해주었던 것이다.[5]

농업 기술의 발전 및 개간지 등의 농경지 확대로 농업 생산량이 엄청나게 증대되었다. 카롤링거 왕조 시대에는 기껏해야 2배에 불과하던 평균 수확률*이 1300년경에는 3배 내지 4배에 달하게 되었다. 그리고 곡물이 더 많이 수확되었음에도 도정 시간은 전보다 훨씬 단축되었다. 방아는 40명의 노동력에 해당하는 일을 해낼 수 있었던 것이다. 그 결과 유럽인들은 역사상 처음으로 규칙적이고 안정된 식량공급을 제공받을 수 있게 되었다.

이와 같은 농업 혁명은 유럽 역사의 발전에 지대한 영향을 미쳤다. 먼저 좀 더 많은 토지가 곡물 재배 이외의 용도로 사용될 수 있었다. 농업의 다양화·전문화가 가능해진 것이다. 광대한 토지가 목양을 위해 전용되었고, 다른 지역은 포도 재배에, 또 다른 지역은 면화 재배와 염료 재배 등의 용도로 바뀌었다. 새로운 농산물은 그 지방에서 소비되기도 했지만, 상당량은 원격지로 출하되어 거래되거나 직조산업과 같은 신흥산업의 원료로 공급되었다.

농업의 발달로 상업과 제조업이 발달하게 되었으며, 이것은 다시 도시의 성장을 자극했다. 농업의 발전은 인구의 급속한 증가를 불러왔으며 도시의 성장을 지탱해주었다. 식량 증산과 식단에서 단백질의

---

*　씨앗 대 수확물의 비율을 말한다.

증가는 평균 수명을 크게 늘려주었다. 카롤링거 왕조 시대 30세에 불과했던 평균 수명은 40 내지 50세로 연장되었다. 건강 상태가 좋아지면서 자연히 출생률도 좋아졌다. 그 결과 서유럽 인구는 1050년에서 1300년 사이에 약 3배로 증가했다. 인구가 늘어나고 노동력을 줄일 수 있는 농기구가 발달하면서 모든 사람이 농업에 매달릴 필요가 없게 되었다. 그에 따라 일부 사람들은 도시로 이주하여 새로운 생활 방식을 찾을 수 있게 되었다.[6]

또한, 농업 혁명은 영주들의 수입을 증대시켜 귀족계급의 생활을 화려하고 세련되게 변화시켰다. 그리고 농업 혁명으로 군주들의 수입도 증대되면서 국가의 성장에도 기여했다. 이는 또한 교회의 발달을 뒷받침하는 물질적 조건이 되었으며, 학교와 지적 활동의 성장에도 새로운 전기를 마련했다. 유럽인들은 생활 조건과 삶의 질이 나아지면서 세상을 보다 낙관적으로 바라보게 되었다. 또한, 그들은 자신감에 넘쳐 지구상의 어떤 지역 사람들보다도 강한 실험 정신과 모험 정신을 갖게 되었다.

농노제의 쇠퇴와 귀족 생활의 변화

중세 사회 봉건제도를 지탱한 가장 중요한 계급은 농노들이었다. 농노들은 장원에 결박되어 생산의 모든 것을 책임졌다. 자신의 생계를 위한 농업 생산뿐만 아니라 영주 직영의 농산물 생산, 그리고 부역과 잡역 등 모든 노동을 책임져야 했다. 그러나 그들의 생활 처지는 비참했다. 고대의 노예들보다는 나았다고 하지만 현대인의 상상을 초월할 정도로 원시적이고 노동 강도도 강했다. 그들이 사는 집은 보통 나뭇가지를 엮어 진흙을 바른 초라하기 짝이 없는 오두막이었다. 13세기 잉글랜드의 한 농부는 단지 이웃집 오두막 중앙의 기둥 한 개를 부러뜨렸다는 이유로 주택 파손 혐의로 유죄를 선고받았을 정도다. 오두막의 바닥은 대개 차고 축축한 흙바닥이었다. 침대라고 해야 거의 짚 덤불에 불과했다. 가구라곤 찾아볼 수도 없었다.

식사는 대개 멀건 죽으로 때웠다. 과일은 구경할 수도 없었고, 채소는 양파, 부추, 무, 양배추가 고작이었다. 채소는 모두 멀건 수프로 끓여 마셨다. 육류는 일 년 중 기껏해야 몇 차례 먹을 수 있을 뿐이었다. 축제일이나 소나 돼지를 먹일 사료가 바닥나는 한겨울이 아니면 꿈도 꾸지 못했다. 식기는 설거지를 할 필요도 없었다. 버리는 음식이 전혀 없었기 때문이다. 흉작의 위험성이 항상 존재했고, 그럴 때마다 농민들은 생명을 위협받았다. 흉작이 닥치더라도 영주들은 언제나 동일한 액수의 수입을 요구했으므로, 흉년이 닥치면 농노들은 가진 곡식을 모두 내놓아야 할 형편이었다. 그럴 경우 그들은 자식들이 서서히 굶어죽는 것을 그냥 지켜보아야 했다. 곳간에 종자가 있었지만 그걸 먹일수는 없었다. 그 이듬해 씨를 뿌리지 못하면 모두가 다 굶어 죽어야 했다. 그들에게는 미래가 없었다.[7]

그러나 이런 비참한 농노들의 삶에도 한 줄기 서광이 비치기 시작했다. 농업 혁명과 더불어 식단이 개선되기 시작했다. 농업 생산력의 발전으로 식생활이 나아지면서 기근이 줄어들었고, 사람들의 몸도 한층 건강해졌다. 이제는 콩과 같은 단백질 섭취가 가능한 음식을 먹을 수 있게 되었기 때문이다. 농노 해방도 가능해졌다. 영주의 주도로 새로운 땅이 개간되기 시작하면서 농노들에게 자유를 허용하는 등 유리한 조건을 제시해야 노동력을 확보할 수 있게 되었다. 자유노동을 이용하는 지역에는 도망 농도들이 몰려들었다. 그런 곳에서는 농민들에게 부역 대신에 고정 지대를 요구하는 등의 변화가 일어났다. 다른 곳에서도 영주들이 점차 지대를 화폐로 요구하는 등의 변화가 일어났다. 농노들도 자신의 잉여 생산물을 팔아 모은 돈으로 자유를 살 수도 있었다.[8]

13세기를 지나면서 유럽 대부분의 지역에서 농노제도가 사라지게 되었다. 그러나 농노제는 지역마다 편차를 두고 소멸했다. 특히 잉글랜드 지역에서는 그 과정이 지연되었다. 따라서 잉글랜드에서는 농노제의 잔재가 남아서 농민들이 지방 영주에게 약간씩의 부역과 공납 의무를 갖게 되었다. 프랑스에서는 1789년까지 이러한 봉건적 의무들이 남아 있었다. 해방된 농노들은 계속해서 공동체 노동을 하는 경우도 있었지만, 자신의 생계보다는 농산물을 시장에 내다 팔기 위해 농사를 짓는 자유농민, 소농이 되었다. 그들 중 일부는 근대 사회로 오면서 부농으로 성장하고, 다시 부농에서 부르주아지로 발전하여 자본주의를 열어가는 주역이 되기도 한다.

농업 혁명 과정에서 영주들은 농노들보다 훨씬 많은 이득을 챙겼다. 영주들은 농노를 해방시킬 때마다 통상 농노의 전 재산에 해당하는 많은 현금을 챙길 수 있었기 때문이다. 농노를 해방시킨 뒤 영주들은 주로 지대에 의존했다. 그런데 지대 중 상당 부분은 종전에 영주가 소유했지만 경작지로 사용하지 않았던 토지에서 거두어들인 것이었기 때문에 그들의 수입은 크게 늘어날 수밖에 없었다. 영주들은 지대를 굴리는 것이 돈을 불리기에 훨씬 유리하다는 것을 깨달았다. 또한, 이제는 과거처럼 일일이 경작지를 감독하지 않아도 지대만 제대로 거두어들이면 되기 때문에 자유롭게 여행을 다닐 수도 있었다. 그들은 십자군에 참여할 수도, 국왕의 궁정에 나가서 놀 수도 있었다. 영주들의 지대 수입은 그들의 생활을 호화롭게 만들었으며, 생활 패턴도 변화시켰다.[9]

귀족들의 부가 증대되면서 생활 조건이 향상되고, 여성에 대한 처우도 달라졌다. 1100년경까지 유럽 귀족들의 저택은 대부분 나무로 만들어졌으며, 원시적인 난방 기술과 취사 방식 때문에 종종 불에 타버렸다. 그러나 부가 축적되고 건축 기술이 향상되면서 12세기부터 영주들의 성이 대부분 돌로 지어졌고, 그에 따라 불에 타 소실되는 경우도 줄어들었다. 우리가 보는 중세의 성들은 이때부터 만들어진 것들이 대부분이다. 더욱이 성에는 이제 굴뚝과 덮개 달린 벽난로가 설치되었는데 굴뚝과 벽난로 모두 중세의 발명품이다. 동양에서는 온돌과 실내 난방 시설, 그리고 그에 따른 굴뚝이 훨씬 전에 발명, 사용되었지만 유럽에서는 12세기가 되어서야 이를 사용하게 된 것이다. 이로 말미암아 각방마다 독립적인 난방이 가능하게 되었고, 이는 개개인의 독립적인 사생활이 어느 정도 보장될 수 있었다.

사치품 교역이 증대되면서 후추와 사프란Saffron*같은 값비싼 외국산 향료가 식탁에 오를 수 있게 되었다. 그러나 아직은 식탁 예절이

---

*   사프란은 붓꽃과에 속하는 다년생 식물로 비늘줄기가 있다. 황금색의 끝이 뾰족한 암술머리를 말려 음식에 맛이나 색을 내는 데 쓰기도 하고 염료로도 귀중하게 쓰인다. 지중해와 동양의 여러 요리, 특히 쌀, 생선요리, 영국식·스칸디나비아식·발칸식 빵요리 등에 색을 내고 맛을 가하는 데 쓰인다. 또한 부야베이(Bouillabaisse) 요리의 중요한 재료이기도 하다.

형편없었다. 귀족들은 나이프와 스푼만 사용했을 뿐이고, 포크는 없었으며, 소맷자락에 코를 풀어대곤 했다. 그럼에도 귀족들은 우아한 옷을 걸치고 남들 앞에서 자신들의 우월함을 뽐내려고 했다. 이 무렵부터 몸에 꼭 맞는 옷을 착용하기 시작했다. 이 시기에 뜨개질과 단추, 단추 구멍이 발명되었기 때문이다. 또한, 기본적으로는 한계가 있었지만 이 시기에 상류계급 여성들의 지위가 향상되었다. 12~13세기에 일부 왕실 여성들이 남편이나 아들이 사망하거나 통치할 수 없었던 여러 경우에 처했을 때 실질적으로 국가에 대한 지배권을 행사하기도 했던 것이다.[10]

귀족들의 생활에 여유가 생기면서 오늘날까지도 전승되는 이른바 중세의 '기사도chivaly'가 등장했다. 11세기 말까지 유럽의 전형적인 귀족은 이웃과 전쟁을 벌이거나 힘없고 자신을 지킬 무기조차 없는 약자들을 노략질하는 데 대부분의 시간을 보내는 거칠고 잔인한 전사였다. 그러나 이 같은 귀족들의 폭력성은 12세기에는 많이 누그러졌다. 그것은 교회의 압력도 하나의 원인이 되었지만, 기본적으로는 신흥 국가들이 각 지역의 평화를 효율적으로 강제하고 귀족 자신들이 안락한 생활을 즐기기 시작하면서 일어난 일이었다. 귀족들은 계속해서 십자군에 참가하고 국가 간의 전쟁에도 참가했지만, 귀족들 간의 사소한 다툼은 그 빈도가 훨씬 줄어들었다. 이른바 기사도가 군사적인 행동을 보다 온건한 행동으로 변화시키는 데 일조하였다는 이야기이다.

기사도란 말 그대로 '기사 정신'이다. 따라서 기사인 귀족은 말타기에 매우 능숙해야 했다. 기사도는 또한 명예로운 목적을 위해 싸울 의무를 부과했다. 그러한 목적을 찾을 수 없을 경우에는 마상馬上 시합을 통해 싸울 기회를 마련해주었다. 마상 시합은 일종의 모의 전투로서, 처음에는 몹시 거칠었으나 나중에는 정교한 의식을 갖추게 되었다. 무엇보다 말을 탄 기사에게는 용감하고 충성스러우며, 가난한 사람에게는 신실하고 공손하고 친절을 요구하는 풍토가 자리잡게 되었다. 또한 부당한 이익이나 비열한 행위는 멀리할 것도 기대되었다. 역시 사람은 먹고 사는 문제가 해결되어야 인간다운 모습도 보여준다는 걸 알 수 있는 대목이다.

상업과 도시의 성장 발전

중세 시대 농업 혁명과 더불어 상업이 부활하고 도시가 발전했다. 중세 시대 상업의 발전은 다양한 방식으로 이루어졌다. 가장 기본적인 것은 지방 시장에서 이루어진 일상적인 교역이었다. 농노나 자유 농민들은 여분의 곡물이나 달걀 꾸러미를 시장에 내다 팔았다. 그러나 상품이 점차 전문화되면서 포도주나 면직물 등을 배에 실어 원격지로 보내는 원거리 무역이 발전했다. 하천이나 바다가 있는 곳에서는 물길이 이용되었다. 육상 수송도 필요했다. 이것은 도로 건설 기술의 향상, 말과 노새의 이용, 교량 건설 등으로 가능하게 되었다. 로마인들은 주로 '육상 통신communication'에만 관심을 가졌던 반면, 11세기 이후 중세인들은 '육상 수송transport'에 주력하여 활발한 육상 교역을 할 수 있었다.[11]

중세 유럽인들은 또한 11세기 이후 한때 로마의 '호수'였던 지중해를 근거리 및 원격지 해상 무역의 통로로 폭넓게 이용했다. 11세기 중반에서 14세기 초반 사이에 제노바, 피사, 베네치아 등 이탈리아의 도시 국가들은 지중해의 상당 부분을 무슬림의 지배권으로부터 되찾았다. 이들은 과거 비잔틴 제국에 속했던 해역을 독점하기 시작했고, 동부 지중해에 동방과의 활발한 교역을 위한 전초 기지를 세우기 시작했다. 그 결과 조미료와 보석, 향료와 고급 직물 등의 사치품이 서유럽 시장에 등장하기 시작했으며, 또한 그러한 물품들이 귀족계급의 구매 욕구를 자극함으로써 농업 혁명을 재촉하는 요인이 되기도 했다.

중세 상업이 부활하면서 대금 결제 방식과 상업 기법에도 새로운 변화와 발전이 일어났다. 가장 주목할 만한 것은 서유럽에서 주화가 등장하면서 4백 년 만에 화폐경제가 다시 살아났다는 사실이다. 서유럽에서는 오랫동안 화폐가 사용되지 않았다. 전통적인 장원경제는 자급자족체제였고, 그밖에 필요 물품들은 물물교환을 통해 구할 수 있었다. 그러나 시장의 발달과 더불어 화폐가 반드시 필요하게 되었다. 초기에는 소액 주화가 있었을 뿐이지만, 사치품의 교역이 발달하면서 화폐 단위가 급속히 커졌다. 그렇게 해서 13세기에 이르러 피렌체와 베네치아 등 이탈리아 도시 국가들에서 금화를 주조하게 된다.[12]

원격지 상업도 비슷한 양상을 보여주었다. 먼 거리를 왕래하는 상인들도 처음에는 행상과 다름없는 떠돌이 장사꾼일 뿐이었다. 그러나 시간이 흐르면서 그들은 점차 국제 무역 시장에 상품을 내다 파는 것이 큰 이득을 얻는다는 사실을 알게 되었다. 유럽 무역 시장 중에서 가장 번창한 곳은 프랑스의 상파뉴Champagne 지방이었다. 그곳에는 이탈리아 상인들이 동방에서 가져온 향료를 비롯하여, 플랑드르Flandre산

직물 등이 진열 판매되었다. 그러나 1300년경이 되면 이곳 무역 시장이 쇠퇴한다. 왜냐하면 부유한 상인들은 이제 선단 전체를 이탈리아에서 북대서양 연안으로 보내고, 자신들은 본국에 그대로 머물러있었기 때문이다. 일정한 장소에 머물며 상업 활동을 하기 위해서 상인들은 동업조합, 신용장, 회계 등의 근대적인 경영기법을 발전시켰다. 그 때문에 역사학자들은 그들을 서유럽 최초의 상업 자본가로 부르고 있다.

다음으로 중세 도시들이 성장하면서 상업과 교역의 촉진에 큰 역할을 하게 된다. 농업 공동체에서 개간을 통해 많은 지역이 발전했지만 이와는 다른 차원에서 많은 도시들이 새롭게 성장했다. 중부 및 동부 독일처럼 과거 로마 시대에 거주 지역이 아니었던 곳에서도 12세기에 프라이부르크, 뤼베크, 뮌헨, 베를린 같은 새로운 도시들이 나타났다. 과거 로마 시대에 주교 관구 역할만 했을 뿐 별로 중요하지 않았던 유럽 서부의 파리, 런던, 쾰른 등의 도시들도 1100년에서 1200년 사이에 인구가 배로 늘어났으며, 그 다음 세기에는 또다시 두 배로 증가했다.

그러나 중세 도시의 발달을 이야기하자면 아무래도 이탈리아의 도시 국가들을 빼놓을 수 없다. 유럽 최대의 도시들은 대부분 이탈리아에 있었다. 베네치아, 제노바, 밀라노, 볼로냐, 팔레르모, 피렌체, 나폴리 등이 그런 곳이다. 그중에서도 가장 큰 도시는 베네치아, 밀라노, 제노바였는데, 13세기 이들 도시의 인구는 10만 명에 달했다. 이탈리아의 다른 도시들은 그 수를 정확히 알 수 없지만, 대체로 1150년경에서 1300년경 사이에 적어도 3배는 증가했을 것이라고 추정된다. 750년에서 1050년 사이에 서유럽 대부분의 지역에서 도시생활이 거의 사라지고 없다시피 했던 사실을 감안할 때 중세 도시의 발달은 가히 '도시 혁

운하가 발달한 베네치아의 모습

명'이라고 부를 만한 일이었다.[13]

　도시에서 경제 활동의 중심을 형성한 것은 도시공동체 투쟁에 앞장 섰던 상인 길드Guild와 이들로부터 새로이 독립한 수공업자 길드였다. 길드는 모든 성원의 생계기반이 유지될 수 있도록 경제 활동을 독점하고, 성원 상호 간의 평등과 상부상조를 목표로 자유경쟁을 억제하면서 생산 과정을 통제했다. 이러한 길드의 규제는 당시의 협소했던 경제규모에서는 합당했다. 그러나 경제규모가 확대되는 중세 말에 이르면 길드는 기술혁신을 억제함으로써 경제적 침체와 사회불안을 심화시키는 요인이 되기도 했다.[14]

　길드에는 상인 길드와 수공업자 길드가 있었다. 상인 길드의 일차적인 기능은 조합원을 위해 지방 시장의 독점을 유지하고 안정된 경제

체계를 유지하는 것이었다. 이러한 목적을 달성하기 위해 상인 길드는 도시 내에서 외부인에 의한 상업 활동을 엄격히 금지했다. 또한, 그들은 조합원이 확보한 판로에 소속 조합원들의 참여권을 보장하면서 획일적인 가격을 책정했다. 뿐만 아니라 그들은 어떤 한 개인이 조합원이 생산한 상품을 매점하지 못하도록 가능한 모든 수단을 강구했다.

수공업자 길드는 상인 길드와 비슷하게 수공업자들을 규제했다. 보통 완전한 투표권을 가진 조합원은 장인 수공업자뿐이었다. 그들은 자기 분야의 전문가로서 독자적인 점포를 운영했다. 오늘날의 '노동조합trade union'과 비교한다면, 일종의 '사장들의 조합union of bosses'이라고 말할 수도 있을 것이다.

수공업자 길드는 상인 길드와 마찬가지로 독점과 경쟁 제한을 추구했다. 그들은 길드를 통해 가격과 임금을 획일화하고, 시간 외 작업을 금지했으며, 생산 방법과 제품의 품질에 세부적인 규제를 가했다. 상인 길드와 수공업자 길드는 상업적 기능뿐만 아니라 사회적인 역할도 담당했다. 길드는 종종 종교 단체나 자선 단체, 사교 클럽으로서의 기능도 했던 것이다. 길드는 가능한 한 조합원들에게 여러 가지 인간적인 편의도 제공했다. 그에 따라 몇몇 도시에서는 길드가 사실상 정부의 축소판 역할을 하기도 했다. 특히 상인 길드는 도시 귀족으로서 사실상 도시 행정권을 독점하다시피 했다.[15]

중세 사회의 변화와 조락

중세 이래의 활발한 도시생활은 서유럽 문명의 중요한 특징을 이루고 있다. 그러한 서유럽 문명의 기본적인 내용은 중세 시대의 도시 발전에서 시작되었다. 그렇다면 이와 같은 중세 도시의 발달은 어디서 온 것일까?

중세 도시 발전의 일차적인 원인을 원격지 무역의 부활에서 찾는 경우가 많다. 베네치아와 같은 주요 도시의 성장은 분명히 원격지 무역으로부터 상당한 자극을 받았다고 말할 수 있을 것이다. 그러나 대부분의 도시는 원격지 무역보다는 인근 지역의 번영과 부에서 그 성장의 원인을 찾는 것이 더욱 적절할 것이다. 도시 주변 지역은 도시에 잉여 농산품과 공산품의 원료를 제공했으며 인구를 도시로 유입시켜 주는 역할을 했다. 중세 시대의 농업을 비롯한 전반적인 산업과 경제 발전이 도시 성장의 주요한 요인이 되었던 것이다. 달리 말하면 도시와 주변 농촌 지역은 공생관계를 유지했다고도 말할 수 있다. 도시는 주변 지역에 시장과 수공업자들이 만든 공산품을 제공했으며, 동시에 주변 농촌 지역의 잉여 농노와 농민들의 이주로 성장할 수 있었다.[16]

일본의 경제사학자 오오츠카 히사오는 이러한 도시와 주변 농촌 지역의 연계를 통한 발전을 바탕으로 한 '국지적 시장권'이 형성되면서 이것이 자본주의 발전의 맹아가 되었다고 주장하기도 했다. 국민경제론으로도 일컫는 그의 경제사 이론은 한때 한국에서도 유행했던 적이 있었다. 그러나 지금은 경제사학에 대한 열기가 많이 식은 상태이고, 마르크주의 경제학의 영향이 퇴조한 상황이어서 큰 지지를 받지는 못하는 듯하다. 오히려 지금은 상업적 발전을 통한 자본주의적 생산의 발전에 더 큰 방점이 주어지고 있는 것처럼 보인다. 학문도 흐름과 유행이 있는 것일까?

그런데 화폐와 교환을 중심으로 하는 도시는 기존의 자급자족적인 농촌 사회와는 달리 이질적인 성격을 띠고 중세 사회를 변화시켜 나갔다. 무엇보다도 신속함을 요구하는 상업 활동은 농촌 중심으로 완만하게 진행되던 영주의 통치 틀 안에서 머물러 있기가 힘들었던 것이다. 도시민들은 시민 상호 간의 서약으로 도시공동체를 이루고 투쟁하여 12세기에 이르러서는 영주의 예속으로부터 벗어나 경제 활동의 자유와 정치적 자치권을 획득하게 된다. 또한 중세 도시는 농노의 지위 향상에 기여하면서 장원경제를 변화, 해체시키는 역할도 했다.

도시의 상품들을 탐했던 영주들은 노동지대보다는 현물지대나 화폐지대를 선호하게 되었다. 그들은 부역을 폐지하고 지대 납부를 조건으로 영주의 직영지를 분배하면서 농민들의 생산의욕을 자극했다. 이로부터, 미약하지만 자본주의적 생산관계의 싹들이 나오게 되었다. 더욱이 "도시의 공기는 (인간을) 자유롭게 한다."는 말이 암시하는 것처럼 장원에서 도망 나온 농노들은 도시에서 1년을 넘겨 살게 되면 예속에서 벗어날 수 있었다. 이러한 상황에서 농민들은 구래의 '공동체적 권리'를 기반으로 한 영주와의 거래 혹은 저항을 통해 자신들의 처지를 개선하려는 노력을 계속해나갔다.[17]

이와 같은 중세의 발전 과정에서 유럽인들은 부에 대한 욕구와 풍요로운 동방 세계에 대한 진출의 야심을 갖게 되었다. 그들의 일차적인 관심은 이슬람의 수중에 있던 예루살렘의 탈환으로 모아졌고, 그것을 위해 십자군 전쟁을 벌이게 된다. 십자군 전쟁은 결과적으로 실패했지만 그 여파는 유럽 봉건 사회의 붕괴를 촉진시켰다. 십자군 전쟁을 주도한 교황의 권위가 실추하면서 기독교에 대한 열정이 위축되었고, 기사층의 인명 피해로 인해 봉건귀족들의 세력이 약화되었다. 반면에 세속 권력으로서의 왕권은 더욱 강화되었으며, 이를 기회로 각국의 왕들은 점차 중앙집권화를 도모하게 되었다.

이러한 상황에서 동방 세계와의 접촉으로 고전 문헌들이 대거 유럽 세계에 유입되었고, 그것은 중세 말기 유럽의 지식인들에게 신선한 문화적 자극제가 되었다. 십자군 원정은 또한 물자수송과 동서의 교역을 확대시켜서 상업과 도시의 발전을 더욱 촉진하는 역할을 했다. 특히 이 과정에서 이탈리아 북부의 도시들을 중심으로 원거리 무역이 활성화했다.[18] 그러나 빠르게 성장, 발전하던 중세 유럽은 13세기 말부터 다시 침체 국면으로 접어들게 된다. 지력이 소모됨에 따라 생산력이 감소하고, 농촌과 도시의 경제가 위축되고, 이는 사회 전체에 큰 영향을 미쳤다. 수입이 감소하자 영주들은 소멸된 부역을 부활하거나 지대를 올리는 방법으로 농민들의 수탈을 강화하려 했다. 이 같은 영주들의 '봉건 반동' 행태에 농민들은 도주와 반란으로 맞섰다. 도시에서도 길드의 문호를 폐쇄하려는 주인과 그에 반발하는 직인의 대립이 나타나는 등 사회 갈등이 심화되었다. 여기에 흑사병이 창궐하면서 유럽 인구의 1/3이 희생되는 참사가 벌어졌다.* 또한, 수입이 줄어든 영주들

---

* 유럽의 인구는 1000년경 대략 3천 8백만 명 정도로 추정되는데, 흑사병이 엄습하기 직전 1350년경에는 대략 7천 5백만 명으로 늘어난 것으로 추정된다. 그런데 이 숫자가 중세말 흑사병이 엄습하면서 4천~5천만 명으로 감소한 것으로 추정된다.

은 영지를 확장하기 위하여 곳곳에서 봉건 전쟁을 벌였다. 그러한 봉건 전쟁의 가장 대표적인 사례가 바로 영국과 프랑스 기사들의 싸움인 '백년 전쟁'이었다. 백년 전쟁 이후 영국 내부의 기사들끼리 싸운 '장미 전쟁' 또한 전형적인 중세 사회 말기의 봉건 전쟁이라 할 수 있다.

백년 전쟁은 14세기 초반부터 15세기 중반에 이르는 긴 기간 동안 진행되었다. 이 전쟁은 처음에는 전형적인 봉건 전쟁의 양상을 띠었다. 그러다가 전쟁 중에 양국의 국민의식이 고양되어 가면서 국가 간의 전쟁이라는 성격으로 변모되어갔다. 특히 위기에 처한 프랑스인들의 민족의식과 사기를 크게 고무시킨 잔 다르크의 출현으로 그러한 성격이 확연해졌다. 백년 전쟁 이후 국가로의 통합이 보다 구체화되었다. 전쟁 과정에서 기사층이 크게 희생되고 새로운 무기가 개발되면서 봉건 귀족의 군사적 기반이 크게 약화했다. 이러한 바탕 위에서 강화된 왕권이 국가 통합의 주역으로 등장하게 된다.[19]

4. 신성 로마 제국

중세 유럽의 상위공동체로 존재한 느슨한 영방국가

프랑크 왕국의 분열과 독일의 탄생

840년 경건왕 루이루드비히 1세가 세상을 떠났다. 그러자 그의 아들 사이에 전면적인 상속 전쟁이 벌어졌다. 셋째 아들 루드비히 2세Ludwig Ⅱ는 이복형제인 막내 샤를 2세와 손잡고 맏아들 로타르 1세Lothar I를 공격했다. 841년 6월 로타르는 오늘날의 벨기에 퐁트누아에서 패배하고, 842년 독일의 아헨에서도 쫓겨나면서 평화조약 체결을 간청해야 하는 처지가 되었다. 843년 8월, 귀족들과 성직자의 중재로 지금의 프랑스 북동부에 있는 베르됭에서 세 형제는 조약을 맺고 전쟁을 끝내기로 합의했다.

베르됭 조약 결과 로타르는 프랑키아메디아*를 차지하고 황제 지위를 그대로 보유하기로 약속받았다. 중프랑크 왕국으로 불리며 나중에 이탈리아의 기초가 되었다. 다음으로 독일인 루드비히 2세는 프랑

---

* 지금의 이탈리아 대부분과 스위스, 프랑스 동부, 독일 서부, 네덜란드, 일부 벨기에를 포함하는 길고 좁은 프랑크 왕국의 중심 지역.

키아오리엔탈리스^{라인강 동쪽 영토}를 차지했다. 동프랑크 왕국으로 불리며 독일의 기초가 되었다. 또한 샤를 2세^{또는 '대머리 샤를'}는 프랑키아오키덴탈리스[*]를 얻었다.[1] 이는 서프랑크 왕국으로 지금의 프랑스의 기반이 되었다.

제국의 황제 직위는 로타르가 갖기로 했지만 두 형제에 대한 영향력은 사실상 없었고, 명목뿐이었다. 로타르 1세가 855년 사망하면서 중프랑크 왕국은 다시 쪼개져 상속되었다. 루이 2세^{또는 '말더듬이 루이'}는 황제로서 이탈리아 지역을 받았고, 샤를은 프로방스와 부르고뉴 일부 지역을 받았다. 로타르 2세는 제국의 수도인 아헨과 로타링기아^{로렌}를 포함하는 나머지 지역을 물려받았다. 869년 로타르 2세가 후계를 남기지 못하고 사망하자 서프랑크 왕국의 대머리 샤를과 동프랑크 루드비히 2세가 이를 두고 영토 전쟁을 벌였다. 결국 그들은 870년 지금의 네덜란드 메르센에서 만나 이곳을 분할하기로 하고 조약을 맺었다. 이렇게 해서 프랑크 왕국은 사실상 세 개의 독립 지역으로 나뉘게 되었으며, 각각 오늘날의 프랑스, 이탈리아, 독일의 출발점이 되었다.[2]

881년에는 루드비히 2세의 막내 아들 카를 3세^{또는 '비만왕 카를'}가 일시적으로 제국을 통합했으나 887년 그가 물러나자 프랑크 왕국은 다섯 개로 분할되었다. 이들 다섯 개의 왕국들 가운데 카롤링거 왕조의 혈통을 이은 것은 동프랑크의 아르눌프뿐이었다. 나머지는 모두 왕위가 찬탈자들에게 넘어가고 말았다. 아르눌프는 황제의 관을 쓴 마지막 카롤링거 왕조 사람이었으며, 이제 제국은 과거의 이야기가 되었다. 896년

---

*   지금의 프랑스 가운데 위의 두 지역을 뺀 나머지 부분을 의미한다.

에 즉위한 아르눌프는 3년 후 사망했고, 그 뒤를 루드비히 4세^{또는 '유아왕}
루드비히</sup>가 이었다. 그러나 이제 황제의 관은 그저 큰 의미가 없는 상징적
인 것에 불과했다. 동프랑크 왕국은 지역의 귀족^{영주, 공}들이 지배하는 공
국^{영방}체제가 되었다.[3]

911년 루드비히 4세가 죽어 왕통이 끊기자 마인츠, 쾰른, 트리어의
대주교들과, 작센, 브란덴부르크, 라인의 대공 등 6명이 모여 왕을 선
출했다. 이렇게 왕을 선출하는 권한을 가진 사람들을 선제후^{選帝侯}라고
불렀다. 13세기에는 이 여섯 명에 보헤미아 왕이 추가되어 7선제후가
되었다. 이들 여섯 선제후는 처음 카롤링거 왕조 사람이 아닌 프랑코
니아 공작 콘라드 1세를 왕으로 선출했다. 하지만 그는 918년 사망했
고, 뒤이어 선제후들에 의해 선출된 왕은 하인리히 1세^{또는 '새사냥꾼 하인}
리히'</sup>였다. 하인리히는 귀족들을 통제할 수 없다는 것을 알았기 때문에
그들에게 자유를 주었으나 왕위 계승만은 포기하지 않았다. 그는 929
년 둘째 아들 오토를 유일한 왕으로 지명하는 조례를 발표함으로써 작
센 왕조^{또는 오토 왕조}의 문을 열었다. 이때부터 분할 상속이라는 프랑크
족의 전통을 깨고 왕국을 분할할 수 없다는 원칙이 세워졌다.

오토 왕조, 중세 독일의 시작

하인리히 1세^{Heinrich I}는 상당한 정치력을 발휘해서 허수아비가 아
닌 실질적 왕 노릇을 했다. 그는 마자르족과 9년에 걸친 종전 협상을
끈질기게 수행하여 국경을 잘 지켰으며 슬라브족을 공격하여 빼앗은

메르세부르크와 마이센 같은 도시에 방어 요새를 구축했다. 또한 933년 그는 종전 체결 6년 만에 협상을 깨고 준비가 되지 않은 마자르족을 공격하여 승리를 거두었다. 그는 이를 통해 당시 유럽 기독교 세계의 형제들로부터 많은 찬사를 받았다. 그는 로마로 가서 황제의 관을 요구할 생각도 갖고 있었으나 그만 심장마비로 세상을 떠나고 말았다.[4] 하인리히 1세는 중세 독일의 기초를 다진 첫 왕이자 사실상 독일의 첫 왕이라고 할 수 있었다.

936년 하인리히의 뒤를 이어 오토가 왕위에 올랐다. 흔히 오토 대제 Otto der Große, 912~973년로 불리는 인물이다. 그러나 오토의 이복형들인 탕크마르와 하인리히는 왕국을 분할할 수 없다는 결정을 받아들이지 않았다. 로렌과 프랑코니아의 공작들 또한 미리 후계자를 지명함으로써 군주권을 강화하려는 왕의 시도를 달갑지 않게 여겼다. 곧 그들은 작센의 귀족들을 뇌물로 매수하여 왕에 대항하려 했다. 그리하여 왕국은 내전의 소용돌이에 휘말리고 말았다. 그러나 오토는 그 전쟁에서 살아남았다. 탕크마르는 938년 세상을 떠났고 오토는 하인리히와 협상을 통해 그를 바바리아 공작으로 임명함으로써 불만을 누그러뜨렸다. 저항군에 가담했던 공작들이 한 명씩 세상을 뜨자 오토는 그들의 영지를 자신의 가족들에게 나누어주었다.

그러나 오토의 일가들도 곧 다시 반란을 일으키는 등 그에게 대항하기 시작했다. 그런 가운데 마자르족이 반란군에 위협을 가하자 두려움을 느낀 그들은 뿔뿔이 흩어졌다. 955년 오토는 레히펠트 전투에서 마자르족을 격파함으로써 그들의 위협에서 벗어날 수 있게 되었다. 그 뒤 마자르족은 정착생활을 시작했고, 파사우의 주교구를 중심으로 마자르족에 대한 기독교 전파가 시작되면서 헝가리는 러시아와 달리 이때부터 서유럽의 일원으로 포섭되기에 이르렀다. 오토는 가족들의 반란 사건을 통해 자신의 권력 기반을 다지는 데 가족들에 도움을 받아서는 안 되며 교회의 지지가 절대적으로 필요하다는 사실을 깨달았다.[5]

이 무렵 로마 교황은 유럽 각지의 기독교 세력에 대한 영향력이 별로 없었다. 각 국가와 지방별로 별도의 교구와 수도원이 있었고 그들이 그 지역을 사실상 관장했다. 독일의 경우, 독일의 주교와 대다수 수도원장들이 지역민의 정신을 사실상 지배하고 있었다. 오토는 독일의 종교 세력을 장악하기 위해 마인츠의 대주교이자 궁정 서기로 있던 막냇동생 브루노로부터 많은 조언을 받았다. 그는 반란을 일으킨 사위 콘라트의 모든 직위를 박탈하고 브루노를 로타링기아의 대공으로 임명했다. 이로써 브루노는 대주교직도 겸하게 되었다. 브루노는 왕실 교회에서 유능한 성직자들을 훈련시켜 고위 성직자로 임명했다. 이들 엘리트들은 성직자이면서 동시에 고위 관리였다. 주교와 수도원장들에게는 사법권과 함께 세금을 거두고 화폐를 주조하며 시장을 통제할 수 있는 권한이 주어졌다. 이처럼 중세 교회는 사실상 국가와 밀착되어 움직이면서 사실상 세속 권력의 역할도 함께 맡아서 하고 있었다.

궁정 관리들이 왕실 출신 성직자가 관리하는 교회 영지를 여행할 경우에는 모든 숙식이 제공되었다. 또한, 교회는 왕의 군대를 유지하는 데 필요한 자금을 제공하기도 했다. 오토는 군주권을 크게 강화했으며, 이 과정에서 군주권이 교황권을 능가하게 되었다. 오토는 자신의 권위를 높이기 위해 로마 교황을 이용할 생각도 갖고 있었다. 951년 튜린에서 북쪽으로 40마일 떨어진 이브레아 지역의 베렌가리오 2세[Berengario II]가 이탈리아의 왕위를 찬탈하자 오토는 롬바르디아를 정복한 뒤, 선왕 로타르의 미망인 아델하이트와 결혼했다. 그로부터 10년 뒤 베렌가리오의 위협을 받은 교황이 그에 도움을 청하자 그는 다시 이탈리아로 원정을 떠났다.

962년 2월 2일 교황 요한네스 12세는 성 베드로 대성당에서 성대한 예식을 갖추어 오토를 황제로 추대했다. 샤를마뉴 대제에 이어 오토 대제가 황제로 즉위한 것이다. 그의 제국은 서쪽이 아니라 독일 지역에 한정되었다. 그 다음부터 독일의 왕들은 로마로 가서 황제의 관을 받았다. 그 때문에 중세의 독일 제국은 '신성 로마 제국'*이라고 불리게 되었다. 이로 인해 황제는 교황과 특별한 관계를 맺게 되었으며, 이탈리아 정치에도 깊이 관여하게 되었다. 초기에는 교황의 권위가 황제보다 우위에 있었으나 오토 대제가 교황과 맺은 조약**에 따라 황제는 교황을 임명하는 데 결정적인 영향을 미쳤다. 이 조약 이후 새 교황은 황제에게 충성을 맹세해야 했다. 황제는 독일의 왕이자 이탈리아의 왕이었으며, 1032년부터는 부르고뉴의 왕이기도 했다.[6]

오토는 자신의 권위를 보여주기 위해 요한네스 12세$^{Johannes\ XII}$를 해임하고 다른 교황을 임명했다. 그러나 로마인들은 오토 대제가 그곳을 떠나자마자 다른 교황을 선출했다. 966년 초 다시 이탈리아에 온

---

* 샤를마뉴 때 부활한 서로마 제국과 오토 대제 때의 신성 로마 제국은 사실 동일선상에 놓여 있다. 두 제국은 처음에는 그냥 제국이라고 불렸다. 오토 대제의 아들인 오토 2세 때에 제국 앞에 로마를 추가해서 로마 제국이 되었고, 12세기에 황제가 된 프리드리히 1세 때 '신성'을 추가하여 신성 로마제국이 되었다. 신성 로마 제국의 역사를 샤를마뉴가 황제에 즉위하는 800년부터 보는 학자들도 있지만, 대부분은 오토 대제의 황제 등극을 그 출발점으로 삼는다.

** 교황과 오토는 황제가 교황령 독립의 보증인이 되는 '오토의 특권' 조약을 체결했다.

오토는 로마 지역과 북부뿐만 아니라 이탈리아 남부 지역에까지 영향력을 확대했다. 그 결과 이탈리아 남부를 소유하고 있던 비잔틴 제국과 부딪치게 되었다. 일련의 전투 후 남부는 비잔틴 제국과 신성 로마 제국 소유로 각각 분리되었고, 양국 사이에 휴전 협상이 맺어졌다. 이를 기념하기 위해 오토 대제의 아들이자 공동 황제인 오토 2세가 비잔틴 제국의 테오파노 공주와 성 베드로 대성당에서 결혼식을 올렸다. 이 사건을 통해 독일의 신성 로마 제국은 비잔틴 제국의 황제로부터도 정식으로 인정받게 되었다.

973년 오토 1세가 세상을 떠나고 오토 2세가 왕위에 올랐다. 하지만 그는 내부적으로 귀족들의 반란에 시달려야 했고, 외부적으로 슬라브족의 침공으로 어려움을 겪었다. 또한 이탈리아에서도 교황을 공격하는 귀족과 이슬람을 막느라 고투를 벌여야 했다. 그는 28세의 젊은 나이로 세상을 떠났다. 그 뒤 오토 왕조는 1024년 7월 13일 하인리히 2세가 후사를 남기지 못하고 죽는 바람에 새로운 왕조로 교체되었다. 오토 왕조의 뒤를 이은 잘리어Salia 왕조의 콘라트 2세는 왕조 교체와 상관없이 오토 왕조의 이념을 그대로 계승해 나라를 통치하고자 했다.[7]

카노사의 굴욕과 독일의 혼미

잘리어 왕조의 콘라트 2세는 오토 제국의 영토를 다시 회복하고 이탈리아에 대한 지배권도 다졌으며, 교황에 대한 통제도 확실히 했다. 콘라트 2세에 이어 하인리히 3세 또한 제국 곳곳을 다니며 황제의 힘과 권위를 과시했다. 그가 1046년 대관식을 거행하기 위해 로마로 갔을 때, 그곳에는 세 명의 교황이 기다리고 있었다. 유력 가문에서 미는 세 명의 인물들이 서로 자신이 교황이라고 주장하고 있었던 것이다. 하인리히 3세는 로마인이 아닌 밤베르크의 주교 쿨레멘스 2세^{Clemens} II를 교황으로 임명했다. 새 교황은 성직 매매를 강도 높게 비난하는 등 교회 개혁 운동을 적극적으로 벌이겠다는 의지를 피력했으나 1047년 10월 갑작스레 세상을 떠나고 말았다. 하인리히 황제는 알자스 지방 귀족 출신인 툴의 주교 브루노를 새 교황으로 임명했다.

1049년 레오 9세^{Leo IX}로 즉위한 그는 매우 유능한 교황이었다. 그는 하인리히 3세의 정부 형태를 그대로 모방해 교황청을 이끌어갔다. 그는 유럽 전역의 교구와 수도원을 방문하여 종교회의를 개최하고 개혁이 제대로 진행되고 있는지 확인했으며, 동시에 국가 교회보다 교황청이 우위에 있음을 강조했다. 그러나 그의 시도는 완전한 성공은 아니었다. 전체 기독교 세계에 대한 로마의 권위를 강조하다 보니 비잔틴 제국의 동방교회와의 관계에 금이 가고 말았다. 1054년 그의 재위 중에 동서 교회의 대분열이 발생한 것이다. 또한 그는 영토에 대한 욕심으로 남부 이탈리아 노르만인들의 분쟁에 휘말려 들고 말았다. 그는 모험을 찾아 떠도는 불량배들로 이루어진 군대를 이끌고 노르만인과 전쟁을 치르다 포로 신세가 되었고, 1054년 풀려난 지 얼마 뒤 사망하고 말았다.⁸

강력한 권위를 보여준 하인리히 3세가 죽자 그의 아들 하인리히 4세는 겨우 여섯 살의 나이로 왕에 선출되어 왕관을 받았다. 그러나 나이가 너무 어려 아그네스 왕비가 섭정으로 나라 일에 관여하면서 귀족

간의 분열이 더욱 심해졌다. 독일 전역에서 분쟁이 끊이지 않았다. 독일 군대는 헝가리 왕위 계승 문제에 개입했다가 패배함으로써 군의 명성 또한 실추되었다. 섭정 기간 동안 잘리어 왕조는 부르고뉴와 이탈리아에 전혀 관심을 기울이지 못했다. 교황청도 점점 더 독자적인 위치로 바뀌었다. 로마는 한동안 교황 자리를 놓고 다투며 분쟁을 벌였으며, 1073년에는 그레고리우스 7세Gregorius VII가 교황에 즉위했다.

성인이 된 하인리히 4세는 왕의 권위를 회복하기 위해 동분서주했다. 왕이 나이가 어린 것을 빙자해 왕령지를 점령하는 등 왕권을 잠식한 귀족들과 싸우는 한편, 교황에 대해서도 권위를 회복하기 위해 고심했다. 그는 다행히 내부적인 반란을 진압했으나 교황으로부터 강력한 도전을 받았다. 1076년 정월 초하루 하인리히 4세는 그레고리우스 7세로부터 경고장을 받아야 했다. 교황은 주교를 임명할 때 자신과 상의하지 않은 것을 맹렬히 비난했으며, 왕일지라도 자신의 명령에 복종해야 한다고 말했다.[9]

마침내 황제와 교황이 격돌했다. 그러나 그 싸움에서 황제는 패배했다. 황제가 교황에게 도전장을 내밀자 교황은 황제를 파문한다는 결정을 내렸던 것이다. 황제는 내부적으로도 위기 상황에 처했다. 교황의 파문 결정 소식을 들은 독일의 봉건 영주들이 반기를 들 기세였기 때문이다. 그로서는 교황의 사면이 절대적으로 필요했다. 마침내 하인리히 4세는 카노사Canossa에 있는 교황 그레고리우스 7세를 만나기 위해 눈이 쌓인 성문 앞에서 맨발로 3일 동안이나 서 있어야 했다. 그와 같은 수모를 겪은 다음에야 하인리히 4세에 대한 파문이 철회되었다. '카노사의 굴욕'이라고 부르는 사건이다. 세속 권력의 대표인 황제가 교회 권력의 대표인 교황에게 굴복한 대표적인 사건인 것이다.

카노사의 굴욕 사건 소식을 전해들은 독일 귀족들은 1077년 3월 13일 포르하임에서 회의를 열고, 슈바벤 공작인 라인펠덴의 루돌프를 새 왕으로 선출했다. 하인리히 4세는 루돌프를 제거하기 위해 군대를 일으켰다. 하인리히는 독일 중앙부를 손에 넣었으나 반대파의 아성인 작센은 루돌프의 통치 아래 있었다. 하인리히는 교황을 향해 루돌프를 파문하라고 요구하면서 만일 교황이 거절하면 새 교황을 세우겠노라고 위협했다. 교황은 그 같은 위협에 화가 나서 다시 한 번 하인리히를 파문하고 루돌프가 독일의 왕이라고 선언했다. 그러나 이번 파문은 정치적인 이유에서 나온 것이었기 때문에 성격이 달랐다.[10]

하인리히 4세는 브리크센에서 자신에게 충성스러운 주교들을 중심으로 공의회를 소집해 '뻔뻔스러운 힐데브란트'*가 신성 모독과 살인, 이단, 마술 등의 여러 비행을 저질렀다고 비난하며 교황을 해임한다고 선언했다. 라벤나의 대주교 비베르트가 새 교황으로 임명되었다. 이제 두 명의 왕과 두 명의 교황이 존재하는 상황이 벌어졌고, 교회와 제국은 심각하게 분열되었다. 1080년 전투에서 하인리히의 군대가 패했으나 그 전투에서 루돌프는 오른손이 잘리는 부상을 입고 다음날 세상을 떠났다.

하인리히 4세는 카노사의 굴욕을 복수하기 위해 로마로 향했으나 그를 제거하지는 못했다. 세 번이나 로마로 출정했지만 하인리히 4세는 성공하지 못했다. 그레고리우스 7세는 다시 한 번 카노사의 일을

---

*   교황 그레고리우스 7세의 세속명이다.

재현하려 했다. 하지만 이번에는 막강한 후원자였던 마틸다 후작 부인으로부터도 도움을 받을 수가 없었다. 게다가 교황 주변의 유능한 인물들이 세상을 떠나고 없었다. 외부적인 도움을 받을 길도 없었다. 교황은 점점 위세를 잃어갔다. 마침내 1084년 부활절 전날 로마인들은 도시의 문을 열고 하인리히 4세를 받아들이고 말았다. 하인리히 4세는 당당하게 로마로 들어왔고,

하인리히 4세가 카노사 성에서 용서를 구하는 모습

부활절에 성 베드로 대성당에서 대립교황으로부터 황제의 관을 받았다. 이에 하인리히 4세의 정적 그레고리우스 7세는 로마를 떠나 살레르노로 갔다가 곧 세상을 떠났다.[11]

하인리히 4세는 마침내 적수를 제거하는 데 성공했다. 그러나 자신이 파문당했다는 사실과 카노사의 굴욕에서 쉽게 벗어날 수가 없었다. 그는 독일로 돌아온 뒤 자신의 위치를 확고히 하기 위해 많은 노력을 기울였다. 그는 그레고리우스 7세를 지지했던 독일 주교들을 해임하고 덴마크로 망명을 간 헤르만을 그곳까지 쫓아가 처벌했다. 그러자 독일 남부 지역에서 그레고리우스 7세의 지지자들이 반황제 동맹을 결성하여 대항했다. 그들은 하인리히의 아들 콘라트를 설득해 아버지

를 배신하게 만들었으며, 러시아에서 온 나이 어린 미망인인 그의 아내를 꼬드겨 치부를 발설하게 했다. 또한 밀라노와 크레모나, 피아첸차, 로디 등 네 개의 이탈리아 도시들이 도시 동맹을 결성, 반황제파에 가담하는 바람에 이탈리아를 응징하러 왔던 하인리히 4세는 7년간이나 이탈리아에서 벗어나지 못하고 고통을 당해야 했다.

그런데 이때 프랑스 교회 개혁에 관심을 갖고 있던 교황 우르바누스 2세Urbanus II가 이슬람 공격으로부터 동유럽 기독교인들을 보호하기 위해 십자군을 일으키자는 제안을 하고 나왔다. 그 덕분에 하인리히 4세는 전열을 가다듬을 기회를 갖게 되었다. 독일로 돌아온 하인리히 4세는 아들을 폐위시키고 막내아들인 어린 하인리히 4세를 왕으로 선출했다. 하인리히 4세는 하급 귀족과 도시민들을 많이 등용함으로써 그들에게 재정적인 도움을 적지 않게 주었다. 또한, 그는 귀족 간의 끊임없는 분쟁에 지쳐 평화와 안정을 간절히 바라는 사람들로부터도 상당한 지지를 얻었다. 그는 1096년의 유대인 학살에 책임이 있는 자들을 처벌해 유대인의 원한을 풀어주었으며, 강제로 세례를 받았으나 예전에 믿었던 종교로 되돌아가고자 하는 이들의 개종을 허락했다.[12] 그런 점에서는 백성들로부터 사랑받는 군주였다.

그러나 귀족들은 하인리히 4세의 그러한 정책을 받아들일 수가 없었다. 귀족들은 어린 하인리히에게 아버지의 어리석은 정책이 그의 왕위를 위태롭게 하고 있다고 꼬드겼다. 어린 하인리히는 이 꼬임에 넘어가 아버지를 감옥에 가두고 1106년 마인츠 대주교로부터 왕관을 받았다. 하지만 수없이 좌절했던 하인리히 4세는 이번에도 포기하지 않고 감옥을 탈출해서 왕관을 되찾으려 했다. 많은 이들이 어려움에 처한 하인리히 4세를 동정했다. 특히 로타링기아의 귀족들은 그를 위해 싸우기로 결정했다. 그러나 피비린내 나는 내전이 시작되기 전 1106년 8월 7일 하인리히 4세는 자신을 배신한 아들을 비롯한 적들을 용서하고 눈을 감았다. 그는 백성을 사랑한 왕이었기에 많은 사람들이 그의 죽음을 애도했다.

하인리히 4세의 뒤를 이어 하인리히 5세가 왕위에 올랐으나 독일 내에서 황제파와 반황제파 사이에 싸움은 끝나지 않고 계속되었다. 그러다가 1122년 '보름스Worms 협약'이 성사되면서 마침내 두 파 사이에 갈등이 마무리되었다. 외교능력이 뛰어났던 새 교황 칼릭스투스 2세Calixtus II의 중재로 이루어진 것이다. 그에 따르면 이제부터 황제는 새로 임명된 주교에게 그들의 세속 권력을 상징하는 홀만을 줄 수 있을 뿐이고, 종교적인 상징물인 반지와 홀장Crozier, 주교나 수도원장의 직위 표시은 부여할 수 없게 되었다. 이른바 교황의 서임권敍任權 투쟁이 승리를 거둔 것이다. 이렇게 해서 영적인 것과 세족적인 것은 뚜렷하게 분리되었으며, 세속 군주는 종교적인 영향력을 완전히 상실하게 되었다. 1125년 하인리히 5세가 후사를 남기지 못하고 사망함으로써 잘리어 왕조도 끝났다.[13]

제국 황제와 독일 귀족들의 분쟁

새로운 왕을 선출하기 위한 회의는 폭력 사태가 벌어지기 직전까지 가는 험악한 상황을 연출했으나 가까스로 작센의 로타르를 왕으로 추대하기로 합의를 보았다. 그러나 새 왕으로 선출된 로타르 3세는 오래 가지 못했다. 왕위를 두고 내분이 계속되던 끝에 그가 왕위를 포기함으로써 일단락되었다. 다음은 라이벌인 호엔슈타우펜가의 콘라트가 왕으로 선출되었다. 호엔슈타우펜Hohenstaufen 왕조가 시작된 것이다. 이 왕조는 오늘날의 스위스 지역에 위치한 슈바벤 공국에 본거지를 뒀기 때문에 슈바벤 왕조라고도 한다.[14] 콘라트의 즉위와 함께 2차 십자군 원정이 시작되었으나 이는 완전히 실패로 끝났다. 1149년 콘라트는 유럽으로 돌아오자마자 벨프가와의 싸움에 휘말렸다. 그는 벨프가의 도전을 막아냈으나 로마에서 거행되려던 황제 대관식 전인 1152년 2월 세상을 떠나고 말았다.

콘라트가 세상을 떠날 때 그의 아들은 겨우 여덟 살이었다. 콘라트는 조카인 슈바벤 공작 프리드리히로 하여금 그 뒤를 잇도록 제안했다. 바르바로사'붉은 수염'이란 뜻로 불리는 프리드리히Friedrich, 1125~1190년 황제다. 그는 자신이 지배하고 있는 영역을 '신성 로마 제국Holy Roman Empire'이라고 부름으로써 황제의 위엄을 되찾은 인물이 되었다. 후에 히틀러는 나치가 지배하는 독일을 '제3제국'이라고 불렀다. 이는 나치 독일이 제1제국인 신성 로마 제국과 제2제국인 프로이센이 중심이 되어 통일한 독일 제국을 이은 것이라는 의미였다. 1941년 독일이 소비에트 러시아를 전격적으로 침공하면서 붙인 작전명 또한 '바르바로사'였다. 중세 유럽의 강국이었던 독일 제국신성 로마 제국의 영광을 재현하고 싶어 하는 히틀러와 나치 독일의 빗나간 욕망을 엿볼 수 있다.[15]

프리드리히가 신성 로마 제국이라는 칭호를 붙인 것은 자신의 제국이 로마 제국에서 이어온 보편 제국이며 신의 축복을 받았다는 것을 보여주고자 했기 때문이다. 로마의 후예임을 주장한 그는 옛 로마 제국의 법률이었던 '유스티아누스 법전'의 내용을 공포했는데, 그것은 황제에게 이론상 많은 권력을 부여하고 있었다. 그러나 그와 같은 법률 이론을 실제적으로 지탱할만한 물질적 기반을 확보하지 못한 그로서는 그 법률을 현실에서 구현할 수가 없었다. 따라서 그의 치세에 이루어진 주요 정책은 자신의 독자적인 영역을 일정하게 확보함으로써 제후들의 권력을 견제하는 수준을 넘지 못했다.[16]

프리드리히는 로마의 교황과 대립하여 파문을 당했으나 계속 밀어붙임으로써 교황의 양보를 얻어냈다. 결국 양측은 타협했으며, 서로를 인정하게 되었다. 그는 교황과의 타협을 바탕으로 이탈리아 남부 시칠리아를 정복했고, 벨펜 가문으로부터 바이에른을 되찾아왔다. 그는 많은 업적을 쌓았으나 1190년 십자군 원정 도중 물에 빠져 숨지고 말았다.

바르바로사의 손자 프리드리히 2세Friedrich Ⅱ, 1212~1250년는 할아버지 못지않게 유명하지만 그의 치세는 사실상 독일의 운세가 다했음을 보여주고 있다. 그는 이탈리아 남부에 있는 자신의 왕국에 전제적인 관료제 통치를 도입하려 했다. 그는 직업 군대를 창설하고 직접세를 거두었으며 로마 법률을 공표하여 시행하려 했던 것이다. 그의 정책은 얼마 동안은 남부 이탈리아에서 먹혀드는 듯했다. 하지만 그의 거점 지역인 남부 이탈리아는 북부 이탈리아 및 교황령과 갈등을 야기했고, 그의 무자비한 정책은 남부 이탈리아를 피폐하게 만드는 데 일조하고 말았다.

프리드리히 2세의 통치는 독일에도 나쁜 결과를 안겨주었다. 그는 독일 내부에서 방해받지 않고 이탈리아 정책을 추진하기 위해 제후들에게 광범위한 주권을 허용함으로써 독일의 분권화를 촉진했다. 독일의 실질적인 지배자인 제후들은 황제 선출을 둘러싸고 끊임없이 분쟁을 벌였지만 평화는 도무지 오지 않았다. 그들은 독일 영토를 계속해서 분할하고 재분할함으로써 급기야 "독일의 지도는 조각 그림 맞추기 퍼즐처럼 보이기 시작했다."는 이야기가 나올 정도로 만신창이가 되었다. 그 때문에 후일 프랑스의 계몽 사상가 볼테르가 말했듯이 독일의 "신성 로마 제국은 신성하지도, 로마답지도, 제국 같지도 않은 것"이 되고 말았다.[17]

프리드리히 2세는 귀족들을 누르기 위해 무던히도 애썼지만, 정국은 그의 뜻대로 돌아가지 않았다. 그래도 그가 재위하는 동안에는 황제의 권력이 어느 때보다 강했다. 하지만 1254년 그의 뒤를 이어 황제가 된 콘라트 4세가 사망하고 호엔슈타우펜 왕조의 대가 끊기면서 황제의 권력은 형편없이 추락했다. 심지어 한동안 아예 황제를 선출하지도 못했다. 대공위 시대[1254~1273년]로 불리는 시기이다.

이처럼 신성 로마제국이 약화되자 교황은 프랑스를 끌어들여 이를 견제하며 독자적인 힘을 확보하려 했다. 로마 교황은 프랑스의 카를로 1세 Carlo I*를 끌어들여 신성 로마 제국을 밀어냈다. 카를로 1세는 신성 로마 제국과의 전쟁에서 승리하여 나폴리와 시칠리아를 점령했다. 그렇게 되자 이번에는 프랑스의 입김이 이탈리아를 지배하게 되었다. 결국 이탈리아는 훗날 통일국가를 이룰 때까지 프랑스의 간섭에서 벗어나지 못하게 된다.

---

* 카를로 1세 또는 앙주의 샤를은 시칠리아에서 호엔슈타우펜가를 몰아내고 자신의 앙주 왕조를 세운 프랑스 출신의 시칠리아 왕이다. 프랑스 왕 루이 9세의 동생으로 1266년부터 시칠리아섬과 이탈리아 반도 본토의 나폴리 일대를 지배했으며 1282년 시칠리아 만종 사건으로 시칠리아섬에서 쫓겨나 나폴리와 일부 본토만을 지배했다. 카페 왕조의 방계인 카페-앙주 가문으로 프랑스식으로 앙주의 샤를(Charles d'Anjou)로 흔히 불린다.

합스부르크 가문과 대제국의 완성

프랑스와의 전쟁에서 패배한 후인 1273년 제국의 황제를 선출하기 위한 7선제후 회의가 개최되었다. 이때 합스부르크[Habsburg] 가문의 루돌프 백작을 황제로 선출했다. 합스부르크 가문은 슈바벤 출신으로 그곳에 세워진 성을 '매의 성'이라고 불렀다고 한다. 이 매를 '하비히츠 부르크'라고 불렀으며 여기서 합스부르크라는 말이 나왔다. 그 때문에 매가 바로 합스부르크 가문의 문장이 되고 있다.[18]

합스부르크 왕조[1273~1918년]는 독일을 출발점으로 하여 훗날 세력을 확대하여 오스트리아, 스페인, 네덜란드, 헝가리 등 유럽 전역에서 광대한 영토를 거느린 대제국을 건설하게 된다. 합스부르크 가문은 결혼 정책을 통해 유럽 각국의 왕가와 친인척 관계를 맺었으며, 유럽의 왕가 가운데 합스부르크 가문과 연결되지 않은 경우가 거의 없을 정도로 방대한 연계망을 형성하게 된다. 그 때문에 합스부르크 가문은 유럽 최대의 왕가가 되었다.

신성 로마제국의 황제가 된 루돌프는 1274년 오스트리아를 영지로 삼았으며 이를 다시 공국으로 승격시켰다. 합스부르크 가문은 오스트리아 빈을 근거로 활동을 전개했고, 그 때문에 오늘날 합스부르크 왕조의 역사는 곧 오스트리아의 역사로 여겨지고 있다. 루돌프 1세의 즉위 후에도 신성 로마제국의 황제를 둘러싼 투쟁이 계속되면서 황제 계승은 혼선을 거듭했지만, 15세기 중반부터는 합스부르크 가문에서 신성 로마제국의 황제를 독점적으로 이어가게 된다.[19]

14세기 초반의 정치 상황은 중세의 다른 시기에 비해 그렇게 나쁘지 않았다. 하지만 끔찍한 자연재해가 일어나면서 많은 사람이 고통을 받았다. 1315년 심각한 기근이 시작되어 3년간이나 지속되었다. 20년 뒤에는 남부 독일의 작물이 메뚜기떼에 의해 완전히 망가졌다. 게다가 몇 차례에 걸쳐 심각한 지진까지 발생했다. 그러나 무엇보다도 무서웠던 것은 흑사병의 창궐이었다. 1351년부터 독일에 퍼지기 시작한 전염병으로 인구의 1/3 정도가 목숨을 잃었다. 계속되는 기근과 흉작으로 인구는 계속 줄어들었다. 인구가 다시 증가하기까지는 한 세기나 걸렸다. 16세기 초가 되어서야 비로소 인구가 전 수준으로 회복되었다.

그러한 재난이 계속되자 이를 신의 심판으로 받아들여 곳곳에서 광신도 집단이 등장했으며, 독일 전역에서 유대인을 잔인하게 처형하는 일들이 벌어졌다. 유대인들이 우물에 독을 타서 흑사병이 발생했다거나 유대인들이 성체를 모독했기 때문에 그에 대한 벌로 신이 메뚜기떼를 보냈다는 등의 갖가지 소문이 무성하게 번졌다. 1349년 560여 명의 유대인들이 한꺼번에 불길 속에서 처형된 '뉘른베르크 사건'을 비롯해 많은 일들이 벌어졌다. 그러나 유대인 학살은 단지 그들의 재산을 노린 불순한 의도 때문에 일어난 일이었지만 종교적인 이유로 포장되었을 뿐이었다.

그 무렵 많은 사람이 농촌을 떠나 도시로 갔다. 그 바람에 경작지가 줄고 버려진 마을이 늘어났다. 인구가 격감하면서 곡물 가격도 떨어졌고 지대와 세금도 줄어들었다. 지주들의 수입도 줄어들었다. 자신들의 수입이 줄자 지주들은 강력한 영주를 섬겼다. 반면 도시민들은 값싼 곡물가격으로 생활비를 줄일 수 있었다. 남는 곡물을 저장하기 위해 많은 도시에 곡물 창고가 세워졌다. 농촌에서는 여전히 기근으로 고통

받고 있었지만 도시에서는 기근이 사라졌다. 많은 사람들이 이런 일련의 재난을 유대인 탓으로 돌리며 반유대인 정서를 조장했다. 그런 사정을 이용해 일부 채무자들은 채권자를 제거하기도 했다. 일부 성직자들은 이런 재난이 기독교 신자들의 죄로 인해 신이 벌을 내린 것이라고 주장하기도 했다. 반면 일부에서는 단지 자연적인 현상일 뿐이라고 지적하기도 했다.[20]

보헤미아 왕 카를 4세의 권력기반은 처음에는 그다지 좋지 않았다. 그러나 그는 차근차근 보헤미아와 독일 내에서 기반을 쌓았고, 1355년 마침내 신성 로마제국의 황제로 선출되었다. 그는 황제가 된 뒤 이탈리아 정치 문제나 교황과의 분쟁에 휘말리지 않도록 현명하게 처신했다. 로마에서 황제의 관을 받고 독일로 돌아온 뒤 그의 존재는 누구도 넘볼 수 없는 상황이 되었다. 권력과 재산 모든 면에서 그러했다. 1356년 뉘른베르크에서 열린 회의에서 몇 가지 중요한 사안이 논의되었다. 그중에는 왕의 선출 문제도 포함되어 있었다. 왕의 선출권을 가진 선제후에 마인츠 대주교, 쾰른 대주교, 트리어 대주교, 보헤미아 왕, 팔라틴 백작, 작센 공작, 브란덴부르크 백작 등이 결정되었다. 왕으로 선출되기 위해서는 선제후들의 과반수 이상의 표를 얻어야 했다. 교황의 승인권에 대해서는 전혀 언급되지 않았다. 이러한 결정 내용은 메츠에서 열린 회의에서 최종 결정되어 '금인칙서金印勅書'라는 이름으로 발표되었다.

금인칙서를 통해 중세 독일은 영방국가領邦國家의 모습을 일차적으로 완성했으며, 교황의 간섭도 배제했다. 영방의 군주들은 사실상 동등한 권한을 갖게 되었다. 이때의 독일은 선제후들이 거의 독자적인 통치권자로 행세하는 느슨한 연합체 국가로서, 국민국가와는 거리가 멀었다. 제31조의 '독특한 관습과 언어를 위한 법'은 이 같은 다양성을 공식적으로 인정한 것이었다.

한동안 여기저기로 옮겨 다니던 독일 황제 자리는 1438년 다시 합스부르크 가문의 알브레히트에게 넘어갔다. 이후 합스부르크 가문은 1806년까지 독일의 황제를 배출했으며, 1918년까지 오스트리아를 통치했다.

1508년 막시밀리안은 이탈리아 북부를 지배하고 있던 프랑스 때문에 로마에 가지 못하고 트렌트에서 황제 대관식을 거행했다. 이로써 교황으로부터 황제의 관을 받던 관습이 깨졌다. 막시밀리안은 이탈리아 정치에 개입하려 했으나 별다른 성과를 거두지 못했다. 그는 1516년 프랑수아 1세와 평화조약을 맺은 후 이탈리아 내에 있던 독일 점령지를 모두 포기했다. 그러나 전쟁으로 잃어버린 합스부르크 가문의 영토는 자손들의 성공적인 결혼을 통해 다시 만회할 수 있었을 뿐만 아니라 더욱 광대해졌다.* 그렇게 해서 막시밀리안이 꿈꾸던 대제국이 마침내 이루어지게 된다.[21] 바야흐로 유럽 대륙 전체가 합스부르크 가문의 손아귀에 들어오게 되는 것이다.

---

* 스페인 아라곤 왕국의 페르난도 2세는 그의 딸 후아나를 막시밀리안의 아들 펠리페 1세에게 시집보냈다. 막시밀리안의 딸인 마르가레테는 스페인 왕위 계승자로 아라곤의 페르난도와 카스티야의 이사벨의 아들인 후안과 결혼했다. 그런데 스페인 왕위를 이어받을 상속자 세 명이 잇달아 사망하자 펠리페 2세와 마리아의 아들 카를로스가 그의 어머니와 함께 스페인과 나폴리, 스페인령 아메리카를 물려받게 되었다. 뿐만 아니라 카를로스는 1515년 아버지로부터 저지대 지방과 부르고뉴를 물려받았으며, 할아버지인 막시밀리안 황제가 세상을 떠나자 뒤를 이어 황제로 선출되었다.

금인칙서 Golden Bull of Emperor Charles IV, 金印勅書

1356년 신성 로마 황제 카를 4세가 공포한 제국 법령으로 왕을 선출하는 절차를 규정하려는 것이었다. 이 법령은 교황이 독일 정치 문제에 간섭하는 것을 막고 제국 제후들, 특히 선제후選諸侯들의 입지를 확고하게 만드는 데 목적이 있었다.

로마에서 대관식을 가진 뒤 1355년 7월 독일로 돌아온 황제 카를 4세는 뉘른베르크 의회에 제후들을 소집해 1356년 1월 10일 금인칙서의 처음 23장을 공포했고, 메츠에서 제후들과 협의한 끝에 1356년 12월 25일 마지막 8장을 덧붙였다. 이 칙서에서는 신성 로마제국 황제 선출을 7명의 선제후들에게 완전히 일임하고 다수결로 뽑힌 후보가 이의 없이 황제의 자리를 잇도록 보장하고 있다. 성직자 제후 3명과 평신도 제후 4명으로 구성된 이 선거인단제도선제후는 1273년에 생겨났지만, 누가 선제후가 되느냐의 문제는 결코 간단하지 않았다.

이 칙서에서 작센의 선거권은 작센 왕조의 분가分家인 브란덴부르크 가문이 확보하게 되었으며 팔라틴 백작도 선거권을 받았고 카를 자신이 왕으로 있던 보헤미아에도 선거권이 주어졌다. 또한, 카를 4세는 큰아들에 의한 왕위계승을 확립했고 선거권을 몇몇 영지의 영주에게 귀속시켜 아무도 이들 영지를 분할하지 못하도록 정했다. 과반수로 뽑힌 황제는 만장일치로 선출된 것과 마찬가지로 보았으며, 황제권을 바로 행사할 수 있는 자격을 받고 아헨에서 대관식을 올려야 했다. 후보들을 심사하고 당선을 승인하는 교황의 간섭을 막았으며, 황제 자리가 비었을 때는 작센 공작과 팔라틴 백작을 섭정으로 세우도록 정해서 교황의 황제 대리권을 없애버렸다.

이런 결과를 얻어내기 위해서 황제는 선제후들에게 많은 양보를 해야 했다. 선제후들은 자신들의 공국에서 조세권租稅權과 화폐주조권을 포함한 주권을 인정받았다. 그들은 백성들이 제기하는 상소를 가혹하게 묵살했으며, 음모를 꾸민 사람들은 반역죄로 몰아 처벌했다. 그들은 또한 자치권을 확보하려는 도시에 대해서는 탄압을 서슴지 않았는데, 그 결과 독일 중산계급의 성장에 오랜 기간 심각한 악영향을 끼쳤다. 문서상으로는 7명의 선제후만이 이런 특권들을 가질 수 있었으나, 실제로는 모든 제후들이 똑같은 특권을 누리게 되었다.

5. 교황군주 국가

중세 유럽 교황 권력과 교회국가를 위한 투쟁의 결정체

중세 유럽 교황 권력을 위한 투쟁의 서막

'중세 유럽' 하면 떠오르는 이미지 중 하나는 '기독교'다. 많은 사람들이 중세를 암흑기로 규정하는 이유는 중세 시대에는 인간은 없고 신만이 있었기 때문이다. 확실히 중세는 신의 권위가 인간 삶의 모든 것을 절대적으로 지배한 시대였다. 신의 권위를 지상에서 대변한 로마 교황과 그 아래의 성직자들, 추기경, 대주교, 주교, 수도원장, 신부, 수녀 등이 중세 유럽을 지배한 강력한 힘이었다. 이들 교황과 성직자들의 권위와 힘은 세속 권력인 황제, 왕, 영주, 기사의 그것을 능가하면 했지 못하지 않았다. 하지만 이들의 권위와 힘이 처음부터 강력했던 것은 아니다. 그들은 처음에는 세속 권력의 도움을 받아야 존립할 수 있었고, 경우에 따라서는 세속 권력의 부속물에 불과할 때도 있었다.

기독교 성직자들의 힘이 세속 권력을 능가하기 시작하는 것은 11세기 중반 이후라고 볼 수 있다. 그 이전까지 교황들은 로마의 주교 노릇도 제대로 하기 어려운 경우도 종종 있었다. 교황은 세속 권력자인 황제들*에 의해 언제든지 그 자리에서 쫓겨날 수 있는 신세였다. 일부 교황들은 그전에도 교회 내에서 수위권을 주장한 바 있었지만, 그걸 현실적으로 입증할 수 있는 교황은 아무도 없었다.

그러나 11세기 중반 이후 교황은 극적이게도 서유럽 기독교 문명권의 최고 종교 지도자로 등장하게 된다. 교황이 이렇게 될 수 있었던 것은 황제가 장악하고 있던 성직자에 대한 서임권敍任權**을 되찾으면서부터였다. 교황 그레고리우스 7세는 황제가 장악하고 있던 성직자의 서임권을 돌려받기 위해 독일 황제 하인리히 4세와 맞붙었고, 이를 거부하는 하인리히 4세를 파문하는 강수를 두었다. 이에 황제는 1077년 1월 카노사 성으로 교황을 찾아가서 문 앞에서 3일 동안 맨발로 눈을 맞으며 파문을 철회해 달라고 요청했다. '카노사의 굴욕' 사건이다.

카노사의 굴욕 이후에도 교황과 황제 사이의 성직자 서임권을 둘러싼 투쟁은 계속되었다. 그러다가 1122년 교황 칼릭투스와 황제 하인리히 5세가 독일 보름스에서 협약을 체결함으로써 서임권을 둘러싼 분쟁은 종결되었다. 이 사건으로 황제는 성직자에 대한 임명권을 가질 수 없게 되었고, 단지 세속적인 통치권만 인정받게 되었다. 교황의 권한이 절정에 이른 사건이었다. 교황은 성직자의 서임권을 완전히 장악

---

* 여기에는 로마 황제와 그를 계승했다고 여기고 있던 프랑크 왕 샤를마뉴 대제 및 독일 신성 로마 제국의 황제들이 모두 포함된다. 그러나 로마 제국과 샤를마뉴 시대에는 교황이 사실상 황제의 하부기관에 불과한 상태였으므로 논할 필요도 없다. 로마 교황이 씌워주는 황제의 관을 받은 사람만이 제국의 황제로 인정받게 되는 신성 로마 제국 때부터 성직자의 서임권(敍任權)을 둘러싼 갈등이 벌어지기 시작하며, 그 문제가 본격화된 것은 11세기에 들어와서라고 할 수 있다.

** 간단히 말하면 성직자를 임명하는 권한이라고 말할 수 있다. 성직자를 임명할 때는 그 직위에 맞는 상징물(반지와 지팡이, 그리고 홀)을 주는 의식을 거행했는데, 세속 권력자인 황제가 성직을 상징하는 반지와 지팡이를 줌으로써 성직자를 사실상 통제했던 것이다.

함으로써 서유럽 교회 전체를 지배하는 명실상부한 최고 지도자로 인정받았으며, 그를 통해 유럽 전체를 관통하는 교회 정부를 중앙집권화하는 데 성공했다. 교황은 서임권을 확보하는 과정에서 황제와 왕의 지배권에 도전장을 내밀고 전면적인 투쟁을 벌이기도 했다. 또한 교황은 서임권과 교회 정부의 힘을 바탕으로 십자군 운동을 제창하며 이슬람 세력을 물리치고 동시에 서유럽 사회에 대한 종교적 지배력을 강화하려 했다.

십자군 운동으로 교황권은 절정에 이르렀다. 유럽 각국의 황제와 왕을 비롯하여 영주, 기사 등 중세의 모든 세속적인 권력이 교황의 십자군 운동 호소에 동참했으며, 모든 정치 · 군사적 활동이 종교적 대의에 귀속되었다. 그러나 14세기가 되면서 교황권의 세속적 승리는 결국 자멸의 원인이 되고 말았다. 십자군 운동은 실패로 끝났고, 교황과 로마 가톨릭의 권위를 추락시켰다. 세속군주들은 교황의 권위를 인정하지 않았고, 심지어 교황이 군주의 통제 아래 억류당하는 '아비뇽 Avignon 유수幽囚'*를 경험하기도 했다. 나아가 그러한 과정을 거치면서

---

* '아비뇽 유수'는 13세기 로마 가톨릭의 교황청을 로마에서 아비뇽으로 옮겨 1309년부터 1377년까지 머무른 일을 말한다. 고대 유대인의 바빌론 유수에 빗대어 교황의 바빌론 유수라고도 불렸다. 1303년 필리프 4세와 교황 보니파시오 8세의 대립이 있던 중 아나니 사건(프랑스군이 아나니의 별장에 있던 교황을 습격한 사건)이 터졌고, 이후 교황은 프랑스 국왕의 꼭두각시가 되어 갔다. 프랑스인 추기경 베르트랑 드 고트가 교황 클레멘스 5세로 즉위하면서 필리프 4세의 요청에 따라 1308년에 교황청을 프랑스 남부로 옮겼으며 1309년 아비뇽에 거처를 두었다. 아비뇽은 당시 신성 로마 제국령이었지만 강 하나를 건너서 프랑스령과 맞닿아 있는 곳으로, 프랑스의 입김이 매우 강하게 미치는 지역이었다. 아비뇽 유수기에는 프랑스 출신의 추기경들이 대거 등용되었으며 교황 또한 모두 프랑스 출신이었다.
1377년 교황 그레고리오 11세는 교황령의 수호를 빌미로 로마 바티칸으로 돌아갈 명분을 만드는 데 성공함으로써 아비뇽 유수기는 종식되었다. 그레고리오 11세는 다음 해에 선종

마침내 로마 가톨릭은 종교 개혁이라는 새로운 도전에 직면하지 않을 수 없었다. 로마 가톨릭은 종교 전쟁까지 벌이면서 그들의 배타적 권력을 지키려고 했지만 결국 신교의 종교적 자유와 독립을 용인하지 않을 수 없었다. 그럼에도 교황은 내적으로 여전히 교회를 지배했고, 오늘날까지 로마 가톨릭 교회의 지도자로 남아 있다.*

서유럽 세속 권력과 결합하는 교황권

로마 가톨릭 교황의 역사는 베드로에서 시작된다. 베드로를 초대

하고 로마에서 새로 선출된 교황 우르바노 6세가 등극했다. 그러자 프랑스인 추기경들이 '콘클라베(교황선출회의)'가 무효라고 선언하고 일방적으로 탈퇴하여 대립교황으로 클레멘스 7세를 선출했다. 그리하여 로마와 아비뇽 두 곳에 교황이 있는 상황이 벌어진다. 이것은 서방 교회 대분열로서 '서구 대이교(The Great Schism)'라고 부른다. 두 교황은 서로를 적그리스도로 칭하며 극렬하게 대립했다. 결국, 서방 교회의 분열은 70년 만인 1449년에야 니콜라오 5세에 의해 가까스로 봉합되기에 이른다.

* 교황(教皇, papa)은 교황청 연감에 따르면 로마의 주교이자 로마 가톨릭 교회의 영적 지도자이며 바티칸 시국의 국가원수다. 기독교 창시 이래 2천 년 동안 총 265명의 교황이 있었으며, 현재 교황은 제266대 프란치스코다. 교황의 직위를 가리켜 교황직(教皇職, Papatia)이라고 부르며, 교황이 통치하는 세속적 영역은 '성좌(Sancta Sedes)' 또는 (성 베드로와 성 바오로가 순교한 로마 위에 세워진) '사도좌'로 불린다. 역사적으로 교황은 종교적 · 정치적 · 사회적 권리 및 의무를 누려왔다. 교황은 종교 지도자일 뿐만 아니라 로마 시내에 있는 바티칸 시국이라는 독립된 도시국가를 다스리는 국가원수다. 과거 교황령은 이탈리아 반도 중부를 아우르는 넓은 지역으로 독립성을 지녔지만, 1870년 이탈리아 왕국에 무력으로 병합되었다. 1929년 라테란 조약을 통해 이탈리아 정부로부터 다시 정치적 독립을 쟁취했다. 초기 교황들은 기독교 신앙을 전파하고 교리적 논쟁을 해결하는 데 몰두하다가 차츰 세속 문제에도 개입하여 수천 년간 서유럽에서 황제의 대관식을 주관했으며 세속 통치자들의 각종 분쟁에 개입했다. 8세기까지 동로마 제국과 동맹을 맺었으며, 로마를 중심으로 한 교황령은 피핀의 기증에서 기원했다. 중세 시대에 세속 군주들과 권력 다툼을 벌이던 교황들은 종교 개혁 이후 점차 힘이 약해지자 본연의 임무인 종교 문제에 더 관심을 기울이기 시작했고, 우여곡절 끝에 오늘날과 같은 모습으로 정립되기에 이르렀다.

교황으로 보는 것이다. 그러나 베드로 시대부터 교황이 지금과 같은 기독교 세계의 통일적인 지도자였던 것은 아니다. 베드로는 예수 그리스도 사후 수제자로서 사도들을 이끌며 선교 활동을 벌이다가 로마에서 순교했다. 그 때문에 기독교 역사 초기부터 로마는 예수 그리스도의 수제자인 베드로가 순교한 땅이자 그가 묻힌 장소로서 기독교도들에게 성지의 하나였고, 따라서 로마 교회의 지도자 또한 일정한 권위를 가지는 존재로 자리 잡았다. 4세기경에는 가장 유서 깊고 큰 규모의 기독교 공동체들이 있던 로마, 예루살렘, 콘스탄티노플, 안티오크, 알렉산드리아 등의 도시들과 그 인근 지역을 지배하는 주교들은 일반 주교들보다 높은 총대주교Patriarch라는 지위를 갖게 되었다. 그 결과 400년에 이르러 기독교는 총대주교, 대주교, 주교, 사제 등으로 이루어진 위계체계를 갖게 되었다. 그런데 이때 로마의 총대주교, 즉 교황敎皇*은 여러 가지 이유로 다른 총대주교들에 비해 월등히 높은 지위를 누리게 되었다.

우선 로마는 베드로와 사울이 선교 활동의 무대로 삼았던 곳이며, 베드로에 의해 처음으로 로마 주교 관구가 설립되었다. 그 때문에 그의 후계자들이 베드로의 권위와 위신을 이어받았다는 전승이 기독교 세계에 널리 받아들여지게 되었다. 이와 더불어 베드로가 예수 그리스

---

* 교황의 공식명칭은 '예수 그리스도의 대리자', '사도 베드로의 후계자', '가톨릭 교회의 최고수장'이며 '로마의 주교', '서방의 총대주교'이며 '이탈리아의 수석주교'이고 '로마교구의 대주교'이며 '바티칸 시국의 최고 통치권자'다. 라틴 말과 이태리 말로 교황을 '빠빠(papa)'라고 부르는데 이의 원뜻은 어린이가 아버지를 부를 때 쓰는 말이다. 또한, 공적으로 부를 때에는 '성하(聖下)'라고 한다. 우리나라에서는 '교황(敎皇)'이라고 부르는데 이는 세속적인 분위기를 주는 말이기 때문에 '으뜸 종자'를 써서 교회의 으뜸이라는 뜻으로 '교종(敎宗)'이라고 불러야 한다고 하는 사람들도 있다.

도에 의해 자신의 대리자로 임명되었으며, 죄인들을 벌주고 그들을 죄에서 풀어줄 수 있는 권능과 함께 천국의 열쇠를 부여받았다는 이론이 덧붙여졌다.[1] 특히 마태복음에서 예수가 최초의 제자 베드로에게 "너는 베드로 반석이라는 뜻 다. 나는 이 반석 위에 내 교회를 세우겠다."마태 16:18라고 한 말이 강조되었다. 당연히 베드로의 후계자인 교황의 권위를 높이려는 의도에 따른 것이었다.[2]

그러나 콘스탄티누스 1세가 로마에서 콘스탄티노플로 수도를 옮긴 다음부터 교회행정의 중심도 제국의 동쪽으로 이동했다. 그에 따라 5대 총대주교 사이에 서열 문제가 일어나게 되었다. 동로마 제국의 확장과 함께 콘스탄티노플 총대주교의 영향력도 증대했고, 교회 안에서 교황 다음으로 두 번째 위치를 차지하게 되었다. 그러나 서로마 제국이 멸망한 뒤 비잔틴 제국의 중심이었던 콘스탄티노플 총대주교는 로마 교황과 서열과 권한 문제, 성상 파괴 등 종교 이론상의 문제를 두고 갈등을 벌이게 된다. 그러다가 1054년 마침내 콘스탄티노플의 세계총대주교와 로마 교황은 서로를 파문하면서 동방정교회와 로마 가톨릭으로 대분열을 일으키며 완전히 갈라서게 된다. 그 뒤 1204년 제4차 십자군 원정에서 서유럽 기독교 세력은 콘스탄티노플을 점령하고, 약탈과 살육행위를 벌여 쑥대밭으로 만들었다. 이로 인해 가톨릭과 동방정교회 사이에는 불신과 갈등의 골이 더욱 깊어졌다.

또한 로마 교황의 권위를 높여준 것은 445년 서로마 제국의 황제 발렌티니아누스 3세Valentinianus III가 발표한 칙령이다. 황제는 칙령에서 서로마의 주교들로 하여금 교황의 재판권에 복종할 것을 명령했다. 그러나 황제의 칙령으로 서로마 제국에서 바로 교황의 교회에 대한 지배권이 확보된 것은 아니었다. 동로마의 총대주교들[*]은 로마 교황의 주장을 뻔뻔한 것으로 간주했고, 서로마에서도 많은 주교가 상당히 오랫동안 교황을 무시했다. 초기 교황권이 얼마나 취약했는지는 교황들이 제8차 종교회의까지 325~ 869년 아예 회의에 참석하지도 못했다는 사실에서 단적으로 알 수 있다. 물론 그 이후에는 교황이 모든 종교 회의를 소집해서 주재하게 된다.[3]

로마 교황권을 세우는 데 중요한 기초를 닦은 인물은 그레고리우스 1세Gregorius I, 590~604년 재위다. 그는 베네딕트 수도회와 동맹을 맺고 새로운 서유럽의 종교 정책을 주도했다. 그의 시대까지 로마 교황들은 대체로 콘스탄티노플의 황제와 동방 기독교의 종교적 위세에 종속되어 있었다. 하지만 그는 좀 더 자율적이고 서유럽 지향적인 라틴 교회를 창출함으로써 이러한 상황을 타개하고자 노력했다. 그는 전대의 교부敎父[**]인 제롬과 암브로시우스Ambrosius, 그리고 특히 아우구스티누스Augustinus의 신학적 업적을 바탕으로 하여 독자적인 신학체계를 수립했다. 또한, 그레고리우스 1세는 당대의 구어에 어울리는 간소한 라틴어 산문 저작과 힘 있는 라틴어 기도문 작성을 주도했다. 오늘날까지 남아 있는 '그레고리우스 성가'도 그의 격려로 가능했다. 그의 이 같은 활동은 로마 가톨릭을, 그리스어를 사용하는 비잔틴 문화권으로부터 독립적으로 만드는 데 크게 기여했다.

---

[*]   5대 총대주교 중 로마를 제외한 콘스탄티노플, 안티오크, 예루살렘, 알렉산드리아 등이 모두 동로마(비잔틴) 제국의 영역 안에 존재했다.

[**]   (1) [천주] 그리스도교 초기 몇 세기 동안에, 교리(敎理)의 정립과 교회의 발전에 이바지하면서 후대에 영향을 주는 저술을 남긴 위대한 주교 또는 교회 학자를 이르는 말. (2) 고위 성직자를 이르는 말. (다음 국어사전 참고)

영국 런던의 웨스트민스터 대성당에 있는 19세기 모자이크 | 그레고리우스 1세를 그리고 있다.

그레고리우스는 정치적으로도 기민한 외교 수완을 발휘해 교황권을 롬바르디아Lombardia 왕국의 위협에서 지켜냈으며, 잊힐뻔한 교황의 수위권首位權, 특히 서유럽 주교들에 대한 수위권을 강조했다. 베네딕트 수도사 출신이었던 그는, 또한 수도회를 후원하여 그들이 서유럽 지역을 복음화할 수 있도록 했다. 베네딕트 수도회는 교황의 지원에 힘입어 유럽에 유일한 수도 교단으로 살아남았으며, 잉글랜드의 앵글로-색슨족을 기독교도로 개종시켰다. 이 사업은 1백 년이 걸린 장기 사업이었으나 유럽 서북 지역에 교황에 대한 철저한 충성심을 가진,

그리고 교황권과 프랑크 왕국의 결합에 기여하게 될 기독교의 전초기지를 마련해주었다는 점에서 매우 의미 있는 일이었다.[4]

카롤링거 왕조 프랑크 왕국 아래서 교황권과 왕권은 서로의 요구 때문에 가까워지게 된다. 이 무렵 스페인 지역을 장악한 무슬림 세력이 유럽 전역을 넘보기 시작했는데, 이를 막는 일은 왕이나 교황에게 모두 절대적으로 필요한 일이었다. 그들은 그 과정에서 서로에 의존하면서 결속을 강화했다. 특히 카롤링거 왕조의 르네상스를 열었다고 평가되는 샤를마뉴 대제에게 로마 교황 레오 3세가 황제 대관식을 거행함으로써 교회와 황제는 더욱 밀착되었다. 바로 800년의 일이었다.

962년 독일의 오토 대제가 로마 교황 요한네스 12세에 의해 황제 대관을 받았다. 이후 신성 로마제국의 황제가 되기 위해서는 반드시 로마 교황의 대관을 거쳐야 한다는 관행이 정착했다. 이것은 교황의 권위가 세속 권력의 수위자인 황제와 비견될 수 있는 상황으로 발전하고 있다는 징표였다. 그러나 이때만 해도 교황권은 황제의 손아귀에 있는 상태였다. 현실의 무력을 쥔 황제는 자기 마음대로 교황을 갈아치우기 일쑤였다. 아직은 교황이 황제에 대항할만한 힘이 없었다.

수도원의 개혁 운동과 교황군주 국가

교황권이 세속 권력으로부터 완전히 독립하게 되는 것은 12세기 초반이다. 하지만 그를 위한 기반은 이미 10세기부터 마련되기 시작한다. 그것은 교회 내부의 부패와 타락을 개혁하기 위한 움직임에서부터 시작되었다. 이 무렵 교회의 타락상은 심각했다. 샤를마뉴 대제는 주교들의 종교적인 권위를 높이기 위해 몇 가지 중요한 시도를 했지만, 카롤링거 왕조의 몰락과 함께 교회는 부패의 나락에 빠졌다. 더욱이 유럽 대부분 지역에서 종교의 지방분권화 현상이 나타났다. 그와 함께 교회와 수도원들의 대부분은 강력한 지방 영주들의 사유물이 되고 말았다. 지방 영주들은 그들의 영향력 아래 있는 교회의 성직을 돈을 받고 팔기도 하고 가까운 친척에게 수여하며 임의로 처분했다. 사제들은 무식했고, 공공연하게 축첩을 했다. 대주교나 주교가 임명권을 통제할 수 있더라도 결과는 크게 다를 것이 없었다. 대개 그들은 세속 영주의 가까운 친척이었고, 세속 영주들을 본받아 임명권을 재산 증식이나 가문 세력 증대의 수단으로 사용했던 것이다.[5]

교황도 마찬가지였다. 교황은 대부분 무능하거나 부패했다. 그들은 로마 주변에 거주하는 권문세가의 아들이나 그 하수인에 불과했다. 심지어 18세의 나이로 자기 가문의 세력을 배경으로 교황이 된 요한네스 12세의 경우, 9년간을 철저한 탕아로 통치하다가 간통 현장에서 여자의 남편에게 잡혀 살해되었거나 육욕을 탐닉하던 중 죽었을 것이라고 여겨질 정도였다.

이러한 상황에서 광범위한 종교적 부패와 타락에 반발하며 개혁 운동이 전개되었다. 최초의 성공적인 개혁 조치는 수도원에서 일어났다. 대주교와 주교들은 당대의 정치 문제에 깊이 개입되어 있었으나 수도원은 이에 비해 독립적이었다. 또한, 수도원의 개혁 운동은 영주들의 지원을 받을 수도 있었다. 영주들은 수도사들이 게으름을 피워 자신의 영혼을 제대로 돌보아주지 못할 것을 걱정해서 적극적으로 개혁 활동을 지지했던 것이다. 개혁 운동의 모범이 된 것은 부르고뉴에 있는 클뤼니^{Cluny} 수도원이었다. 클뤼니는 원래 베네딕트 수도원에 속해있었지만, 이곳에서는 최초로 두 가지의 개혁을 단행했다. 먼저, 세속 권력이나 교회 권력의 간섭을 배제하기 위해 수도원을 교황 직속으로 두었다. 다음으로 다른 수많은 '자매 수도원들'을 개혁하거나 설립하는 일을 했다. 그 뒤 클뤼니 교단의 세력은 급속히 팽창했고, 1049년에는 67개에 이르게 되었다. 이러한 수도원 운동은 1000년경부터 급속히 확산되었으며, 그에 따라 수도원들은 종교생활과 기도의 핵심이 되었다.⁶

개혁 운동을 통해 등장한 수도원들은 11세기 중반부터 세속 성직의 개혁에 착수하기 시작했다. 그들은 성직 매매를 공격했고, 모든 성직자에게 엄격한 독신생활을 요구했다. 그들은 세속 권력자로부터 주교와 수도원장, 사제의 임명권을 박탈하는 것을 목표로 활동했다. 그들은 성직을 가능한 세속 권력으로부터 분리된 순수한 영역으로 만들려고 했다. 이러한 개혁 운동이 교황에 의해 추진되면서 교회 전체의 면모가 일신하기 시작했다.

독일 황제 하인리히 3세는 교회의 개혁 세력이 세속 권력의 간섭을 반대하고 있음에도 불구하고 이를 지원할 수 있는 개혁적인 인사를 교황에 앉혔다. 그는 세속 권력에 의한 교회의 지배를 가장 적극적으로 옹호해야 할 처지에 있었음에도 이 같은 조치를 취했다. 이는 아이러니가 아닐 수 없었다. 그는 1046년 이탈리아를 원정하여 제각기 자신이 교황이라고 주장하는 3명의 이탈리아인을 추방한 뒤 자신의 시종^{侍從} 중에서 독일인 개혁자를 교황으로 임명했다. 그리하여 하인리히 3세의 지원을 받는 일련의 개혁 교황들이 등장했다. 그들은 성직 매매,

성직자의 혼인, 그리고 교회 내의 모든 부도덕한 행위를 금지하는 명령을 내리기 시작했다. 그들은 또한 교황이 대주교와 보편적인 정신적 지도자 역할을 한다고 주장했다. 그리고 이러한 개혁 운동을 바탕으로 1059년 교황 니콜라우스 2세Nicolaus II는 교황 선출에 관한 새로운 법령을 공표했다. 거기에 따르면 교황 지명권은 추기경들에게만 주어졌다. 이로써 로마의 귀족이나 독일 황제가 이 문제에 간섭할 수 있는 기회가 없어졌다. 이 법령은 이후 교황 선출의 독립성을 유지하는 주요한 근거가 되었다.[7]

이런 가운데 그레고리우스 7세Gregorius VII가 등장했다. 그도 다른 개혁자들처럼 열심히 개혁을 지원했으며, 성직 매매와 성직자 혼인을 반대한 선대 교황들의 법령을 재천명했다. 그는 여기에 덧붙여서 인간의 삶에서 교회가 갖는 역할에 대해 근본적으로 새로운 개념을 도입했다. 종래 기독교의 이상은 은둔과 명상, 금욕이었다. 그러나 그는 교회가 '세상의 올바른 질서'를 만들어낼 책임이 있다고 생각했다. 그는 이를 위해서 성직자들에게 절대적인 복종과 순결을 요구했다. 그리고 무엇보다 중요한 사실은 국왕과 황제에 대한 교황의 우위를 주장했다는 점이다. 그는 국왕과 황제는 교황의 명령에 복종하여 세상을 개혁하고 복음화하는 일에 기여해야 한다고 말했다. 그는 세속군주들이 순전히 세속적인 문제에서만 지배권과 결정권을 가져야 한다고 말했다. 그러면서도 그는 궁극적으로 세속 권력자들이 교황의 최고권을 받아들이기를 기대했다. 과거 교황들이 교황권과 세속권의 이원성을 추구했던 것에 비해 그레고리우스 7세는 종교와 세속의 두 영역을 모두 지배하는 '교황군주 국가'를 만들고자 했던 것이다.[8]

그레고리우스 7세의 교황으로서의 활동은 가히 '혁명적인 것'이었다. 그는 취임과 함께 '속인에 의한 서임식', 즉 세속 권력자가 성직자를 임명하는 것을 반대하는 법령을 시행하기로 결정했다.* 독일 황제 하인리히 4세가 이에 반발한 것은 당연했다. 그러한 의식은 성직자를 임명하고 통제하는 황제의 오랜 권리였고, 그것이 없다면 황제의 권위는 크게 약화될 것이 분명했다. 이들 둘 사이에 치열한 투쟁이 시작되었다. 흔히들 '서임권 투쟁'으로 부르지만 결국에는 황제권과 교황권의 힘겨루기였으며 권력 투쟁이었다.

하인리히 4세가 교황의 금지 명령을 모독함으로써 사태는 걷잡을 수 없는 상황으로 발전했다. 1076년 정월 초하루, 그레고리우스 7세는 하인리히 4세에게 편지를 보냈다. 그는 그 편지에서 "파문을 당한 신하와 친분을 계속 유지한 것을 뉘우치고 참회하지 않는다면 왕이라도 성사에 참여할 수 없다."고 경고했다. 또한, 그는 하인리히가 밀라노와 페르모, 스폴레토의 주교를 임명할 때 자신과 상의하지 않은 것에 대해서도 맹렬히 비난했다. 그는 왕이라 하더라도 성 베드로의 권한을 이어받은 교황에게 복종해야 한다고 강조했다. 덧붙여서 하인리히가 최근에 거둔 군사적 승리도 신의 은총에 의한 것이라고 말했다.[9]

그러나 하인리히 4세는 교황의 편지에 순순히 무릎을 꿇을 사람이 아니었다. 황제는 교황에게 도전하기로 결심했다. 1076년 1월 24일 보름스에서 회의를 개최하겠다고 알렸다. 26명의 주교들이 '보름스의 회

---

* 성직 임명은 성직자에게 직장(職章)을 수여하는 의식을 통해 이뤄졌다. 주교의 경우에는 반지와 목장(牧杖)이 수여되었다. 성직자는 세속적인 권력도 겸했으므로 이를 상징하는 홀도 받았다.

신'에 서명했다. 거기에는 독일 주교들은 더 이상 교황의 권위를 인정하지 않겠다는 결의와 함께 기혼 여성과의 불륜관계를 비롯한 '힐데브란트[*] 형제'의 부도덕한 행위를 비난하는 글이 포함되어 있었다. 하인리히 4세는 로마의 통치자로서 그레고리우스 7세에게 교황 자리에서 물러나라고 요구했다. 황제의 서신은 제국 전역으로 보내졌고, 교황을 비난하는 대대적인 운동이 전개되었다.[10]

교황과 황제의 치열한 권력 투쟁

하인리히 4세의 공세에도 그레고리우스 7세[1073~1085년 재위]는 꿈쩍도 하지 않았다. 그는 마치 세속 권력과의 투쟁에서 승리하여 교회의 위상을 되돌려놓기 위해서 태어난 사람처럼 보였다. 하인리히 황제의 서신을 받은 그레고리우스 교황은 오히려 독일 교회의 수장인 마인츠의 지그프리트 대주교를 파문하고 편지에 서명한 주교들의 권한도 정지시켰다. 또한, 그는 그동안 자신의 마음에 들지 않았던 롬바르디아와 프랑스의 일부 주교들까지도 친독일적인 성향을 문제 삼아 권한을 정지시키는 조치를 취했다. 그것으로 끝난 것이 아니었다. 그는 이탈리아를 다스리는 하인리히 황제의 권한을 부정했으며, 모든 기독교 신자들로 하여금 황제에 대한 충성을 철회하도록 촉구하고 하인리히를 파문했다.[11]

---

[*]   그레고리우스 7세의 교황 이전 속명.

이런 행위는 교황이 황제와의 전면적인 투쟁을 선언한 것이나 다름 없었다. 교황은 무엇을 믿고 겁도 없이 이런 엄청난 행동을 감행한 것일까? 교황은 직접 군대를 거느릴 수는 없었다. 만일 하인리히가 군대를 동원한다면 그를 막아줄 다른 지원 부대가 있어야 했다. 그를 도와줄 군사력은 이탈리아 남부의 노르만인들이 있었으나 황제의 막강한 군대와 대적할 수 있는 수준은 아니었다. 그렇다면 교황은 무엇을 믿었던 것일까? 당시 교회는 교황청을 중심으로 근본적인 개혁을 감행해야 하며 필요하다면 세속군주와의 투쟁도 불사해야 한다는 분위기가 강했다. 클뤼니 수도원으로 대표되는 개혁 운동 세력이 그의 가장 적극적인 지지 기반이었던 것이다. 그레고리우스 7세 또한 이 수도원 출신이었다.

그레고리우스 7세는 이탈리아 토스카나 출신으로 독일 쾰른에서 공부하며 성장했다. 그는 로마 수도원에서 성직 교육을 받았고 일찍부터 교황청과 깊은 연관을 맺었다. 1048년 교황이 된 레오 9세는 그를 부제로 서품하고 교황청의 재무 담당관과 성 바오로 대성당 수도원 원장으로 임명했다. 이때부터 그는 뛰어난 역량을 발휘하기 시작했다. 그는 1058년 교황 니콜라우스 2세와 1061년 교황 알렉산더 2세의 선거에서 중요한 역할을 했다. 1059년의 새로운 교황 선거령은 그의 작품으로 알려지고 있다. 1073년 힐데브란트는 만장일치로 교황이 되어 그레고리우스 7세가 되었다.[12]

그레고리우스 7세는 재위 초창기에 십자군의 모집에 관심이 많았다. 그는 동방정교회와의 분열, 중동에서 셀주크 투르크의 흥기 등으로 인해 예루살렘 성지 순례가 위협받는 것을 보면서 무력으로 그들을 제압하려고 했던 것이다. 하지만 여러 장애 요인들 때문에 그 일을 포기했다. 그는 서구 내부의 교회 개혁에 모든 힘을 쏟았으며, 타락한 교회를 엄정하게 세우려 했다. 교황은, 개혁은 고위 성직자들로부터 시작되어야 한다고 주장하여 정화된 생활을 요구했고, 나아가 성직 매매, 사제의 결혼, 평신도의 성직 관여를 엄격하게 금지했다.

1074년과 1075년 공의회는 이전 교황들의 쇄신 정책을 확인했으며, 성직 매매와 성직자들의 결혼을 금지하는 칙령을 발표했다. 그러자 프랑스와 독일 등에서 이 조치에 반발하는 움직임이 일어났다. 그러나 그레고리우스 7세는 이에 굴하지 않았다. 그는 교황의 사절들을 파견하여 이들을 설득했다. 또한, 그는 새로 서품을 받는 주교들에게 교황에 절대적으로 순종하고 복종하며 정기적으로 교황청을 방문하겠다는 서약을 요구했다. 그레고리우스 7세가 주관한 '라테란 교회회의'의 결정 사항들이 공의회의 결정 사항으로 받아들여졌다. 이러한 개혁 운동의 성과들은 후에 교황이 황제에게 대항하는 데서 가장 든든한 원군이 되었다.

그런데 이러한 교회 쇄신과 개혁 조치는 다른 측면에서 보면 세속 군주의 주교 임명권과 감독권을 없앤다는 말이었다. 그때까지 세속 군주들이 직접 주교들을 서임했는데, 이는 성직 매매 등 교회 타락의 중요한 원인으로 작용했다. 그레고리우스 7세는 이 문제를 집중적으로 공격했고, 마침내 신성 로마 제국의 황제와 부딪치는 상황으로 발전했다.

교황과 황제의 충돌은 전임 교황이 하인리히 4세의 고문 다섯 명을 파문했을 때부터 시작되었다. 그리고 하인리히 4세가 공석이 된 밀라노의 교구장으로 황실과 가까운 인사를 임명했지만, 반황제파가 교황과 가까운 다른 인사를 추천하면서 갈등이 심화되었다. 교황청의 반발에도 하인리히 4세는 밀라노와 스폴레토, 페르모 그리고 독일 등지에서 황제파 인사들을 주교와 수도원장에 임명하면서 교황과 황제의 정면대결을 피할 수 없게 되었다.[13]

사태는 걷잡을 수 없는 상황으로 발전했다. 그레고리우스 7세가 경고 편지를 보냈으나 하인리히 4세는 이를 무시했다. 하인리히 황제는 세속 권력 가운데 가장 막강한 힘을 가진 자신이 당연히 승리할 것으로 믿었다. 그레고리우스 7세 또한 승리를 확신했다. 당시 오토 왕조와 잘리어 왕조의 교회에 대한 지배력이 크게 축소되어 있었기 때문에 교황은 이미 황제의 영향권에서 벗어나 있었다. 교황과 황제의 투쟁은 자치권을 확보하고 도시의 주교를 자체적으로 선택하려는 이탈리아 도시들의 움직임과 맞물리면서 더욱 복잡해졌다. 그러한 움직임 중에서도 밀라노가 가장 격렬한 투쟁을 전개했다. 교황은 밀라노 시민들의 봉기에 대해서는 황제에 대한 반응과는 정반대의 입장을 취했다. 반면 광신자들은 교황을 지지했다. 황제와 교황, 밀라노 시민들의 투쟁은 광신자들을 대량 학살함으로써 절정에 이르렀다. 결국 이곳에서는 교황파가 패배했다. 밀라노는 독립을 쟁취했고, 독자적인 주교 선택권도 확보했다.

그런데 황제와 교황이 본격적으로 대립하자 독일의 주교들은 아무도 황제를 지원하지 않고 등을 돌렸다. 특히 남부 독일과 작센의 귀족들은 "황제에 대한 충성서약은 무효"라고 선언한 교황의 결정을 이용해 왕에게 전면적으로 도전했다. 두 지역의 연합으로 제국의 기반은 흔들렸고, 그들은 심지어 새로운 왕을 내세우기까지 했다. 상황이 이렇게 되자 더 많은 독일 주교들이 교황에게 지지를 보내기 시작했다. 하지만 독일 내부 반란 세력들이 분열되었고, 하인리히는 독일 내에서 군사 · 정치적 주도권을 유지했다. 교황 또한 다루기 힘든 새로운 왕보다는 온순한 하인리히와 싸우기를 원했다. 그처럼 복합적인 이유가 작용한 때문에 하인리히의 왕위는 그대로 유지될 수 있었다.[14]

그런데 이때 독일의 귀족들은 교황에게 독일 아우스부르크에서 열리는 회의에 참석해 황제와의 분쟁을 해결해달라고 요청하는 서신을 보냈다. 고레고리우스 7세는 이 요청을 받아들여 독일 방문길에 올랐다. 하지만 이 소식을 들은 하인리히 4세는 자신의 권위를 회복하기 위해서는 교황이 독일을 방문하기 전 파문을 철회하는 사면이 필요하다고 판단했다. 그래서 하인리히는 소수의 수행원만 데리고 알프스를 넘어 교황을 만나러 내려오기 시작했다. 반면, 왕의 남하 소식을 전해 들은 교황은 신변의 위험을 느끼고 난공불락으로 알려진 카노사에 있는 마틸다 후작 부인의 성으로 들어갔다. 1077년 1월, 카노사 성에 도착한 하인리히 4세는 속죄의 뜻으로 얇은 옷만 걸친 채, 눈 속에서 맨발로 서서 교황을 만나기 위해 3일간이나 기다렸다. 마침내 교황은 왕의 파문을 철회했다. 역사에서 말하는 유명한 '카노사의 굴욕' 사건이다. 이 사건으로 교황권이 일단 승리한 듯 보였다. 하지만 그것으로 황제와 교황의 투쟁이 끝난 것은 아니었다. 아직도 지루한 투쟁이 남아 있었다.

황제권과 교황권의 투쟁의 종언

카노사의 굴욕을 겪으면서 하인리히 4세는 교황으로부터 다시 왕으로 인정받았다. 사건 뒤 그는 교황과 독일 귀족들이 만나 자신을 궁지로 모는 일을 하지 못하도록 분주히 움직였다. 교황 또한 황제에 대해 결정적인 승리를 거두지 못하고 그를 모욕한 것으로 만족해야 했다. 하지만 독일 귀족들은 교황이 황제를 사면함으로써 자신들을 배신했다고 생각하고 더 이상 교황을 자신들의 편으로 여기지 않았다. 반대로 롬바르디아 귀족들은 자신들이 황제로부터 배신당했다고 생각했다. 그들은 하인리히가 위험스러운 교황으로부터 교회를 보호하지 못하고 지위에 걸맞지 않은 행동을 했으며, 치욕적인 대접을 받았다고 비난했다.

이 사건 이후 하인리히 4세의 정적들은 약화되었다. 그러나 이 사건으로 하인리히의 명예 또한 크게 실추되었다. 그래서 가톨릭 주교이자 중세 역사가였던 오토 폰 프라이징Otto von Freising*은 교회가 로마의 황제를 막강한 통치자가 아닌 일반 죄인 취급을 함으로써 제국의 기반을

---

* 오토 폰 프라이징(1111~1158년)은 샹파뉴 모리몽 출신의 독일 주교로, 중세 때 손꼽히는 역사 철학서의 저자다. 1132년경 또는 1133년, 샹파뉴 동부 모리몽에 있는 시토회 수도원에 들어가 1138년에 대수도원장이 되었으나, 곧 바이에른 프라이징의 주교로 부름을 받았다. 호엔슈타우펜 가문 출신의 독일 왕 콘라트 3세의 이복형제이자 붉은수염왕 프리드리히 1세의 삼촌이었던 그는 제국 정책에 영향을 끼쳤고, 1157년 부르고뉴 브장송에서 열린 제국의회에 참석했다. 그의 저서 『두 나라의 역사』는 태초부터 1146년까지를 다룬 세계사다. 이 책은 성 아우구스티누스의 관점에 따라 모든 세속사를 '신국(神國, Civitas Dei)'과 세상의 투쟁으로 해석하며, 당대를 적그리스도를 반대하는 주요 권력자의 등장이 임박한 시기로 본다. 2번째 저서 『프리드리히의 통치(Gesta Friderici)』는 1156년까지 호엔슈타우펜 가문과 프리드리히 바르바로사가 이룩한 공적을 다룬 것이다. (브리태니커 백과사전 참고)

무너뜨렸다고 서술했다. 이 같은 역사적 교훈 때문에 가톨릭 교회와의 투쟁이 절정에 달했던 1872년 5월 프로이센의 재상 비스마르크는 의회에서 자신은 절대로 카노사에 가지 않겠다고 선언하기도 했다.[15] 카노사의 굴욕 사건은 정치가들과 세속 권력자들에게는 교회와의 관계에서 두고두고 되씹으면서 교훈으로 삼아야 할 사건이 되었던 것이다.

1077년 3월, 카노사의 소식을 들은 독일 귀족들은 슈바벤 공작 아인펠덴의 루돌프를 새 왕으로 선출했다. 새로 선출된 왕은 귀족들의 몇 가지 요구를 받아들여야 했다. 왕위는 이제 더 이상 세습되지 못하며 왕은 교회법에 따라 선출된 주교를 받아들여야 한다는 것이다. 그러나 하인리히 4세는 귀족들이 세운 왕을 상대로 군사를 일으켰고, 1080년 10월, 루돌프는 전투 중 부상을 당해 죽고 말았다. 한편, 하인리히 4세는 교황에게 루돌프를 파문하라고 압력을 가했으나 교황은 말을 듣지 않고 오히려 하인리히를 두 번째로 파문하는 도전을 감행했다.

이에 복수를 결심한 하인리히 4세는 군대를 이끌고 로마로 향했다. 하지만 그는 세 번의 공격에도 교황을 완전히 축출하지 못했다. 하지만 그는 클레멘스 3세*를 대립교황으로 세우고 그레고리우스 교황을 계속 궁지로 몰아붙였다. 1084년 하인리히 4세는 직접 대군을 이끌고 로마로 진격해왔고, 그레고리우스 7세는 산탄젤로 성으로 피신하지 않을 수 없었다. 그레고리우스 7세는 다시 로베르토 기스카르의 도움을 받아 살레르노로 피신하여 노르만족의 보호를 받다가 1085년 5월 25일 세상을 떠났다. 그는 죽을 때까지 자신의 라이벌을 몰아내도록

---

*   1187~1191년까지 재위한 교황 클레멘스 3세와는 다른 인물이다.

촉구했고, 끝까지 자신의 적들을 용서하지 않았다. 그는 마지막에 "나는 진리를 사랑했고, 불의를 싫어했다. 그래서 망명지에서 눈을 감는다."라고 중얼거리면서 생을 마감했다고 한다.[16]

카노사의 굴욕

황제와 교황의 투쟁은 1077년 1월, 신성 로마 제국의 황제 하인리히 4세와 교황 그레고리우스 7세가 카노사에서 만났을 때 절정에 달했다. 당시 교황은 독일 귀족들의 부탁을 받고 황제와의 분쟁을 해결하기 위해 독일로 가는 중이었다. 그러자 황제는 교황이 독일에 오지 못하게 하기 위해 겨울날 추위를 무릅쓰고 이탈리아로 향했다. 황제가 알프스를 넘었다는 소식을 들은 교황은 카노사에 있는 마틸다Matilda 후작 부인의 성으로 피신했다. '성 베드로의 딸'로 알려진 마틸다는 한 해 전에 남편을 떠나보낸 미망인으로 막강한 부와 권력을 소유하고 있었다. 그때 이탈리아 북부 롬바르디아 귀족들은 황제가 이탈리아로 향했다는 소식에 권력욕이 강한 교황에게서 자신들을 해방시켜주기를 바라며 황제를 기다렸다. 그들은 황제가 로마로 가서 대관식을 거행하고 그레고리우스 7세 대신 온순한 교황으로 교체하기를 바랐다. 그러나 황제는 그런 사실에는 관심이 없었고, 오직 교황의 사면을 받아 독일에서 자신의 권한을 회복할 수 있기만을 바랐다.

1월 25일 카노사의 성문 앞에 도착한 하인리히 황제는 맨발에 고행자의 옷을 입고 교황을 알현하기를 바라며 기다렸다. 그레고리우스 7세는 난처했다. 만일 황제를 사면하면 더 이상 그를 협박할 방법이 없어지는 것이고, 거부하면 성직자로서 너그럽지 못하다는 비난을 받을 것이 분명했다. 3일 후 교황은 황제의 파문을 철회했고, 황제는 다시 교회 안으로 받아들여졌다. 황제는 독일 귀족들과 분쟁이 있으면 교황의 심판을 존중할 것이며, 그의 영토 내에서 교황의 안전을 보장하겠다고 약속했다. 그는 교황 앞에서 땅바닥에 엎드려서 팔을 벌려 십자가 모양을 만들고 성체 성사를 받았다. 이를 두고 역사는 '카노사의 굴욕'이라고 부른다. 세속 권력의 상징인 황제가 종교권력의 대표인 교황에게 굴복한 사건이라는 것이다.

하인리히 4세는 마침내 적수를 제거했다. 하지만 그는 파문을 당했다는 사실과 카노사의 굴욕으로부터 쉽사리 벗어날 수 없었다. 독일 내에서 다시 귀족들과 이탈리아의 반황제파가 연합하여 그에게 대항했고, 그는 그들을 상대하느라 고투를 벌이지 않을 수 없었다. 더욱이 황제의 아들 콘라트는 카노사 성의 주인이었던 마틸다의 감언이설에 넘어가 아버지 하인리히를 배신했으며, 러시아에서 온 황제의 나이 어린 아내 또한 마틸다에게 설득당해 남편이 성도착증이 있다고 증언하고 말았다. 하인리히 4세는 이런 조건에서도 꿋꿋이 자신의 길을 갔다. 그러다가 1105년에는 나이 어린 그의 아들 하인리히 5세에게 배반당해 감옥에 갇히는 신세가 되고 말았다.

하인리히 4세는 다시 한번 감옥을 탈출해 재기를 모색했으나 1106년 8월 눈을 감음으로써 더 이상 투쟁을 하지 못했다. 그는 그레고리우스와는 달리 죽으면서 자신을 배신한 아들과 모든 적들을 용서했다. 그는 교황과의 투쟁, 독일 내 귀족과의 투쟁, 자신의 아들들과의 투쟁 등 숱한 사건과 파란 속에서 삶을 살다 갔지만 기본적으로 백성을 사랑했으므로 많은 사람들이 그의 죽음을 애도했다.[17] 그는 최대의 정적이었던 로마 교황 클레멘스 3세보다는 인간적인 그릇이 컸던 인물이었던 것 같다. 하인리히 4세는 현실의 권력 투쟁에서도 클레멘스 3세를 죽음의 궁지로 몰아넣었으므로 결국 승리를 거둔 듯 보였지만 최종적인 승자는 그가 아니라 클레멘스 3세였다. 왜냐하면 클레멘스 3세가 그토록 염원했던 '서임권'이 결국 그의 아들 하인리히 5세에 의해 교황에게 넘어가기 때문이다.

하인리히 4세에 이어 하인리히 5세가 독일 황제로 등극했으나 여전히 분쟁은 끝나지 않았다. 서임권 문제를 둘러싼 길고도 격렬한 투쟁은 1122년 교황 칼릭투스와 황제 하인리히 5세 사이에 '보름스 협약'이 체결되면서 종식되었다. 이 협약을 통해 독일 황제는 성직자에게 성직의 종교적 상징인 직장을 수여할 수 없게 되었다. 대신 황제는 세속 지배자의 자격으로 주교에게 속권俗權, Regalia*을 수여할 권한을 허용받았다. 황제는 주교들의 세속적인 주군으로 인정되었기 때문이다. 결국, 이 협약은 황제의 위신을 떨어뜨리고 교황의 위신을 드높이는 결과를 낳았다.

교회의 서임권 쟁취 투쟁을 본격적으로 시작한 그레고리우스 7세는 그의 뜻을 이루지 못한 채 하인리히 4세에게 쫓겨나 이탈리아 반도 남쪽 한구석에서 죽었다. 언뜻 보면 이 투쟁에서 그레고리우스가 패배하고 하인리히가 승리한 것처럼 보인다. 하지만 결과를 놓고 볼 때 최종적인 승자는 그레고리우스였다고 평가하는 것이 마땅할 것이다. 사실 그레고리우스 7세는 죽기 전에 이미 신성 로마 제국, 즉 독일 황제뿐만 아니라 그밖에 기독교를 국교로 삼은 모든 나라와 교섭하여 통치자를 임명했다. 덴마크, 러시아, 폴란드, 헝가리, 잉글랜드, 프랑스 그리고 그 외의 여러 작은 나라들과도 연락을 취하여 로마 교회의 우위를 주장했으며, 보름스 회의 이후 로마 교황은 사실상 중세 유럽 전체의 지배자로 군림하게 된다.[18]

보름스 회의 결과 교황은 서유럽의 성직자들을 자신을 정점으로 한

---

* 주교직에 수반되는 세속적인 권리들을 말한다. 중세 시대 성직자들은 성직자로서의 권리뿐만 아니라 세속적인 권력도 함께 행사했다. 황제는 보름스 협약 이후 성직을 상징하는 반지와 지팡이는 줄 수 없었고, 다만 속권을 상징하는 홀을 수여할 수 있었다.

단일한 위계 질서로 규합할 수 있게 되었다. 교황군주 국가가 비로소 성립한 것이다. 서임권을 둘러싼 일련의 사태는 이 시대를 살고 있던 모든 사람의 비상한 관심과 주목을 받았다. 어떤 이는 "길쌈을 하던 아낙네와 작업장의 공인들마저도 서임권 투쟁 이외에는 화젯거리로 삼지 않았다."고 했을 정도로 이 문제는 모든 사람의 관심대상이 되었다. 이런 사정은 과거에는 종교 문제에 대체로 무관심하거나 배제되었던 사람들조차도 종교 문제에 깊숙이 끌려들어 갔다는 걸 의미한다. 말 그대로 종교의 시대, 신의 시대, 교황의 시대가 도래한 것이라고 할 수 있었다. 이제 인간은 보이지 않고 신만 보이는 시대가 되고 말았다.

중세 서유럽 교황군주 국가의 탄생

그레고리우스 7세가 추구한 목표는 무엇이었을까? 간단히 말하면 그는 서유럽 기독교 성직자를, 교황을 정점으로 하는 하나의 단일한 통치 체계로 묶어내는 것을 목표로 삼았다. 그것은 달리 말하면 '교황군주 국가'라고도 말할 수 있을 것이다. 그것은 서유럽 기독교 문명권 전체를 교황을 정점으로 한 하나의 국가로 파악한 것이었다. 유럽 전체가 그리스도교 공동체 국가가 되는 셈이다. 그런데 그러한 유럽 기독교 공동체 국가 건설을 위한 출발점이 바로 서임권 투쟁이었다.

성직자는 신의 부름을 받은 자로서 이 땅에서 사실상 신의 대리자 역할을 하는 존재였지만, 그들의 성직 임명은 세속군주의 손에 좌우되고 있었다. 이는 있을 수 없는 일이었다. 교회 개혁가들은 성직 매매, 성직자의 문란한 사생활 등과 같은 교회 타락의 가장 중요한 원인도 여기서 유래한다고 보았다. 따라서 진정한 하느님의 교회가 되기 위해서는 세속군주에게서 성직자의 서임권을 돌려받는 것이었다. 교황은 성직자의 수위에 있으며 신과 가장 가까이 다가가 있는 존재이기 때문에 당연히 서임권도 그의 것이었다. 교황 그레고리우스 7세와 그의 후계자들은 이것을 위해 투쟁하고 헌신했다. 그리고 마침내로마 교황청은 원하던 바를 얻었다. 서임권이 교황에게 되돌려진 것은 사실상 유럽 전체를 움직이는 '교황군주 국가'가 탄생한다는 것을 의미했다.

그렇다면 교황을 정점으로 하는 교회국가는 어떻게 조직되고 움직였을까? 어떤 형태의 국가 조직이든 그것이 현실적으로 존재하고 작동하기 위해서는 일차적으로 법과 행정체계가 필요하다. 당연히 교황청과 교회 또한 교회법과 이를 움직일 행정체계를 정비해야 했다. 교황청은 사실 교회법을 놀라울 정도로 발전시켰다.

먼저 12세기에 교황의 지도하에 교회법의 토대가 놓여졌다. 교회법은 성직자에 관계된 일뿐만 아니라 결혼, 상속, 과부와 고아의 권리문제에 이르기까지 온갖 종류의 사건에 대한 교회의 재판권을 담고 있었다. 사건에 대한 재판은 대부분 주교 법정에서 시작되었지만, 교황은 자신만이 엄밀한 법 규정으로부터 특면特免*을 공표할 수 있다고 발표

---

* (1)저지른 죄를 특별히 용서하여 줌. (2)어떤 부담 따위를 특별히 면하게 하여 줌. (다음 국어사전 참고)

했다.[*]

또한 교황이 주재하는 추기경 회의가 최고재판소의 역할을 해야 한다고 주장되었다. 교황권과 교회의 권위가 신장됨에 따라 교회 법정에서 재판하는 사건과 로마 교황청으로 올라오는 항소가 급속히 늘어났다. 12세기 중반 이후에는 교황청 업무를 처리하는 데 법률전문가의 중요성이 너무 커지면서 교황들은 대부분 노련한 교회법 전문가들이 차지하게 되었다. 이것은 과거의 교황들이 대개 수도사 출신이었던 것과 대조를 이루는 부분이다.[19] 구체적인 통치행위가 중요한 자리를 차지함에 따라 법률행정에 역량을 가진 사람들이 교황으로 선출되었던 것이다.

법률의 발전과 함께 기록을 보관하고 세입을 거두어들이는 행정 기구 또한 발달했다. 12세기를 경과하면서 교황들은 관료제적인 정부를

---

[*] 감면이란 주로 동방정교회에서 쓰는 용어다. 교회는 영혼 구원을 위해 노력하는 기관이므로 규율을 엄격히 고수하기보다는 규율을 완화함으로써 영혼의 구원을 더 쉽게 이룰 수 있으므로 감면을 통해 규제를 완화한다. 전형적으로 동방정교회는 규율을 탄력적으로 적용하고 있으며, 대강의 원칙은 있지만 어떤 교회법에서도 감면의 제한이나 적용을 구체적으로 규정하고 있지 않다. 교회에 큰 보탬이 되고 영혼의 구원에 도움이 될 때는, 심지어 기본 교리를 거스르는 것도 허용한다. 따라서 감면을 베풀 권한이 있는 사람들이 그것을 일관성 있게 적용하지 못하는 경우도 종종 있다. 감면은 대표단이 파견되어 베푸는 것이 아니라 주교 고유의 권한이지만 반드시 주교단 회의의 견해를 존중해야 한다. 이에 반해 서방교회는 훨씬 엄밀하게 특면에 관한 규칙을 제정했다. 처음에는 모든 교회의 공동이익만이 특면을 베푸는 정당한 근거로 간주되었으며, 그 법을 만든 사람이나 기구, 즉 교황, 주교단 회의, 주교만이 특면을 베풀 수 있었다. 그러나 교회법이 발전하고 교황의 권한이 커지면서 궁극적인 특면권은 모두 교황에게 있지만, 교황은 하위의 개인들이나 기구들에 특면을 위임할 수 있게 되었다. 특면을 베풀 수 있는 범위는 크게 확대되었다. 이전에는 율법과 자연법은 특면의 영역 밖이었으나, 교회법과 자연법을 폐지할 수는 없지만 특면의 근본 목적에 어긋나지 않는 한 교황은 특별한 경우 특면을 위임할 수 있게 된 것이다. 그러나 특면은 차츰 교회 전체의 이익에 상관없이 개인의 이익을 위해 베풀어졌고, 지나치게, 자주, 또 금전적인 수익을 위해 행해짐으로써 종교 개혁 운동을 일으킨 중요한 원인이 되었다. (브리태니커 백과사전 참고)

발달시켰는데, 이는 당시 세속 정부들의 그것을 훨씬 앞지른 것이었다. 이 때문에 교황청은 더욱 부유해지고 효율적으로 운영되었으며 강력해졌다. 또한 교황들은 성직자의 선임에서 과거에 비해 훨씬 강력한 영향력을 행사함으로써 교회 내에서 지도적인 위치를 더욱 공고히 했다. 법률을 제정하고 교황의 지도력을 과시하기 위한 종교회의를 로마에서 소집한 것도 교황의 입지를 확고히 하는 데 중요하게 작용했다.

중세 교황군주 국가의 전성 시대를 대표하는 가장 유능하고 성공적인 인물을 꼽자면 인노켄티우스 3세^{Innocentius III, 1198~1216년 재위}를 들 수 있을 것이다. 그는 37세의 젊은 나이에 교황으로 선출되었지만 가장 강력한 영향력을 발휘한 인물이었다. 그는 신학 전문가이면서 동시에 교회법에도 조예가 깊었다. 그의 주요한 목표는 교황의 주도권 아래 전체 기독교 세계를 통합하고, 그레고리우스 7세가 그토록 염원했던 '세상의 올바른 질서'를 확립하는 것이었다. 그는 국왕과 제후의 세속적 영역에 대한 직접적 지배권에 대해서는 어떤 의문도 갖지 않았다. 그러나 그는 그들이 죄를 범할 경우는 언제든지 자신이 나서서 왕들을 견책할 수 있다고 믿었다. 달리 말하면 그것은 세속적 영역에 대한 교황의 간섭 여지를 활짝 열어놓은 것이었다. 그뿐 아니라 그는 교황이 궁극적으로 세상 모든 사람의 주군이라고 생각했다. 그래서 그는 이렇게 말했다. "모든 이들이 예수께 무릎을 꿇어야 하듯이 …… 모든 사람은 그리스도의 대리인^{즉 교황}에게 복종해야 한다."[20]

인노켄티우스는 자신의 목표를 실현하기 위해 다양한 조치를 취했다. 그는 프랑스 왕들이 했던 것처럼 교황권의 확고한 지리적 기반을 확보하기 위해 로마 주변 교황의 영지에 대한 지배권을 확립하기 시작했다. 합병 가능한 지역은 교황령으로 합병했으며, 교황령 전체에 대해 효율적이고 치밀한 행정제도를 도입했다. 이 때문에 인노켄티우스는 종종 교황령 국가의 진정한 건설자로 간주되곤 한다. 그러나 일부 도시 공동체들의 단호한 독립 노력 때문에 그는 교황령 지역을 완벽하게 지배하지는 못했다.

인노켄티우스는 유럽 여러 국가의 내정에 다양하게 개입했다. 그는 독일 내정에 개입하여 자신이 내세운 후보인 호엔슈타우펜가의 프리드리히 2세를 황제로 선출하게 만들었다. 그는 또 프랑스의 필리프 2세 존엄왕이 혼인 생활상의 불미한 점이 있다며 견책하는 일을 처리하기도 했다. 그뿐 아니라 잉글랜드 내정에도 개입하여 존 왕이 원치 않는 스티븐 랭턴을 캔터베리 대주교로 받아들이도록 강요했다. 그는 교황의 세수입을 늘리고 위세를 과시하기 위해 존 왕에게 잉글랜드를 교황에게 봉토로 양여하도록 강요했다. 이와 비슷한 수법으로 스페인의 아라곤, 시칠리아, 헝가리에 대한 봉건적 주군의 지위도 확보했다. 그는 남프랑스에서 이단파인 알비주아파 세력이 확대되자 십자군을 소집하여 그들을 무력으로 진압하는 일도 서슴지 않았다. 그는 또한 성지 회복을 위한 십자군의 자금 지원을 위해 성직자들로부터 처음으로 소득세를 징수했다.[21]

인노켄티우스가 이룩한 종교적인 업적 가운데 가장 절정에 속하는 것은 1215년 로마에서 제4차 라테란 종교회의를 소집한 일이다. 이 종교회의에서 그는 신앙의 기본 교리를 재확인하고 기독교 문명권 내에서 교황의 지도력을 과거 어느 때보다 분명하게 천명했다. 교황은 이제 아무 거리낌 없이 국왕들을 견책하고 교회를 지배할 수 있게 되었다. 인노켄티우스 치세 동안 교황군주 국가는 절정에 이르렀다. 그러나 이 시기에 미래의 파멸의 씨앗이 뿌려진 것도 틀림없는 사실이다. 절정은 곧 추락밖에 남지 않았음을 말해주기 때문이다.

세속국가뿐만 아니라 교황군주 국가 또한 이러한 역사의 법칙을 벗어나는 예외적 존재일 수는 없다. 인노켄티우스는 교황이라는 '영적인 직분의 영적인 위엄'을 전혀 손상하지 않고도 교황령 국가를 통치했고, 또한 새로운 수입원을 물색할 수도 있었다. 하지만 그의 후임 교황들은 그렇게 되지 못했다. 인노켄티우스 이후에도 로마 교황들은 계속해서 교황권을 강화시켰고, 교회의 통치를 중앙집권화시켰다. 그들은 점차 고위직뿐만 아니라 하위직에 이르는 모든 성직의 후보자를 지명할 권리를 요구했고, 파리 대학의 교과 과정과 교리에 대한 통제권까지 주장했다. 그들은 그러한 과정에서 이웃 나라의 왕들과 장기적인 정치 투쟁에 빠져들었는데, 그 때문에 결국 세속 권력을 잃게 되는 결과를 가져오게 되었던 것이다. 또한, 그들은 재정 수입과 정치적인 이유로 십자군 운동을 무모하게 일으킴으로써 결국 자멸의 길을 걷게 된다.

6. 십자군 전쟁

서유럽 식민주의의 첫 장을 열다

"신이 그것을 바라신다"

1095년 11월, 프랑스 클레르몽에서 가톨릭 공의회가 개최되었다. 이때 이 회의를 주관한 교황 우르바누스 2세Urbanus II는 역사적인 제안을 하게 된다. 십자군 운동을 불러일으키게 되는 그 연설 내용은 이런 것이었다.

"여러분도 대부분 들으셨을 것입니다. 투르크족과 아랍인들이 …… 기독교도들의 땅을 점점 더 많이 점령하고, 일곱 차례의 전투에서 기독교도들을 다 격파했습니다. 많은 사람을 죽이고 잡아갔습니다. 교회를 파괴하고 제국을 초토화했습니다. 그들이 이런 불순한 짓을 잠시라도 계속하도록 방치한다면 하느님을 믿는 사람들은 더더욱 공격당할 것입니다. 이런 이유로 본인은, 아니 주님은, 여러분에게 그리스도의 전령으로서 이런 사실을 널리 알리는 한편으로 보병이든 기사든, 부자든 빈자든, 신분 고하를 막론하고 모든 사람을 설득해서 지금 당장 저 고통 받는 기

클레르몽 교회회의에서 십자군 원정을 호소하는 교황 우르바노 2세

독교인들을 돕고 친구들의 땅에서 사악한 종족을 근절시킬 것을 간절히 호소합니다. 지금 이 말은 이 자리에 모인 사람들에게 하는 것이지만 여기 없는 이들에게도 똑같이 해당되는 것입니다. 나아가 이것은 그리스도의 명령입니다."[1]

공의회는 근대 국가의 의회와 비슷한 성격으로 가톨릭 교회의 중요한 사항들을 결의하는 기관이었다. 교황 그레고리우스 7세의 선언에 따르면 교회는 신앙상의 문제뿐만 아니라 신도들의 생활 전반에 관여하고 책임을 져야 했으므로 공의회에는 온갖 문제들이 올라왔다. 남편의 불륜을 호소하는 왕비가 찾아오는가 하면, 이슬람 세력의 압박에 벗어나기 위해 지원을 요청하는 비잔틴 제국 황제의 특사도 있었다.[2] 우르바누스 교황은 공의회가 개최되기 1년 전부터 이를 준비하기 위해 유럽 각지를 돌아다녔다. 그는 1094년 가을, 이탈리아 중부 도시 피사에서 피렌체를 거쳐 북부의 피아첸차Piacenza로 향했다. 그곳에서 전임 교황이었던 그레고리우스 7세의 세력들, 그러니까 기독교 세계의 개혁을 찬성하는 주교들을 모아 회의를 열었다. 그곳에서 교황은 다양한 사람들을 만났고, 구원병을 요청하는 비잔틴 제국 황제의 특사도 만났다. 이 무렵 비잔틴 제국은 이슬람교도들인 셀주크 투르크 왕조의 공격에 시달리고 있었다. 비잔틴 황제가 실질적인 군사력을 갖고 있던 신성 로마 제국의 황제인 하인리히 4세가 아니라 우르바누스 교황에게 용병 지원을 요청한 것은 나름대로 이유가 있었다.

전임 교황 그레고리우스 7세는 성직 매매 금지, 성직자의 결혼 금지, 성직자의 헌신과 복종을 주장하고 세속 권력에 의한 성직자 서임권을 부정했다. 결국, 그레고리우스 교황은 신성 로마 제국의 황제 하인리히 4세와 교회 개혁을 두고 이해가 충돌했고, 그 과정에서 하인리히 황제는 '카노사의 굴욕'을 맛보기도 했다. 그러나 황제는 군사력을 갖고 있었고, 힘도 있었다. 하인리히 4세는 그레고리우스에 맞서는 대립교황으로 클레멘스 3세를 세웠다. 결국, 그레고리우스 교황은 로마에서 쫓겨나 노르만인이 지배하는 남부 이탈리아 살레르노에서 최후를 마쳤다.[3]

그레고리우스 교황의 뒤를 이어 우르바누스 2세가 교황으로 선출

---

* 비잔틴 제국에서 바란 것은 단순히 부족한 군대를 보충하는 용병의 지원이었다. 하지만 로마 가톨릭 교회는 그것과는 전혀 다른 성격의 십자군 파견을 호소했다. 비잔틴 제국은 서방에 군사 지원을 요청함으로써 자기 발등을 찍고 몰락을 재촉하는 결과를 낳고 말았다.

되었다. 그러나 우르바누스 2세는 여전히 하인리히 4세에게 쫓겨 다니는 신세였다. 그는 로마에는 들어가지도 못하고 이탈리아와 프랑스 등지를 떠돌며 생활해야 했다. 이런 상황에서 비잔틴 제국 황제의 특사가 우르바누스 2세를 찾아와 지원군 파견을 요청한 것이다. 하인리히 4세는 신성 로마제국의 황제였으나 자신의 기반인 독일에서 귀족들의 반란에 시달려야 했고, 이탈리아에서도 반황제파 교황 세력과 롬바르디아 귀족들의 반란 때문에 힘을 쓰지 못하고 있었다. 그 때문에 그가 내세운 대립교황 클레멘스 3세 또한 영향력을 발휘하지 못하고 있었다.

반면, 클뤼니 수도원 출신이었던 우르바누스 2세는 그레고리우스 7세의 절대적인 지지자였지만, 전임 교황과는 달리 정치력도 있었다. 그는 군사력을 갖지 못했기 때문에 이탈리아 남부와 시칠리아섬을 지배하고 있던 노르만인의 도움을 받아 하인리히 4세에 대항했다. 그뿐만 아니라 우르바누스 2세는 그레고리우스 7세의 개혁 노선을 지지하는 주교 세력들을 결속시켰으며, 이를 바탕으로 이탈리아 북부의 도시 국가들과도 우호적인 관계를 유지할 수 있었다. 특히 그는 프랑스의 샹파뉴 지방에서 태어나 소년기를 유서 깊은 도시 랭스Reims에서 보냈으며, 클뤼니 수도원에서 학업과 수도생활을 한 탓으로 프랑스 지역에서는 그의 기반이 강했다. 그 때문에 그는 1095년의 공의회를 앞두고 넓은 프랑스 지역을 자유롭게 여행하고 돌아다니면서 회의의 사전 준비를 조직할 수 있었다.

교황 우르바누스 2세는 동방의 이슬람교도들과 싸우기 위한 성전聖戰에 참여할 것을 호소하는 연설을 실내가 아닌 광장에서 했다. 이때 연설을 들은 사람들은 한 사람도 빠짐없이 감동했다고 할 정도로 그의 연설은 선동적이고 설득력이 있었다. 군중들 사이에서 자연스레 "신이 그것을 바라신다Deus lo vult."라는 함성이 터져 나왔다. 커다란 함성과 함께 막 연설을 끝낸 교황 앞으로 한 사람이 나아가 무릎을 꿇고 원정에 참가하겠노라는 서약을 했다. 이 사람은 르퓌의 주교 아데마르Adhemar였는데, 교황이 공의회를 준비하면서 사전에 만난 이들 중 한 명이었다. 또한 이 회의에는 참석하지 않았지만 바로 성전에 참가하겠다는 의사를 밝혀온 사람이 있었다. 바로 툴루즈 백작 레몽Raimond이었다. 그도 역시 교황이 사전준비 과정에서 만난 인물로 스페인에서 이슬람과 싸워온 베테랑이었다. 이렇게 해서 1095년 마침내 서유럽 기독교 세력의 역사적인 동방 원정이 결정되었다.[4]

교황 우르바누스 2세의 의도

제1차 십자군 운동은 1095년에 비잔틴 황제 알렉시우스 콤네누스Alexius Comnenus가 서방에 군대의 지원을 요청한 것이 직접적인 계기가 되었다. 알렉시우스는 투르크족에게 빼앗긴 비잔틴 제국의 소아시아 영토를 되찾기를 원했다. 그는 서유럽 용병들을 지원군으로 사용하는 데 익숙했기 때문에 교황에게 서유럽으로부터 얼마간의 군사적 지원을 요청했던 것이다. 그러나 교황은 단순한 지원군을 넘어서 십자군을 일으켜야 한다고 호소했다. 비잔틴 황제는 투르크와 싸울 수 있는 지원군을 요청했지만, 교황은 아예 예루살렘을 되찾을 서유럽의 십자군 파병을 결정한 것이다. 따라서 십자군의 진정한 출발점은 우르바누스 교황의 생각에서 시작되었다고 봐야 할 것이다.

　우르바누스 2세는 전임 교황 그레고리우스 7세의 수제자였다. 따라서 그의 제1차 십자군 또한 그레고리우스의 사상을 실현하기 위한 것이라고 말할 수 있다. 우르바누스의 기독교 성전 사고는 그레고리우스에게서 물려받은 것이었다. 그들의 사고는 평화주의적인 초대 기독교와는 다른 것이었다. 4세기의 존경받는 기독교 성인 성 마르탱Saint Martin은 군인이었으나 개종과 함께 다음과 같은 말을 남기고 군대를 떠났다. "나는 그리스도의 병사이므로 전쟁을 할 수 없다." 그러나 라틴 교부였던 성 아우구스티누스와 성 그레고리우스는 기독교인의 전쟁 행위를 정당화하는 이론을 수립했다. 하지만 이들의 사상이 실천에 옮겨지는 것은 한참 뒤인 11세기 그레고리우스 7세의 교회 개혁 운동이 성공하면서였다. 그레고리우스 7세는 교황이 되기 전에도 노르만 정복에서 교황청이 지원하는 역할을 하도록 했다. 또한, 그의 영향 아래 있던 교황들은 스페인의 이슬람교도와 이탈리아의 그리스인, 그리고 독일 중부의 슬라브족에 대한 기독교 세력의 전쟁을 축복했다. 그레고리우스와 그의 추종자들은 이 같은 전쟁 행위를 '세상의 올바른 질서를 확립하기 위한 조치'로 보았다.[5]

　그레고리우스 7세의 사상을 그대로 이어받은 우르바누스 2세가 십자군 운동을 주창한 목적은 여러 가지가 있었다.

　첫째, 동방정교회를 로마 가톨릭 교회에 통합하고자 하는 의도가 있었다. 우르바누스 교황은 막대한 서유럽 지원군을 파견함으로써 비잔틴 제국과 그곳에 살고 있던 사람들을 압도하고, 그 위력을 바탕으로 로마 교회의 우위를 다시금 확인하고자 했다. 이러한 계획이 성공한다면 그레고리우스가 추구한 교황군주 국가 정책이 큰 전진을 이룩할 수 있었다.

둘째, 정치적으로 교황과 가장 큰 정적관계에 놓여 있던 독일 신성로마 제국의 황제 하인리히 4세를 곤경에 빠뜨리고 교황의 우위를 확보하기 위한 것이었다. 1095년 무렵 하인리히 4세는 군사적으로 상당한 위력을 회복했으며, 그 때문에 우르바누스는 그를 피해 이탈리아를 떠나 프랑스로 가지 않을 수 없는 상태였다. 교황은 독일인을 제외한 모든 서유럽인에게 십자군을 호소함으로써 황제가 편협하고 비기독교적인 박해자라는 사실을 알리고자 했다. 교황 자신은 영적인 지도자로서의 능력과 위상을 과시할 수 있었다. 그런 이유 때문에 제1차 십자군의 지휘관은 모두 프랑스의 귀족들이 차지했다.

셋째, 우르바누스는 서유럽에서 대규모 군대를 외부로 방출함으로써 유럽 내에서 평화를 가져올 수 있을 것이라고 보았다. 10세기 말부터 프랑스 교회는 봉건 기사들의 전쟁을 줄이기 위해 '평화 운동'을 전개하고 있었다. 성직자와 교회는 '신의 평화'라는 이름으로 비전투원에 대한 공격을 금지했으며, '신의 휴전'이란 명목으로 특정한 축일에는 전투 행위를 금지했다. 우르바누스는 제1차 십자군 소집 직전에 이같은 평화 운동을 교황령으로 승인한다고 발표하면서 이를 확대시킬 것이라고 공표했다. 우르바누스 교황은 거칠기 짝이 없는 전사와 기사들에게 정말 싸우기를 원한다면 밖으로 나가 기독교의 대의를 위해 이교도들과 정당하게 싸울 수 있다고 말했다.

마지막으로 예루살렘의 성지 회복 또한 우르바누스 교황에게 중요한 십자군의 동기가 되었다. 기독교인에게 예루살렘은 지구의 중심이

자 가장 거룩한 성지였다. 예루살렘 성지 순례는 어떠한 이유로도 방해받아서 안 되고, 예루살렘의 지배권 또한 기독교인이 직접 갖고 있어야 했다. 서유럽의 교황청과 기독교도들은 '세상의 올바른 질서'는 거기서부터 출발한다고 여겼다.[6]

십자군의 정치 · 사회적 배경

그러나 교황의 생각만으로 십자군 운동이 가능했던 것은 아니다. 아무리 교황이 원했다고 하더라고 거기에 호응하는 사람들이 없었다면 십자군은 불가능했을 것이다. 1095년 11월 클레르몽 공의회에서 행한 교황의 연설이 아무리 선동적이었더라도 참석한 군중의 가슴 속에 십자군에 대한 열정이 없었다면 일으킬 수 없는 일이었다. 그러나 그 자리에 참석한 수많은 군중들이 한 목소리로 "신께서 원하신다Deus lo vult."고 외치며 열렬히 반응했으며, 너도나도 서둘러 동방으로 향하는 원정 대열에 참가했다. 십자군 원정 대열의 주력부대는 대략 10만 명 가량 되었는데, 이는 당시 서유럽 상황에서 볼 때 엄청나 숫자였다. 왜 그토록 많은 사람이 십자군에 가담하게 되었을까?

우선 십자군 대열에는 수많은 빈민이 가담했는데, 그들은 유럽에서 인구가 조밀했던 지역에 살던 사람들이었다. 그들은 서유럽에서 사는 것보다 동방에서 더 나은 생활을 누릴 수 있을 것으로 기대했다. 사실 당시 빈민들의 성지 순례는 드문 일이 아니었고, 그들은 자기 고향으로 돌아올 생각 없이 아예 동방에 눌러앉을 생각으로 예루살렘을 향해 떠났다. 한 자료에 따르면 1033년과 1064년에 예루살렘을 향해 그런 목적으로 떠난 숫자가 수천 명에 달한다고 한다.[7]

또한, 서유럽에서 정치가 안정되고 장자 상속제가 정착되면서 상당수 귀족들이 자신들의 앞날에 대한 불안감에 시달리게 되었다. 그때까지만 해도 차남 이하의 귀족 자제들은 서유럽 안에서 국지적인 전쟁을 통해 재산을 모으거나 최소한의 작은 땅이라도 상속받을 수 있을 것이라는 희망을 갖고 있었다. 그러나 서유럽에서 정치 상황이 안정되고 경제적으로 발전하면서 유아사망률이 줄어들었다. 그에 따라 형제들의 수가 늘어나고 수명도 연장되었다. 전쟁도 점차 줄어들었고, 장자만이 부모의 재산과 토지를 상속받게 되었다. 이런 상황에서 동방으로 떠난다는 것은 고향에서 희망 없이 따분하게 빈둥거리던 귀족 자식들에게 분명히 매력적인 모험이 아닐 수 없었다.

그러나 그와 같은 세속적인 동기만으로 십자군을 설명하기에는 부족한 부분이 없지 않다. 십자군의 가장 중요한 동기로 역시 종교적인 요인을 말하지 않을 수 없다. 동방으로 가는 길에 물질적이고 세속적인 유혹이 있었지만 이것은 불분명했다. 그것만으로 위험한 모험에 나선다는 것은 제한적일 수밖에 없었다. 당시로는 누구도 새로운 땅을 얻을 수 있으리라는 확신이 없었다. 사실 십자군에 참여하는 일은 잘해봐야 무사귀환일 가능성이 높았고, 잘못하면 무슬림에게 목숨을 잃기 십상인 위험천만한 일이었다. 그러나 서유럽의 기독교인들에게 십자군 참여는 커다란 정신적·종교적 안식을 제공하는 유인이 되었다.[8]

순례는 오랫동안 기독교인들 사이에 널리 행해져 온 고해 방식이었다. 그 가운데서도 예루살렘 성지 순례는 가장 성스럽고 효과적인 것으로 손꼽히고 있었다. 더욱이 기독교 최고의 성지를 이교도의 수중에서 되찾기 위한 예루살렘 무장 순례는 단연 최고의 영적 보상이 되었다. 이를 분명히 하기 위해 우르바누스 2세는 클레르몽에서 십자군 참가자 전원에게 교회에서 부과하는 모든 고해를 면제해 주겠다고 약속했다. 교황의 이러한 약속이 있은 뒤에는 십자군 설교자들이 교황의 재가도 받지 않은 채 대사大赦*를 약속한 것이다. 이것은 십자군 참가자 전원에게 내세에서 연옥의 형벌이 완전히 면제되며, 십자군 참가 도중에 사망한 자의 영혼은 곧장 천국으로 갈 수 있다는 약속이었다.

이는 실로 파격적인 은사였다. 이 소식을 전해 들은 군중이 물밀듯 몰려들었다. 모여든 군중은 설교자들의 말에 고무되어서 종교적 열광에 빠졌으며, 때로는 집단적 히스테리 증상까지 나타냈다. 그들은 자신이 불신자들, 즉 이교도들의 세상을 평정하고 새로운 세상을 열어가기 위해 선택받은 선민이라는 착각에 빠지게 되었다. 그러한 광신은 가공할 만한 결과를 낳았다. 군중은 동방으로 원정을 떠나기도 전에 유럽의 유대인을 학살하기 시작했던 것이다. 이는 서유럽에서 반유대주의가 등장하는 출발점이 되었다.[9]

---

*   (1)[법률] 범죄의 종류를 지정하여 이에 해당하는 모든 범죄인에 대하여 하는 사면. 흔히 커다란 국가적 경사가 있거나 명절을 기하여 이루어진다. (2)[천주] 고백 성사를 통하여 죄를 용서받은 후, 그 잠벌(暫罰)을 교회에서 면제하여 줌. (다음 국어사전 참고)

제1차 십자군의 구성과 특징

제1차 십자군 전쟁에 참가한 주역들은 황제나 왕이 아닌 제후들이었다. 우선 '카노사의 굴욕' 이후 우르바누스 교황과 정적관계였던 신성 로마 제국의 황제 하인리히 4세는 아예 처음부터 배제되었다. 교황은 그에게 십자군 참가 이야기조차도 꺼내지 않았다. 독일 황제를 제외하면 프랑스 국왕이 그다음 순위로 떠오른다. 하지만 프랑스 국왕 필리프 또한 문란한 사생활 때문에 교황의 파문을 당한 상태였다.* 그 때문에 성스러운 십자군에 참가하는 것은 문제가 있었고, 결국 프랑스 왕은 동생인 베르망두아의 백작 위그Hugh를 보내기로 결정했다.

그리고 노르망디 공작 로베르Robert, 블루아 백작 에티엔Estienne, 플랑드르 백작 로베르Robert 등이 십자군에 참가했다. 이들 세 사람 중 에티엔을 제외한 두 사람의 로베르는 이름 외에도 세 가지의 공통점이 있었다. 첫째, 십자군의 목적인 예루살렘 해방을 진심으로 믿었다. 둘째, 그러므로 전장에서도 용감하게 싸웠다. 셋째, 목적을 달성한 후 유럽으로 돌아갔다. 즉 오리엔트 땅에서의 영토 획득에 야심이 없었다는 이야기다. 이들 세 사람은 우연이었겠지만 출발과 행군을 함께하게 된다. 그것은 세 사람 모두 독자적으로 동방까지 가는 먼 길을 답파할 수 있는 병력을 갖고 있지 못했다는 이야기다.[10]

그러나 제1차 십자군의 주력군을 이끈 인물은 따로 있었다.

---

* 프랑스 왕 필리프는 정식 결혼한 왕비를 둔 상태에서 다른 여자와 불륜을 저질렀다. 그는 현 왕비와 이혼하고 불륜녀와 재혼하려 했으나 교황은 이를 허락하지 않았을 뿐 아니라 파문에 처했다. 하지만 그는 독일 황제 하인리히 4세처럼 교황에 대적하지 않았으며, 정치적인 이유로 파문당한 것도 아니었기 때문에 교황과 험악한 관계는 아니었다.

먼저, 툴루즈의 백작 레몽 드 생질Raymond de Saint-gilles이다. 그는 프랑스 남부에 광활한 영토를 가진 영주였으며, 참전하는 제후들 가운데 유일하게 이슬람교도와 전투를 해본 경험이 있었다. 그는 스페인에서 이슬람 세력을 축출하고 재정복하는 레콘키스타Reconquista*에 참가했다. 교황은 그에게 자신의 대리인 자격으로 십자군에 참가하기로 한 르퓌의 주교 아데마르를 붙여주었다. 그는 교황의 대리인이 항상 옆에 있고, 제후 중에서 나이도 가장 많은 자신이 십자군 총대장이라고 믿었다. 그는 아내와 차남까지 동행시켰으며, 주변의 소영주들까지 소집하여 그를 따르는 군대는 5만 명에 육박할 정도였다.[11]

다음으로는 로렌의 공작 고드프루아 드 부용Godefroy de Bouillon이다. 그는 지금의 벨기에에 해당하는 하下로렌 지방의 영주였다. 당시 이곳은 신성 로마 제국에 속해 있었으므로 그는 독일인으로 보는 것이 맞을 것이다. 그는 신성 로마제국 황제 하인리히 4세에게 절대적으로 충성하고 그레고리우스 교황을 로마에서 몰아낼 때에도 동조했던 인물이다. 그럼에도 그는 십자군에 참가했고, 준비도 철저히 했다. 그는 자신의 공국인 하로렌의 통치를 상上로렌의 영주인 형에게 맡겼으며, 원

---

* 718년부터 1492년까지, 약 7세기 반에 걸쳐서 이베리아 반도 북부의 로마 가톨릭 왕국들이 이베리아 반도 남부의 이슬람 국가를 축출하고 이베리아 반도를 회복하는 일련의 과정을 말한다. 레콘키스타는 스페인어와 포르투갈어로 '재정복'을 뜻하며 한국어로는 '국토 회복 운동'으로 번역하기도 한다. 이는 우마이야 왕조의 이베리아 정복에 의해 상실했던 기독교 국가의 영토를 회복했다는 의미를 갖는다. 레콘키스타는 보통 722년 코바동가 전투에서부터 시작한 것으로 본다. 포르투갈의 레콘키스타는 1249년에 아폰수 3세가 알가르브(Algarve)를 점령했을 때 완료되었다. 아폰수 3세는 '포르투갈과 알가르브의 국왕'이라는 칭호를 쓴 최초의 포르투갈 군주였다. 1492년에 아라곤의 페르난도 2세와 카스티야의 이사벨 1세의 스페인 연합왕국이 마지막 남은 이슬람 점령지인 그라나다를 정복하여 레콘키스타는 마무리된다. (위키 백과 참고)

정에 필요한 비용도 꼼꼼히 준비했다. 고드프루아 부대에는 두 동생 외스타슈와 보두앵, 그리고 사촌인 또 다른 동명이인인 보두앵도 동행했다. 고드프루아와 이 두 명의 보두앵으로 이뤄진 로렌 공작 일족은 제1차 십자군 전쟁에서 매우 중요한 역할을 하게 된다. 로렌 공작의 군대는 기병 1만 명과 보병 3만 명에 이르렀다고 한다. 그러나 연구자들은 실제로는 그 절반 정도였을 것이라고 보고 있다.[12]

그리고 또 한 명의 주요 인물은 풀리아의 공작 보에몽Bohemundo이다. 그는 당시 이탈리아 남부에 있던 노르만 왕조의 알타빌라 가문에 속한 인물이었다. 이 시기 노르만족은 북쪽으로 진출해 영국을 정복해서 노르만 왕조를 수립했다. 또한 일부는 지중해로 진출해 이탈리아 남부에서 비잔틴 제국 세력을 쫓아내고 이슬람 세력 아래 있던 시칠리아까지 정복해 노르만 왕조를 세웠다. 그 왕조의 주역들이 바로 알타빌라 가문 사람들이었다. 보에몽은 몇 년 동안이나 비잔틴 제국의 군대와 싸운 경험이 있었다. 그가 십자군에 참가한 이유는 분명했다. 자신만의 광대하고 풍요로운 영지를 갖기를 원했던 것이다. 그의 부대에는 조카 탕크레드Tancred가 함께 하고 있었다. 이들의 군세는 기병 1만명에 보병 2만 명이었다고 하지만 현대의 연구자들은 그 숫자가 과장되었을 것이며, 실제로는 그 절반인 1만 5천 명 이하였을 것으로 보고 있다.[13]

제1차 십자군 전쟁에 참여한 숫자도 연대기 작가에 따르면 10만 명이 넘지만, 실제로는 그 절반 정도였을 것이라고 보고 있다. 그래도 엄청난 대군이다. 하지만 이 십자군은 지휘계통이 하나로 통일되어 있지도 않았고, 총사령관이 존재한 것도 아니었다. 그 때문에 군대가 유기적으로 움직이지도, 부대들 사이의 작전이 연계되어 있지도 않았다. 그들은 교황 우르바누스의 제안에 따라 가슴이나 등에 십자가 표시를 했는데, 이런 것에서만 통일성을 찾을 수 있을 뿐이었다. 십자군에 참가한 부대들은 동방으로 떠날 때도 각자 다른 길을 택했고, 출발 시기도 제각각이었다. 그래도 집결지는 정해져 있었다. 그것은 바로 비잔틴 제국의 수도 콘스탄티노플이었다.

그런데 여기서 우리가 알아야 할 사실이 하나 더 있다. 제1차 십자군에서 이들 서유럽의 조직된 병사들 외에도 '민중 십자군'으로 불리는 한 무리의 세력이 있었다는 점이다. 그들을 이끈 인물은 '은자 피에르Peter the Hermit'였다. 그는 프랑스인 수도사로 남루한 수도복을 걸치고 당나귀를 타고서 마을을 돌아다니는 순회 설교사였다. 피에르의 열변은 많은 사람을 감명시켰다. 이슬람교도의 횡포를 한탄하며 예수 그리스도가 나고 자란 성지를 이교도의 손에서 되찾아오자고 호소하는 그의 설교에 수많은 가난한 사람들이 호응해 나섰다. 그리하여 사제의 허가도 받지 않은 남자, 여자, 어린이까지 은자 피에르의 뒤를 따라 동방으로 향했다.[14]

은자 피에르가 이끄는 빈민으로 구성된 민중 십자군은 가장 먼저 동방으로 향했다. 이들은 남겨두고 가는 자산의 처분을 걱정할 필요도 없었고, 이렇다 할 군비軍備를 갖출 것도 없었으니 누구보다 먼저 떠날 수 있었다. 그들은 이듬해인 1096년 8월 15일을 출발일로 정한 교황의 말을 따를 생각도 없었다. 그들은 1096년 봄이 오기도 전에 움직이기 시작했다. 그들은 프랑스 북부와 라인강 근처의 서부 독일을 지나면서 물줄기가 하나로 합쳐지듯이 계속 늘어났다. 그 숫자가 얼마나 되

은자 피에르가 십자군에게 예루살렘으로 가는 방향을 가리키고 있다.

는지 아무도 몰랐다. 연구자들도 5만에서 10만 명쯤으로 추정하고 있을 뿐이다. 그들 대부분은 농민이나 도시 하층민이었고, 도둑 등 범죄자들도 포함되어 있었다. 남자뿐만 아니라 여자와 어린아이까지 있었다. 대부분 제대로 된 무기조차 갖지 않았고 일부 군장을 갖춘 사람들도 있었는데 이들은 떠돌이 기사들이었다.

당연히 규율도 존재하지 않았다. 당나귀를 타고 가는 은자 피에르의 뒤를 따라서 대부분 걸어서 갔으며, 일부는 짐수레를 타고 갔다. 병참의 개념은 아예 없었다. 유럽 내에서는 지역 사람들의 인정에 의지할 수 있었다. 그러나 그걸 바랄 수 없을 때는 주저하지 않고 강탈했다. 유대교도가 사는 지역에서는 이교도라는 이유로 강탈이 더욱 심했다. 신성 로마 제국 내에서 그러한 행위가 자행되었으므로 하인리히 4세 군대가 강력한 제지를 했지만 천 명에 가까운 유대인들이 희생되었다. 그들은 헝가리 왕의 영내와 다른 지역을 지나면서도 그 같은 행태가 달라지지 않았다. 그들은 인명의 희생에 아무도 관심을 두지 않았다. 강탈과 희생, 낙오와 전진이 있을 뿐이었다. 민중 십자단은 그런 상태로 계속 행진을 했다. 그리고 1096년 8월 1일 비잔틴 제국의 수도 콘스탄티노플에 도착했다. 교황 우르바누스 2세가 출발일로 정한 날보다 2주일이나 앞서서 그들이 가야 할 길의 절반을 답파한 것이다.[15]

1099년 7월 15일, '성도 예루살렘 해방'

콘스탄티노플에 도착한 민중 십자군을 본 비잔틴 제국 황제 알렉시우스Alexius는 단번에 이들이 어떤 존재인지 알아차렸다. 그들은 비잔틴 제국의 군대에 의해 수도에 한 명도 들어오지 못하게 통제되었다. 다만 은자 피에르만 황제를 알현할 수 있었다. 황제는 곧바로 그들에게 먹을 것을 주어서 팔레스티나로 향하도록 배려했다. 그들이 언제쯤 보스포루스 해협을 건너 소아시아로 들어갔는지는 알려져 있지 않다. 그들은 아마도 여름부터 가을 사이에 모두 건넜을 것이다. 은자 피에르의 십자군이 그 후에 속속 도착하는 제후의 십자군과 콘스탄티노플에서 맞닥뜨린 일이 없었기 때문이다.

은자 피에르가 이끄는 민중 십자군은 소아시아 땅에서 안개처럼 흩어져 사라진다. 이슬람 측의 기록에 따르면 이들은 투르크군과의 전투에서 2만 명이나 목숨을 잃었다고 한다. 물과 먹을 것이 없어서 죽은 사람들도 있고, 기진맥진해 쓰러져있는 사람을 인근 주민이 죽인 경우도 부지기수였다. 아마도 여름에 보스포루스 해협을 건널 때 5만 명은 되었으니 그 중 절반 이상이 이미 '순교자'가 된 셈이다. 이 고난의 과정에서 얼마나 많은 사람들이 살아남았는지는 알 수 없다. 다행히 살아남은 은자 피에르와 나머지 사람들은 1097년 봄부터 소아시아로 향하기 시작한 제후들의 십자군에 흡수되거나 자기들 마음대로 가다가 투르크 병사들에게 살해되었다. 은자 피에르의 열광적인 선동을 듣고 따라나섰던 '민중 십자군'은 성지 가까이 가보지도 못한 채 소아시아에 발을 들여놓자마자 소멸하고 말았다.[16]

이와는 달리 제1차 십자군의 본대는 혁혁한 성공을 거둔다. 1097년 6월 니케아가 십자군의 수중에 들어왔다. 니케아는 콘스탄티누스 황제가 최초로 공의회를 개최한 곳이며, 고대 로마 시대부터 알려진 고도였다. 십자군 제후들은 니케아를 영유하고 싶은 마음은 없었으나 이곳을 그냥 지나칠 수는 없었던 것이다. 그 뒤 안티오키아로 향했다. 안티오키아는 지금은 터키와 시리아 국경 지역에 위치한 조그마한 소도시에 불과하지만, 고대에는 이집트의 알렉산드리아와 함께 나란히 오리엔트 2대 도시로 불렸던 곳이다.

안티오키아는 헬레니즘 시대와 로마 시대뿐만 아니라 비잔틴 제국 시대까지도 동방의 정치, 경제의 중심지로 남아 있었다. 또한, 예루살렘에서 포교가 어려웠던 초기 그리스도교 교회가 본격적으로 포교활동을 시작한 곳도 이곳 안티오키아였다. 하지만 이슬람 세력이 확대되면서 안티오키아는 쇠퇴의 길로 접어들었다. 고대에는 30만 명이었던 인구가, 중세 중기인 십자군 시대에는 불과 5만 명 안팎으로 감소했다고 한다.[17]

십자군의 첫 병사가 멀리 안티오키아가 보이는 언덕 위에 모습을 드러낸 것은 1097년 10월 20일이었다. 이곳 안티오키아가 십자군에게 함락당한 것은 1098년 6월 3일이었다. 7개월간 버티던 이슬람군이 마침내 패배한 것이다. 안티오키아는 제후들의 다툼 끝에 보에몽의 차지가 되었다. 그런데 이곳을 함락한 십자군은 살육과 파괴 행위에 몰두하는 바람에 자기들이 먹어야 할 식량이 저장된 창고까지 불태우는 잘못을 저지르고 말았다. 뿐만 아니라 십자군은 이곳에서 이슬람군에게 포위당하는 신세가 되고 말았다. 십자군은 굶주림과 교착상태에 직면했고 전멸의 위기에 처하고 말았다.

마침 그때 레몽 백작의 부하 피터 바솔로뮤Bartholomew가 어떤 교회 아래에 거룩한 창이 놓여있는 꿈을 꾸었다. 사람들이 그곳을 파보자 실제로 창이 나왔다. 이 발견으로 십자군의 사기는 충천했고, 투르크 군의 포위 공격에서 벗어날 수 있었다. 한편, 사기꾼이라는 비난을 받은 바솔로뮤는 불 시험을 감행했다. 그는 불을 달군 9피트약 3미터짜리 칼 위를 걸었고, 전혀 아프지 않다고 주장했지만 12일 후에 죽고 말았다.[18] 만용이 부른 죽음이라고 해야 할까? 아니면 광신이 낳은 비극이라고 해야 할까?

안티오키아를 함락시킨 십자군은 예루살렘으로 향했다. 1099년 6월 7일, 십자군은 마침내 예루살렘이 멀리 보이는 지역에 이르렀다. 십자군은 예루살렘 공략을 '해방'이라고 불렀다. 하지만 안티오키아 공략을 그렇게 부르지는 않았다. 그곳은 그들에게 '성도'인 만큼 전투 또한 특별했다. 특별한 전투였으므로 십자군에 참가한 제후들은 자신이 직접 참전할 수 없는 경우에는 반드시 대리인을 참전시켰다. 안티오키아에서 역병으로 죽은 아데마르 주교의 대리인은 레몽 진영에 있던 그의 동생이 맡았다. 안티오키아에 남은 보에몽도 조카 탕크레드가 자기 대신 참전하는 것으로 생각하고 있었다. 에데사에 남은 보두앵은 그때까지 항상 행동을 같이해온, 동명이인의 사촌동생 보두앵을 에데사

1차 십자군 전쟁 당시의 예루살렘 전투를 묘사한 그림

수비에서 빼내면서까지 이곳으로 보냈다. 보두앵의 친형 고드푸루아도 바로 아래 동생 외스타슈를 데리고 참전했으므로, 로렌 공작일가는 '예루살렘 해방전'에 모두 참가했던 셈이다.[19]

7월 15일 새벽, 십자군의 공격이 본격적으로 시작되었다. 고드프루아가 위태로워 보이는 나무 탑에 올라 성벽 위로 포탄을 날리자 방어군은 그리스 화약을 발사했다. 그러나 방어하기에 충분하지 않았다. 한낮이 되었을 때 고드프루아의 공성기계는 마침내 성벽에 닿았다. 십자군은 널빤지들을 대고 성벽 위로 올라갔으며 고드프루아도 그 뒤를 따랐다. 십자군은 죽은 아데마르 주교가 그들과 함께 싸우고 있는 것을 보았다고 주장했다. "많은 사람들이 그가 가장 먼저 성벽을 올랐다고 증언했다!" 죽은 주교가 십자군에게 열주문^{다마스쿠스문}을 열라고 명령했다. 탕크레드와 노르만인들은 좁은 골목으로 쏟아져 들어갔다.[20]

툴루즈 백작 레몽은 남쪽 시온산에서 그 함성 소리를 들었다. 그는 부하들을 다그쳤다. 레몽의 병사들이 마침내 예루살렘 성 안으로 몰려 들어갔고 총독과 수비대를 추격했다. 요새로 도망친 총독은 레몽에게 항복했다. 레몽은 그들이 가지고 있던 귀중품과 '다윗 탑'을 내놓는 조건으로 항복을 받아주었다. 총독과 그의 측근들은 아수라장이 된 예루살렘을 뒤로 하고 아스칼론으로 도망쳤다. 그 사이 예루살렘 시내에서는 잔혹한 학살극이 벌어지고 있었다. 십자군은 거리와 골목에서 닥치는 대로 사람들을 죽였다. 그들은 머리뿐만 아니라 손과 발도 잘랐으며, 연못에서 부정한 피를 씻었다고 자랑했다. 툴루즈 백작 레몽은 이렇게 열변을 토하며 자랑했다.

> 아름다운 광경이 눈앞에 펼쳐졌다. 우리의 병사들은 적들 머리를 잘랐고, 어떤 병사들은 활을 쏘아 그들을 탑에서 떨어지게 했으며, 또 어떤 병사들은 그들을 화염 속에 던져 넣음으로써 더 오래 고문을 가했다. 길거리에는 머리, 손, 발의 무더기들이 쌓여 있었다. 사람과 말의 시체를 피해 길을 골라 다녀야 했다.[21]

아기들은 어미에게서 강제로 떨어졌고, 아기들의 머리는 성벽에 짓이겨졌다. 야만이 강도를 더해갔다.

사라센들, 아랍인들, 에티오피아인들_{파티마조의 수단인 흑인 군대를 의미}은 바위 돔과 알 아크사의 지붕으로 도망쳤다. 그러나 그들이 돔을 향해 도망치고 있을 때 기사들은 사람들이 모여 있는 둔치를 가로지르며 사람들을 죽이고 시체들 사이에서 주사위를 굴렸다. 마침내 _{십자군들이 알 아크사라고 부른} 솔로몬의 성전에서 그들은 굴레까지 피에 젖은 말을 타고 다녔다. 진실로 그것은 신의 정당하고 웅장한 심판이었고, 이 때문에 그곳은 불신자들의 피로 가득 차야 했다."[22]

성전은 이처럼 살육을 위한 것이었을까? 수많은 무슬림 성직자들이 살해되었다. 수피주의 금욕자들을 포함해 1만 명이 성전산에서 살해당했다. 그 중 3천 명은 알 아크사 Al-Aqsa 사원에 몰려 있다가 살해되었다. 사원에서 살아남은 사람은 아무도 없었다. 여자들도 아이들도 살아남지 못했다. 다음날 7월 16일 예루살렘 시내 도로를 흐르는 피로 물들인 참극은 더 이상 일어나지 않았다. 제후들이 살육을 멈추라고 했기 때문이 아니었다. 병사와 순례자들 모두가 전날 저녁까지 계속된 살육에 지쳐 성벽 밖의 천막으로 돌아와 잠에 곯아떨어졌기 때문이었다. 1099년 7월 15일 이처럼 피바다 속에서 '성도 예루살렘의 해방'이 성취되었다. 유럽을 떠난 지 3년 만의 일이었다.[23]

과연 인간세계에 선인과 악인이 따로 있다고 말할 수 있을까? 한 인간 속에 '선'과 '악'이 공존하고 있다고 말하는 것이 정답 아닐까? 종교나 철학, 윤리는 인간의 악한 측면을 교정하고 완화하기 위해 필요한 것이라고 한다. 그러나 종교가, 철학이, 윤리가 과연 인간의 악함을, 잔인성을 완화할 수 있을까? 오히려 이것들이 인간 속에 들어있는 광기를 더욱 부추기는 것은 아닐까? 역사상 수많은 대규모 살육이 종교적인 이유로, 이념상의 차이로 일어나지 않았던가? 종교, 철학, 사상, 윤리를 이야기하고 그것으로써 인간의 선함을 끄집어내려는 노력은 정말 필요하기나 할까?

기독교 국가의 성립, 그리고 그 후

제1차 십자군 전쟁에서 서유럽 기독교 세력은 많은 어려움에도 불구하고 큰 성공을 거두었다. 그들은 소아시아와 시리아, 그리고 팔레스티나 지역 대부분을 정복했으며, 안티오키아를 장악하고 예수살렘을 '해방'시켰다. 그들이 이렇게 성공할 수 있었던 요인은 때마침 무슬림 세계가 내부적으로 심각하게 분열되어 있었기 때문이었다. 한편으로는, 무슬림들이 처음 민중 십자군과의 전투에서 승리한 것을 기화로 서유럽 군대를 우습게 여기며 제대로 대비하지 않았던 것도 패배한 요인의 하나였다. 더욱이 무슬림이 처음 만난 서유럽인들은 기괴하고 야만적이며 잔인했다. 이 때문에 무슬림은 이들에게 크게 놀라 위축되었다.

동방 원정을 떠날 때부터 동방의 부와 광대한 영토를 차지하겠다는 욕심을 갖고 있었던 십자군은 처음부터 난폭했으며 야만적인 살육 행위를 서슴지 않았다. 그들은 안티오키아를 점령했을 때 사로잡은 투르크인들을 포로로 삼지 않고 닥치는 대로 학살했다. 예루살렘 정복에서는 "솔로몬 궁의 회랑과 성전에서 우리 군대는 말을 타고 달렸는데, 말의 무릎까지 사라센인의 피로 젖었다."고 했을 정도로 엄청난 살육행위가 벌어졌다. 그 뒤 성지에 남은 십자군들은 점차 온순하고 관대해졌으나 서유럽에서 몰려든 무장 순례단은 계속해서 야만적인 행위를 저질렀다.

십자군은 동방의 영토를 점령하자 이를 자신들의 소유지로 삼고 4개의 공국으로 분할했다. 그것은 안티오키아 공국, 에데사와 트리폴리의 자치국, 그리고 예루살렘 왕국이었다. 이들 기독교 국가들은 모두 지중해 동부 해안선을 따라 좁은 지역에 만들어졌으므로 지켜내기가 쉽지 않았다. 결국 1144년 최북단에 위치한 에데사 공국*이 셀주크 투르크 군대에게 함락되었다. 제1차 십자군 전쟁이 있은 뒤 45년 만의 일이었다. 이에 서유럽에서는 실지 회복을 위한 제2차 십자군이 조직되었다.

프랑스 왕 루이 7세와 신성 로마 제국 황제 콘라트 3세가 제2차 십자군을 지휘했다. 그러나 이들은 셀주크 군대와 제대로 한번 싸워보지도 못하고 패배하고 말았다. 1147년부터 1148년 사이에 일어난 일이었다. 그럼에도 예루살렘은 기독교 국가로 남아 있었다. 서유럽인들이 지키고 있었던 것이다. 그러나 이슬람 세계의 주도권이 셀주크 왕조에서 아이유브 왕조로 넘어가면서 상황이 변화했다. 아이유브 왕조의 창업자인 살라흐 앗 딘살라딘의 등장으로 예루살렘은 위기에 몰렸고, 1187년 마침내 살라딘에 의해 예루살렘이 다시 무슬림에 재탈환되어 넘어갔다.[24]

---

*   오늘날 터키 동남부 지역에 있었던 제1차 십자군 전쟁 뒤 세워진 기독교 국가다.

이렇게 되자 유럽은 다시 한번 성지 회복을 위한 십자군을 동원하게 된다. 제3차 십자군이다. 예루살렘 함락 소식을 들은 그레고리오 8세는 예루살렘의 재탈환을 위한 십자군을 호소하고, 이에 응한 잉글랜드의 사자심왕 리처드 1세, 프랑스의 존엄왕 필리프 2세, 신성 로마 제국의 바르바로사 프리드리히 1세가 참가한 3차 십자군이 조직되었다. 십자군 중에서는 이 3차 십자군이 가장 유명하다. 그것은 유럽 강국의 왕들이 모두 참가하고 대규모 군대가 동원되었기 때문이다.

하지만 이 원정은 처음부터 삐걱거렸다. 우선 프리드리히 1세가 1190년에 무거운 갑옷을 입은 채 소아시아 남쪽 길리기아 지역의 강을 건너다 미끄러져 강물에 빠져 죽고 말았다. 그리고 필리프 2세는 사자심왕獅子心王 리처드 1세와 영토 문제 때문에 사이가 좋지 않았다. 그 때문에 필리프 2세는 1191년에 이스라엘 북부 도시 아크레를 탈환한 뒤 자신의 임무는 끝났다면서 귀국하고 만다. 사실은 리처드 1세가 없는 틈을 타서 프랑스 내의 잉글랜드 영토를 탈환하려는 속셈이 있었던 것이다. 리처드 1세와 갈등이 있었던 오스트리아의 레오폴트 5세 또한 필리프 2세와 함께 유럽으로 돌아가 버렸다.[25]

이렇게 해서 3차 십자군은 사실상 '리처드의 십자군'이 되고 말았다. 사자심왕 리처드는 그래도 열심히 싸웠다. 그는 한때 살라딘과의 전투에서 여러 번 승리를 거두어 일부 영토를 되찾기도 했다. 하지만 살라딘을 이길 수는 없었다. 그는 예루살렘을 무력으로 회복하는 것은 불가능하고, 설령 예루살렘을 점령하더라도 결국 얼마 가지 못하고 다시 이슬람교도들에게 빼앗길 것이라고 판단했다. 1192년 리처드 1세는 마침내 살라딘과 휴전 협정을 체결하면서 전쟁을 끝냈다. 이때 리처드는 휴전 조건으로 기독교도들이 예루살렘 순례를 자유롭게 할 수 있다는 보장을 받아냈다. 하지만 살라딘은 이미 누구의 예루살렘 순례도 제한하지 않았기에 이는 사실상 의미가 없는 것이었다.[26] 그런데 휴전협정이 진행되는 동안 리처드 1세는 이슬람 포로 2천 7백 명을 학살했다. 하지만 살라딘은 포로 대부분을 풀어주었다.[27] 대조적인 두 사람의 행위를 어떻게 설명해야 할까?

타락의 도를 더해가는 십자군

인노켄티우스 3세가 교황이 되면서 그는 다시 예루살렘 성지를 회복하려는 야심을 품었다. 1202년, 교황은 제4차 십자군을 소집했다. 그러나 제4차 십자군은 그 타락상을 여지없이 보여주었다. 게다가 그것은 통합된 기독교 세계의 관점에서 본다면 미증유의 재앙이었다. 십자군의 처음 계획은 이슬람 아이유브 왕조가 있는 이집트를 공격하는 것이었다. 그를 위해 군대는 베네치아에 모였다. 그런데 빚 독촉에 시달리던 십자군에 베네치아 상인들이 콘스탄티노플의 공격을 제안하고 나섰다. 비잔틴 제국은 해상 무역을 하고 있는 베네치아의 걸림돌이었던 것이다. 더욱이 콘스탄티노플에는 황금이 엄청나게 쌓여있다는 소문도 돌았다.

십자군은 애초의 목표를 수정해서 콘스탄티노플로 방향을 돌렸다. 1204년 드디어 십자군은 콘스탄티노플에 대한 공격을 시작했다. 콘스탄티노플은 십자군의 공격으로 폐허가 되었다. 콘스탄티노플을 점령한 십자군은 아예 그곳에 눌러앉았다. 외곽으로 피신해 망명정부를 세운 비잔틴 제국은 그 뒤 50여 년 만에 콘스탄티노플을 되찾을 수 있었으나 결정적으로 몰락의 길을 걷지 않을 수 없었다. 제4차 십자군 운동은 비잔틴 제국이 멸망의 길로 나아가는 중요한 원인이 되었다. 비잔틴 제국의 몰락으로 오스만 투르크가 동유럽으로 진출할 수 있는 길이 열리게 되었다.[28]

1208년에는 알비주아 십자군이 조직되었다. 12세기에서 13세기까지 프랑스 남부의 알비 지방과 툴루즈 지방을 중심으로 알비^{알비주아파}^{라고도 한다}라는 영지주의 교파가 생겨났다. 이들은 세속의 일이 사악하며 인간의 영혼만이 선이라고 보았다. 12세기 로마 교황청은 알비주아파를 이단으로 선언하고 이들을 토벌하기 위해 알비주아 십자군을 일으켰다. 유럽 내에서 군사적 공격을 받아야 했던 알비주아파는 결국 1350년에 소멸되고 말았다.[29]

이 알비주아 십자군은 신자가 유럽 내에서 십자군에 참가하기만 해도 훨씬 더 멀고 위험한 동방에서의 십자군 참여와 동일한 영적인 보상을 받을 수 있다는 중대한 선례를 남기게 되었다. 알비주아 이단에 대한 십자군은 교황의 종교적 이미지에 손상을 주지는 않았다. 왜냐하면 알비주아 이단은 교회에 명백한 위협이 되었기 때문이다. 그러나 교황이 프리드리히 2세와 그의 후계자들에 대한 십자군에 착수하면서 십자군의 이상은 정치적 이해관계에 철저히 희생당하고 말았다.

1212년에는 어린이 십자군 사건이 일어났다. 프랑스에서 신의 계시를 받았다는 한 소년의 선동에서 시작된 이 해프닝 결과 수많은 소년들이 베네치아 상인들의 꾐에 넘어가 노예로 팔려갔다. 아이들을 실은 배가 폭풍우를 만나 침몰하면서 숱한 어린이들이 수장되었다. 그나마 살아남은 아이들은 이슬람 군대에 사로잡혀 다시 고향으로 돌려보내졌다.

이처럼 십자군의 본령을 벗어난 타락과 숱한 재난에도 불구하고 교황 인노켄티우스 3세는 십자군에 대한 미련을 버리지 못하고 제5차 십자군을 동원한다. 1215년 인노켄티우스 교황은 제4차 라테란 종교 회의를 소집, 십자군 조직을 준비했다. 1218년 아크레 왕국_{예루살렘 왕국}의 후신의 장 드 브리엔느 등이 이슬람교의 본거지인 이집트를 공략했으나 실패했다. 한편, 이 무렵 머나먼 동방의 수수께끼 기독교 왕국에서 프레스터 존이 군대를 인솔하여 십자군을 도우러 온다는 전설이 널리 퍼져있었다.[*]

교황 그레고리오 9세는 십자군 파병을 조건으로 신성 로마 제국의 황제로 임명한 프리드리히 2세에게 여러 번 원정을 재촉했다. 하지만 프리드리히 2세가 이를 이행하려 하지 않자 그를 파문했다. 프리드리히 2세는 1228년 파문된 채로 제6차 십자군을 일으켰다. 당시 이집트 아유비드 왕조의 술탄 알 카밀은 내란으로 골치를 썩고 있었다. 프리드리히 2세는 이런 상황을 이용하여 피를 흘리지 않고 평화 조약을 체결, 예루살렘의 통치권을 넘겨받았다. 그러나 1239년에 맘루크 왕조가 예루살렘을 다시 점령하면서 이는 유명무실해졌다. 1239년부터 1240년까지 프랑스의 제후 등이 원정에 나섰지만 실패했다.

---

[*] 이들은 훗날 유럽 전역을 뒤흔들게 되는 몽골 제국의 군대였다. 그러나 당시 유럽인들은 아직 그 사실을 알아채지 못했다.

알 카밀이 죽은 후, 1244년 예루살렘이 이슬람교도의 공격을 받아 함락되고 2천여 명의 그리스도교인들이 학살되는 사건이 일어났다. 1249년 프랑스의 성왕 루이가 제7차 십자군 원정을 통해 다미에타를 정복했다. 그러나 아이유브 왕조의 살라딘 2세가 지휘하는 이집트군의 완강한 저항에 부딪혀 패했으며, 1250년 그 자신도 포로가 되어, 막대한 배상금을 지불하고 석방되었다. 루이는 1254년까지 이집트에 머물면서 몽골과의 동맹을 모색했지만 결국 실패했다.[30] 1270년 프랑스의 성왕 루이 9세가 제8차 십자군을 조직하여 바이바르스의 이집트 맘루크 왕조를 공격했다. 이때 시칠리아 왕 루이의 동생 샤를도 형을 도와 출병했다. 그러나 루이는 1270년 튀니스에서 사망했고 샤를은 잉글랜드의 에드워드 1세와 함께 아크레에 머물면서 십자군 원정을 계속했으나 별다른 전과戰果를 올리지 못했다. 한편 맘루크의 바이바르스는 계속 전진하여 트리폴리를 차지하고 1291년에는 팔레스타인에 마지막 남은 십자군 지역인 아크레마저 점령하여 사실상 십자군은 완전히 막을 내렸다.

십자군과 함께한 교황권의 성쇠

제1차 십자군의 승리는 교황과 그가 다스리는 교황군주 국가의 위신과 힘을 크게 증대시켰다. 그러나 그 후의 잇따른 십자군 실패로 서유럽을 결속시킬 수 있는 교황의 능력에 대해 점차 의문이 제기되었다. 더욱이 교황이 정치적인 이유로 프리드리히 2세를 파문하고 십자군 원정을 재촉함으로써 십자군의 이상은 근본적인 위기를 맞게 되었다. 프리드리히는 협상을 통해 예루살렘에 입성했으나 파문된 상태였기 때문에 자신의 손으로 직접 예루살렘 왕관을 써야 했다.

십자군 운동이 쇠퇴하면서 교황권 또한 쇠락하기 시작했다. 특히 정치적인 목적을 위해 프리드리히 2세와 그의 후계자들, 그리고 그 후의 아라곤 왕에 대한 십자군을 일으키면서 그러한 상황은 심화되어 갔다. 교황은 유럽 내에서 자신의 정치적 반대 세력에 대한 응징에 동참한 사람에게 그 전 이슬람과 맞서 싸운 모든 십자군에 공식적으로 제공했던 것과 동일한 대사大赦를 허용했다. 더욱 사태를 악화시킨 것은 교황이 원정을 떠나는 십자군을 무장시키기 위해 많은 돈을 기부한 사람에게도 똑같은 사면을 허용한 일이었다. 이러한 교황의 행위는 사면을 남발함과 동시에 권위를 추락시키는 원인이 되었다.

1291년 팔레스티나 지역에 남은 마지막 기독교 성지의 전초기지가 서유럽으로부터 아무런 도움도 받지 못한 채 함락되었다. 그때 교황은 이 동방의 성지를 구출하기 위해 노력한 것이 아니라 스페인 아라곤 왕에 대한 징벌에 실패한 십자군을 구출하는 데만 관심을 쏟고 있었다. 또한 1300년 교황 보니파키우스 8세Bonifacius VIII는 성년聖年 행사를 주재하면서 로마를 순례하는 모든 이들에게 대사를 허용했다. 이는 향후 성지가 아니라 영원의 도시인 로마가 기독교 순례의 가장 중요한 목적지가 되어야 할 것이라는 이야기였다. 달리 말하면 로마 교황청이 더욱 돈에 의해 타락할 수 있다는 것을 암시하는 복선 같은 것이기도 했다. 보니파키우스 8세는 그로부터 3년 뒤 권좌에서 밀려났으며 곧 사망했다. 그 일이 일어난 데는 여러 가지 이유가 있었지만, 한 가지 분명한 사실은 십자군의 남용과 실패로 교황의 권위가 회복 불가능할 정도로 추락했기 때문에 일어난 일이었다는 점이다. 결론적으로 말해 십자군의 이상은 교황군주 국가의 건설에 기여했지만, 한편으로는 그 파멸에도 기여했다.[31]

교황권의 추락을 가장 극적으로 보여주는 사건은 '교회의 대분열 Schisma, 1378~1417년'과 '아비뇽 유수幽囚'다. 십자군 운동의 실패로 교황의 권위가 추락하면서 교황과 세속군주 사이의 권력 투쟁이 다시 재현되었고, 그 과정에서 무력을 갖지 못한 교황들이 굴욕을 겪게 된다. 1309년 로마 교황청은 프랑스 국왕 필리프 4세에 의하여 남부 프랑스의 아비뇽으로 옮겨졌고, 그 후 약 70년간 프랑스 왕의 통제를 받게 되면서 교회의 권위는 한층 더 떨어졌다. 교황의 '아비뇽 유수' 사건이다. 여기다가 로마에서도 따로 교황을 옹립하면서 서로 정통성을 주장하는 분열의 조짐이 나타났다.

교회의 분열은 로마 교황의 정통성을 인정하는 것으로 일단락되지만, 교황권의 실추와 맞물려 성직자의 타락과 부패도 심화되었다. 특히 이 시기에는 르네상스의 움직임과 맞물리면서 로마 교황청 자체가 눈에 드러날 정도로 권력과 금력, 나아가 세속적인 쾌락까지 탐해 더욱 의혹의 눈길을 사게 되었다. 이것은 14세기 말 영국의 위클리프John Wycliffe와 보헤미아의 후스Jan Hus 등 교회 개혁가들이 등장하게 되는 배경이 되었다. 이들은 이단으로 몰려 종교재판과 화형의 대상이 되었지만, 그들이 남긴 여파는 결국 종교 개혁으로까지 이어졌다.[32]

그렇다면 십자군은 세계 역사에 어떤 영향을 미쳤을까? 무엇보다도 제1차 십자군의 성공은 중세 서유럽인들의 자신감을 크게 고취시

아비뇽 유수 당시 사용되었던 아비뇽 교황청

켰다. 수백 년 동안 서유럽은 이슬람의 공세에 밀려 수세적인 위치에 놓여있었다. 그런데 이제 서유럽의 군대는 이슬람 세력의 핵심 지역으로 밀고 들어가 마음대로 약탈, 유린할 수 있게 된 것이다. 이러한 극적인 승리는 12세기 유럽인 사이에 낙관주의와 자신감이 팽배하게 만들었다.

또한 십자군은 서유럽인들의 시야를 넓혀주었다. 물론 성지의 서유럽인들은 아랍어를 배우거나 이슬람 사상과 제도에서 무언가를 얻어내기 위해 노력하지는 않았다. 기독교인들과 무슬림 사이의 문화 교류가 가장 활발했던 곳은 스페인과 시칠리아였다. 그러나 십자군은 이국을 통과하여 먼 지역을 여행하면서 새로운 것을 보고 배울 수 있었다.

그들은 그때까지 알려지지 않았던 동방의 사치품에 대한 관심을 갖게 되었으며, 문학과 우화의 새로운 소재를 제공받았다. 동방의 과학 기술도 받아들일 기회를 갖게 되었다.

경제적인 측면에서 보면, 제1차 십자군의 성공은 서유럽인들이 지중해의 무역권을 다시 회복하는 계기로 작용했다. 이를 계기로 특히 베네치아와 제노바 등의 이탈리아 도시들이 이 해역의 상권을 제패하기 시작했고, 이는 향후 서유럽의 번영에 중요한 바탕이 되었다. 이러한 지중해 및 동방 무역은 원격지로 송금할 필요성 때문에 초보적이지만 금융기법을 발달시키는 자극제가 되었다. 정치적으로 서유럽 군주 국가들은 십자군에 필요한 자금의 조달 명목으로 성직자에게 세금을 부과하는 선례를 만들었고, 이는 군주 국가들의 세수입을 늘리고 세금 징수를 위한 다양한 모색이 가능하도록 했다. 특히 국왕의 십자군을 돕기 위해 자금과 식량을 조달하면서 국가 조직과 행정제도가 발달했다. 이는 후에 근대 국가가 탄생하는 중요한 바탕이 되었다.[33]

그러나 이 같은 발전적인 측면에도 불구하고 심각한 문제점도 노출되었다. 무엇보다도 서유럽의 팽창주의적 사고와 침략적 행태가 드러났다는 점을 지적하지 않을 수 없다. 십자군은 처음 출발하면서 유럽 내에서 유대인을 대거 학살하기 시작했으며, 유럽 밖에서는 무슬림을 무자비하게 학살했다. 십자군은 유럽 내에서 같은 기독교 세력에 대해서, 그리고 같은 기독교권인 비잔틴 제국에 대해서도 무자비한 만행을 저질렀다. 이는 유럽 내의 갈등을 재촉하는 결과를 낳았고, 서유럽과 비잔틴의 관계를 단절시켰다. 유럽 내부의 갈등은 후에 봉건적 영토전쟁, 종교 개혁과 종교 전쟁 등의 출발점이 되었으며, 비잔틴에 대한 공격은 비잔틴의 몰락을 가져와 결과적으로 무슬림의 동유럽 진출을 낳게 했다.

마지막으로 덧붙이자면 예루살렘 성지에서 서유럽인들이 보인 식민주의적 행태는 그 후 근대와 현대까지 이어지는 서유럽 식민주의와 제국주의 역사의 출발점이 되었다는 점에서 심각하게 살펴보아야 할 대목이 있다. 물론 근대 자본주의 세계의 성립과 함께 본격적으로 진행되는 서유럽의 식민주의 침략과 제국주의 역사가 십자군과 직접 연결되는 것은 아니다. 하지만 십자군 원정에서 서유럽 기독교 세계가 다른 세계에 대한 배타적이며 공격적인 성향을 그대로 드러냈다는 점에서 근대 식민주의의 먼 뿌리를 찾을 수도 있을 것이다.

7. 백년 전쟁과 잔 다르크

근대 국가의 국민의식 형성에 기여하다

잔 다르크 또는 성녀 조안

1431년 1월 9일, 잉글랜드 점령 지역인 프랑스 루앙에서 잔 다르크 Jeanne d'Arc에 대한 종교재판이 열렸다. 이 재판에서 오를레앙Orléans 출신의 잔 다르크는 유죄를 선고받았다. 그러나 이 재판은 여러 가지 면에서 문제가 많았다.[1]

우선, 교회법상 피에르 코송Pierre Cauchon 주교는 종교재판을 지휘할 수 있는 권한을 갖고 있지 않았다. 그가 종교재판관이 된 것은 잔의 종교재판에 자금을 대준 잉글랜드 정부의 지지 덕분이었다. 다음으로 잔에게 불리한 증언 수집을 위탁받은 성직공증인 니콜라스 바이는 잔에게 불리한 증언을 찾으려고 다방면의 노력을 기울였지만 그러한 증거를 하나도 찾지 못했다. 잔의 혐의를 입증할 수 있는 증거가 제출되지 않았지만 종교재판은 강행되었다. 후에 법정 서기들은 상부의 강압에 못 이겨 재판 기록을 잔 다르크에게 불리하도록 일부 날조했다고 고백했다.

또한 잔이 자문관이나 변호인의 도움을 받을 권리를 박탈함으로써 교회법을 위반했다. 법정에는 그녀를 도울 증인이 한 명도 나오지 않았다. 제1차 공개심리 때, 잔은 법정에 출석한 사람들이 모두 자신을 반대하고 배척하는 사람들이라는 점을 지적하고, 프랑스 측 성직자들도 마땅히 이 법정에 초대받아야 한다고 주장했다. 하지만 그녀의 주장은 묵살되었다.

잔 다르크는 홀로 자신을 변호했다. 잔 다르크는 제대로 된 교육을 한 번도 받은 적이 없었다. 그녀는 가난한 농가 출신의 18세 소녀에 불과했다. 하지만 그녀는 연륜 있는 주교와 신학자들로 구성된 심판관들의 끈질긴 유도심문에 맞서 놀라울 정도로 논리적이고 이성적인 변론을 펼쳤다. 심판관들은 읽고 쓸 줄도 모르는 그녀의 유려한 변론에 여러 번 말문이 막혔다.

재판관이 잔에게 물었다.

"그대는 자신이 지금 은총의 상태에 있다고 생각하는가?"

그러자 잔이 대답했다.

"만약 제가 은총의 상태에 있지 않다면, 하느님께서 제게 은총을 베풀어주시기를 바랍니다. 만약 제가 은총의 상태에 있다면, 하느님께서 제게 계속해서 은총을 주시기를 바랍니다." 재판관의 질문은 잔에게 놓은 덫이었다. 은총의 상태란 모든 죄악으로부터 해방된 상태를 의미하는 것으로, 이 질문은 대단히 어려운 신학적 문제를 담고 있었다. 교회는 어느 누구도 스스로 자신을 하느님의 은총 안에 있다고 함부로 단언할 수 없다고 가르친다. 따라서 만약 잔이 그렇다고 답변했다면 그녀는 이단으로 유죄 판결을 받았을 것이다. 또한, 만약 잔이 아니라

성 미카엘과 성녀 가타리나, 성녀 마르가리타로부터 하느님의 계시를 받는 잔 다르크. 1911년 그림

고 대답했다면 그것은 그녀 스스로 자신이 죄악의 상태에 있음을 인정하는 셈이 되었을 것이다. 당시 법정 공증인의 증언에 의하면, 잔을 심문한 자들은 예상치도 못한 그녀의 대답에 어찌할지 모르고 무척 당황스러워했다고 한다.[2]

영국의 극작가 조지 버나드 쇼는 이 재판 공방에 감탄한 나머지 그의 희곡『성녀 조안Saint Joan』에서 재판 기록을 그대로 인용하기도 했다.[3]

당시 법정에 참석한 관리들은 나중에 잔 다르크에 대한 재판은 그녀에게 불리하게 증거를 조작한 경우가 많았다고 실토했다. 종교재판관 장 레메트르를 포함한 많은 성직자가 잉글랜드 측의 갖은 회유와 압력을 받았으며, 심지어는 살해 위협까지 받은 사람도 있었다고 한다. 또한 종교재판의 규정상 여성 죄수는 수녀가 관리 감독하는 특별 시설에 수감되는 것이 통례였지만, 잔은 잉글랜드인 병사들이 지키는 일반 감옥에 수감되었다. 그녀는 매일같이 썩은 음식을 먹다가 식중독에 걸리거나 병사들의 구타와 폭행에 시달려야 했다. 심지어 코숑 주

교는 잔이 교황에게 항소할 기회마저 막아버렸다. 이에 비해 잉글랜드 측은 70명에 달하는 법률 자문관을 구성했다.

코숑 주교는 마지막으로 잔 다르크에게 남장 혐의를 추궁했다. 당시 여성이 남장을 하거나 남성이 여장을 하는 것은 종교적인 죄악 행위에 해당되었다. 잔 다르크는 남장은 남성들이 많은 군대에서 제대로 근무할 수 있기 위해, 또한 유사시에는 정조를 지키기 위해 취한 행동이었다며 반박했다. 일부 기록에 따르면, 그녀는 법정의 명령에 따라 여자 옷을 입었으나, 감옥을 찾아온 한 잉글랜드 영주가 그녀를 강간하려고 시도하자 다시 남장으로 돌아갔다고 한다. 그 후 잔 다르크는 사형을 당할 때까지 머리를 자르고 남자 복장을 했다.[4]

오랜 재판 끝에 쇠약해질 대로 쇠약해진 잔 다르크는 곧바로 처형하겠다는 협박을 받고 교회의 처분을 따르겠다는 문서에 서명했다. 그녀는 문맹이었으므로 자신이 어떤 문서에 서명을 하고 있는지도 몰랐다. 이단의 경우, 초범은 경범죄에 해당하지만, 재범은 중죄로 다루어졌다. 잔은 각서에 서명할 때 여성의 옷을 입는 것에 동의했다. 며칠 뒤에 법정에 선 그녀는 재판관에게 "고귀한 혈통을 지닌 잉글랜드의 귀족이 감옥에 들어와서 자신을 무력으로 제압하려 했다."라고 말했다. 결국 자신의 정조를 지키기 위해서, 더군다나 여성의 옷을 빼앗겨 달리 입을 옷이 없었기 때문에 잔은 다시 남성의 옷을 입을 수밖에 없었다.

1431년 5월 29일, 법정은 잔 다르크에게 화형을 선고했다. 5월 30일, 잔 다르크는 루앙의 비외 마르셰 광장에서 군중이 지켜보는 가운데 장대에 밧줄로 묶여졌다. 잔은 광장에 있는 수사들에게 자신의 앞에서 십자가상을 높이 들어달라고 부탁했다. 수사들은 잔의 마지막 부탁을 들어주었다. 한 소작농이 잔을 애석하게 여기며 그녀 앞에 작은 십자가를 놓았다. 잔은 불에 탄 채 숨을 거두었다. 잉글랜드군은 불을 끄고 새까맣게 그을린 그녀의 시신을 공개 전시했다. 그녀가 살아서 빠져나갔다는 말을 내뱉지 못하게 하기 위한 의도였다.

그래도 안심이 안 된 영국군은 프랑스 군중이 그녀의 유해를 가져가지 못하도록 다시 세 번이나 불에 태워서 잿더미로 만들었다. 그리고 그녀의 시체 잔해를 센강에 내다 버렸다. 당시 처형간수였던 조프리는 잔 다르크가 화형에 처해진 이후 자신이 언제 천벌을 받을지 몰라 매우 두려운 나날을 보냈다고 고백했다. 버나드 쇼의 희곡『성녀 조안』에는 화형집행관이 조안잔 다르크의 화형을 집행한 후, 와르빅Warwick 백작에게 "화형집행은 끝났으며 타고 남은 시신은 강물에 버렸지만, 조안의 심장은 불타지 않았다."고 보고하는 장면이 나온다. 여기서 불타지 않은 그녀의 심장은 "그녀의 선함과 순수함을 상징하는 것"이라고 볼 수 있을 것이다.[5]

기나긴 백년 전쟁의 시작

잔 다르크가 등장하는 것은 1337년부터 1453년까지 프랑스와 영국 사이에 벌어진 전쟁에서다. 전쟁은 백 년이 넘는 동안 계속되었다고 해서 '백년 전쟁'이란 이름이 붙었다. 전쟁은 중간에 간간이 소강상태가 있었지만 백 년 이상 전쟁이 계속됨으로써 전장이 된 프랑스의 백성들은 심각한 고통을 받아야 했다. 전쟁은 전반기에 프랑스가 우위를 점하며 진행되었으나 전체 가운데 4분의 3분기에 해당하는 시기에는 영국군의 우세 속에서 전개되었다. 한때 프랑스는 완전히 위기 상황에 몰리게 되는데, 이때 잔 다르크가 등장해서 프랑스를 위기에서 구해낸다.

잔 다르크의 출현은 그야말로 초인의 등장이며, 백척간두의 위기에 선 프랑스를 구해낸 구세주의 등장이었다. 그녀의 등장은 또한 그동안 국가나 민족 개념이 거의 희박했던 프랑스에 새로운 국가의 개념을 형성시켰다. 그동안 중세는 영주가 지배하는 공국을 중심으로 유지되었고, 프랑스나 독일, 영국과 같은 국가의 영역은 형식적인 것에 불과했다. 그러나 이 백년 전쟁을 통해, 특히 잔 다르크의 등장으로 그러한 국가와 민족에 대한 의식이 좀 더 분명한 실체를 갖게 되었다. 그러나 잔 다르크는 그녀로부터 절대적인 빚을 진 프랑스 국왕 샤를 7세의 방관 속에서 영국과 프랑스 내 반국왕파의 연합에 의해 종교재판에 회부되어 마녀로 화형에 처해지고 만다. 그녀가 죽었을 때 겨우 19세에 불과했다.

그렇다면 백년 전쟁은 어떤 전쟁이며, 잔 다르크는 과연 이 전쟁에서 어떤 역할을 했던 것일까?

백년 전쟁은 1337년부터 1453년까지 무려 116년 동안 프랑스와 영국이 프랑스 내의 영토를 두고 싸운 전쟁이다. 물론 이 기간 내내 전투가 벌어진 것은 아니었다. 각각의 국내 상황에 따라서 휴전과 개전을 반복하며 전쟁이 지속되었다. 무려 1백 년이라는 긴 기간에 걸쳐 벌어진 전쟁이기 때문에 전쟁 이전과 전쟁 이후의 사회는 크게 달라질 수밖에 없었다. 이 전쟁을 거치면서 두 국가는 중세의 분권적인 봉건국가에서 벗어나 중앙집권적인 국가로 발전했으며, 그 과정에서 두 나라에 살고 있던 사람들은 각각 서로 다른 민족의식을 갖게 되었다. 이런 점에서 백년 전쟁은 중세의 봉건제와 중앙집권적인 근대 국가의 특징을 집약적으로 보여주고 있다.[6]

1328년 샤를 4세가 아들을 낳지 못하고 사망함으로써 프랑스 카페 Capet 왕조의 직계는 대가 끊어졌다. 987년 위그 카페 이후 3백 년 이상 카페 왕조의 왕들은 아들을 생산했으며, 필리프 4세Philippe IV 역시 3명의 아들과 1명의 딸을 낳았다. 그러나 그의 세 아들들인 필리프, 루이, 샤를은 모두 아들을 갖지 못했다. 이렇게 되면서 왕위는 왕족과 가장 가까운 혈통의 남자에게 돌아가게 되었다. 왕위 계승권자는 필리프 4세의 조카인 발루아 백작 필리프 6세와 필리프 4세의 외손자인 영국 국왕 에드워드 3세로 좁혀졌다.

엄밀하게 촌수로만 따진다면 에드워드 3세가 필리프 6세보다 더 가까웠다. 에드워드 3세의 어머니 이사벨은 바로 필리프 4세의 딸로서 샤를 4세와는 친남매였으니까, 에드워드는 샤를 4세와 촌수로는 3촌 관계이었다. 반면, 필리프 6세는 샤를 4세와 4촌간이었으니까, '한 다리가 천 리'라고 일반적인 가정사였다면 에드워드 3세에게 우선권이 돌아가는 게 맞았다. 에드워드 또한 여성이 왕위에 오르는 것은 불가능하다고 하더라도 그 여성의 아들이 왕위에 오를 수는 있다면서 자신이 프랑스 왕이 되어야 한다고 주장했다.[7]

그러나 프랑스 귀족들로서는 이를 받아들일 수 없었다. 엄밀하게 따지면 영국은 프랑스의 봉건 제후국이었다. 그런데 그 영국 왕이 프랑스 왕까지 겸하는 것은 프랑스로서는 받아들일 수 없었다. 이에 프랑스에서는 법학자들까지 동원하여 여성의 왕위 계승권을 부정한 살리 프랑크족의 오래된 관습을 근거로 에드워드의 상속권을 인정하지 않았다. 결국, 1328년 발루아 백작 필리프 6세Philippe VI가 왕위를 계승하여 발루아 왕조를 열었다. 영국에 멀리 떨어져 있던 에드워드로서는 인정하고 싶지 않았지만, 현실적으로 그걸 받아들이지 않을 수가 없었다.

그런데 상황을 악화시킨 것은 플랑드르 문제였다. 플랑드르 백작은 명목상으로는 프랑스 왕의 봉신이었으나 실제로는 플랑드르 지방에서 발달한 모직물산업의 막강한 경제력을 바탕으로 독립적인 군주처럼 권력을 행사하고 있었다. 이곳에서 생산되는 모직물은 북서유럽 전역으로 수출되었는데, 모직물의 원료가 되는 양모를 영국에서 수입하고 있었다. 그러니까 이곳 플랑드르 지방은 영국과 깊은 이해관계를 갖고 있었다. 그런데 여기에 프랑스 국왕이 간섭을 한 것이다.[8]

프랑스 국왕으로서는 플랑드르 백작이 자신의 봉신이었기에 오래 전부터 그 지방의 경제력을 자신의 통제권 아래 두고 싶어 했다. 14세기 초반 플랑드르 지방의 여러 도시에서 수공업자들의 반란이 일어났는데, 이를 기화로 프랑스 국왕은 플랑드르 지방에 대한 간섭을 강화하려 했다. 영국으로서는 플랑드르 지방에 대한 이해관계가 있었기에 이를 묵과할 수 없었다. 당연히 프랑스와 영국의 두 왕 사이의 관계가 나빠지고 긴장감이 형성되었다.

그러나 프랑스 왕위 계승을 둘러싼 갈등과 플랑드르 지방에 대한 이해관계의 대립이 곧 전쟁으로 발전하지는 않았다. 백년 전쟁의 보다 직접적인 원인은 중세의 봉건적 토지관계의 복잡성과 이를 둘러싼 갈등에서 비롯되었다. 영국 국왕은 오래전부터 프랑스 왕의 봉신으로서 프랑스 안에 토지를 보유하고 있었다. 1066년 영국의 노르만 왕조를 세운 정복왕 윌리엄^{William the Conqueror}은 프랑스 노르망디의 공작이었으므로, 영국 국왕이 된 뒤에도 프랑스 노르망디의 공작령을 계속 보유하고 있었다. 또한 플랜태저넷^{Plantagenet} 왕조의 헨리 2세^{Henry II} 역시 앙주 백작의 후손이었으며 그의 아내 알리에노르는 아키텐^{Aquitaine}을 보유하고 있었으므로, 그 이후의 국왕들은 아키텐을 봉토로 보유하고 있었다. 이처럼 영국 국왕들은 혼인과 상속, 그리고 봉토 교환을 통해 프랑스 내의 봉토를 확대했으며, 14세기에 접어들 무렵에는 프랑스 남부 가스코뉴^{Gascogne} 일대에 넓은 토지를 보유하게 되었다. 봉건제 아래서 이러한 토지의 보유는 영국 국왕이 프랑스 국왕의 신하라는 것을 의미했다.[9]

한편으로는 프랑스 국왕들도 12세기 말 이래 줄기차게 왕령지를 확대했다. 당연히 그 과정에서 제후들과 충돌이 일어날 수밖에 없었다. 따라서 영국 국왕이 프랑스 내에 봉토를 보유하고 있는 한, 프랑스 왕과 영국 왕의 충돌은 불가피한 일이었다. 1328년 발루아 백작 필리프 6세는 프랑스 국왕에 오르면서 영국 국왕에게 봉신으로서의 충성 맹세를 요구했다. 이에 대해 영국 국왕은 직접 와서 맹세를 하는 대신, 문서상으로만 서약을 했다. 그러자 프랑스 국왕은 문서상의 서약은 군사적 봉사를 포함하는 최고신서^{最高信誓}가 아니라는 이유로 1337년 가스코뉴 공작령을 몰수하기에 이르렀다. 영국의 에드워드는 이에 반발하여 군대를 파견함으로써 마침내 전쟁이 시작되었다. 전쟁은 한 국가의 왕이라 하더라도 다른 국가의 영토 내에서 토지를 보유할 수 있는 봉건적 토지소유 방식에서 비롯되었다. 그러니까 전쟁의 출발은 중세적인 요소에서 시작되었던 것이다.

그러나 이러한 중세적인 성격이 전쟁이 끝날 때에는 다른 모습으로 바뀌게 된다. 전쟁의 종결은 근대적인 중앙집권 국가의 모습을 갖추는 것에서 마무리된다는 이야기다. 중세에서 근세로 넘어가는 과정에서 일어난 전쟁, 그것이 백년 전쟁이었던 것이다. 처음 전쟁을 시작할 때는 아무도 이 전쟁이 그러한 성격을 갖게 될 것이라는 사실을 몰랐을 것이다. 또한 그렇게 오랫동안, 1백 년 이상 지속되리란 것도 상상하지 못했을 것이다.

크레시 전투와 푸아티에 전투

14세기 초반 영국은 자원으로만 보면 프랑스의 비교 상대가 되지 않았다. 1340년경 프랑스의 인구는 2천 1백만 명이었으나 영국잉글랜드의 인구는 겨우 450만 명에 불과했다. 그러나 전쟁 비용 조달 능력에서는 비슷했고, 군대체제에서는 영국이 조금 더 효과적인 조직을 가지고 있었다. 프랑스군은 중무장 기사를 주력으로 하는 기사군체제였고, 영국군은 보병을 중심으로 하는 용병대체제였다. 두 나라의 가장 큰 차이점은 발사식 무기에 있었다. 프랑스의 경우 석궁 부대가 있기는 했으나 매우 소수에 불과했고, 발사 속도 또한 느려서 1분에 2발 정도를 발사할 수 있었다. 반면, 영국군은 장궁 부대를 상당수 보유하고 있었으며, 이들의 발사 속도는 1분에 10발 정도로 상대적으로 매우 빨랐다. 뿐만 아니라 영국군의 화살 역시 프랑스의 석궁보다 훨씬 더 멀리 날아갔다. 전술적인 측면에서도 영국이 훨씬 더 효율적이었다. 프랑스의 경우 기사 군대가 무리를 이루어 차례대로 공격하는 12~13세기의 방식을 그대로 답습하고 있었다. 반면, 영국군은 기사 군대 사이에 궁사를 배치하여 이들을 보호함으로써 상대 기사 군대의 돌진을 저지하는 전술을 사용하고 있었다.[10]

1337년 영국군이 프랑스 서부 항구 도시 보르도에 상륙하면서 전쟁이 시작되었다. 그러나 전쟁 초기에는 영국군의 약탈 행위가 지속되었을 뿐, 10년이 지나도록 이렇다 할 큰 전투가 벌어지지 않았다. 전쟁 초기 벌어진 가장 큰 전투는 크레시Crécy 전투였다. 1346년 여름 영국군은 노르망디에 상륙하여 약탈을 자행한 후, 북쪽으로 거슬러 올라가 칼레를 통해 귀환하려 했다. 필리프 6세는 기사 소집령을 내려 군대를 소집한 후 이들을 추격했고, 결국 피카르디Picardy 지방의 크레시에서 양측 군대가 맞붙었다. 이 전투에서 프랑스 군대는 수적인 우세에도 불구하고 완패하고 말았다. 영국군은 언덕 위에 창병과 말에서 내린 기사가 밀집대형을 이루도록 배치하고 이들의 양쪽으로 장궁부대를 배치했다. 오후 늦게 크레시에 도착한 프랑스군은 투철한 기사도 정신으로 무모하게 언덕을 향해 달려갔다. 프랑스군은 계속되는 실패에도 똑같은 행위를 반복했다.[11]

크레시 전투에서 대승을 거둔 영국군은 훗날을 도모하기 위해 영국에서 가장 가까운 항구인 프랑스의 칼레Calais를 점령하고 교두보로 삼았다. 영국군은 칼레를 포위하고 몇 달 동안 기다렸으나 칼레 시민들은 해상으로 물자를 공급받으면서 끝까지 저항했다. 그러나 영국이 해상 봉쇄를 감행하자 칼레 시민들도 더 이상 버틸 수 없는 상황이 도래했다. 결국 칼레 시장과 시 행정관들은 자신들을 처형하고 칼레 시민들을 살려줄 것을 요구했다. 그렇게 해서 칼레 시민들은 살아남았으나 칼레는 1558년까지 영국의 수중에 남게 되었다.*

그런데 1348년부터 3년 동안 흑사병이 유럽 전역을 휩쓸면서 전쟁보다 더한 피해를 입혔다. 당연히 전쟁도 소강상태로 들어갈 수밖에 없었다. 그러나 1355년 영국군이 칼레에 상륙하면서 전쟁이 재개되었다. 프랑스의 국왕 장 2세Jean Ⅱ가 군대를 소집하자 영국군은 재빨리 브르타뉴Bretagne로 도망갔고, 장은 군대를 해산했다. 이때 흑세자 에드워드Edward the Black Prince가 이끄는 영국군이 남부의 가스코뉴에서 북부로 이동하면서 약탈과 방화를 일삼았다. 이에 장은 다시 군대를 소집하여 영국군을 뒤쫓았다. 양측의 군대는 푸아티에Poitiers에서 맞붙었다. 그러나 푸아티에 전투는 10년 전에 벌어진 크레시 전투의 재현이었다.[12]

다만, 크레시에서는 말을 타고 진격했던 프랑스군이 이번에는 말에서 내려 돌진했다. 하지만 그들은 모두 영국군 궁사들의 희생물이 되고 말았다. 더욱이 프랑스군은 무거운 갑옷을 입고 있어서 언덕에 올라가는 것만으로도 지치고 말았다. 프랑스 기사들은 전투다운 전투도 해보지 못한 채 포로가 되거나 전사했다. 국왕 장마저도 포로가 되었다. 프루아사르Jean Froissart가 쓴 『연대기』에서는 푸라티에 전투를 다음과 같이 묘사하고 있다.

---

* 5백여 년 뒤 칼레 시는 이들의 헌신적인 투쟁 정신을 기리는 기념물을 제작한다. 바로 로댕이 만든 〈칼레의 시민(Les bourgeois de Calais)〉이라는 조각상이다.

프랑스군은 영국군에 비해 5배나 많았다. 푸아티에 전투는 크레시 전투에 비해 유리한 점이 많았다. 크레시 전투는 저녁 무렵에 시작했지만 푸아티에에서는 아침에 시작했다. 그리고 프랑스 국왕은 크레시 때와는 비교할 수 없을 정도로 좋은 군대를 가지고 있었다. …… 전투 중에 우다르 드 랑티와 같은 훌륭한 프랑스 기사조차 도망치기 시작했다. …… 국왕 장은 진정한 기사이자 전사였다. 그는 결코 도망가지 않고 다른 기사들과 함께 싸웠다. …… 영국군은 왕을 생포하기 위해 혈안이 되어 있었다. …… (프랑스의) 생토메르 출신으로서 영국군의 용병으로 활약하고 있던 드니 모르베크가 국왕을 발견하고 항복을 받아냈다. 국왕은 다른 백작들과 함께 왕세자였던 흑세자Black Prince에게 넘겨졌다. 그날 저녁 흑세자는 국왕 장과 다른 백작들에게 저녁 식사를 대접했다.
전하, 오늘 신의 가호가 당신 편이 아니었습니다. 저의 아버지인 (영국) 국왕께서는 가능한 모든 호의와 명예로서 당신(프랑스 국왕)을 대접할 것을 원하셨습니다. 그리고 앞으로 있을 여행이 흡족하지 못하더라도 호의를 가지시고 여행을 즐기시기 바랍니다.' 이를 본 프랑스의 백작들은 흑세자의 훌륭한 태도를 높이 평가했다.[13]

절망적인 상황에서 등장한 잔 다르크

1360년 브레티니 조약이 맺어졌다. 조약에 따르면 프랑스의 국왕 장의 석방금으로 3백만 리브르를 지불하고, 이후 영국 국왕과 프랑스 국왕은 각각 상대 국가 내의 영지에 대한 주권을 포기하도록 되어 있었다. 40만 리브르를 내고 장은 풀려났으나 왕자 루이가 칼레에 볼모로 억류되었다. 하지만 루이는 칼레를 떠나 자신의 아내가 있는 곳으로 도망갔다. 그러자 기사도에 충실했던 국왕 장은 스스로 포로가 되었고, 런던에서 1364년에 사망했다.

장의 뒤를 이은 현명왕 샤를 5세Charles V는 그의 별명처럼 재정 확보에 주력하면서 베르트랑 뒤 게클랭과 같은 유능한 장수들을 기용하여 영토를 조금씩 회복했다. 그러나 그의 뒤를 이은 샤를 6세는 미성년으로 즉위했고, 1392년 정신병을 얻음으로써 이른바 '삼촌들의 시대'가 도래했다.* 샤를 6세의 삼촌들, 그러니까 샤를 5세의 동생들이 실권을 쥐었고, 이들은 오를레앙파와 부르고뉴파로 나뉘어 권력다툼을 벌였다. 영국 또한 왕위를 둘러싼 잡음이 끊이지 않으면서 전쟁은 소강상태로 접어들었고, 1396년 마침내 양국 사이에 휴전이 성립되었다.[14]

그러나 전쟁은 끝난 게 아니었다. 1415년 영국 국왕 헨리 5세는 프랑스 왕권을 요구하면서 노르망디에 상륙했고, 아르플뢰르를 함락시켰다. 프랑스는 소집령에 따라 군대를 소집하고 영국군을 뒤쫓았다. 양국 군대는 아쟁쿠르Agincourt에서 만났다. 영국군은 크레시와 푸아티에에서 했던 것처럼 양쪽에 궁사들을 배치하고 중앙에 기사와 창병을 세웠다. 프랑스군은 여전히 기사도에 충실했다. 소규모의 기사부대가 말에서 내려 먼저 공격을 했고, 그 뒤를 이어 나머지 기사들이 두 부대로 나뉘어 공격을 했다. 중무장 기사들은 영국군을 향해 달려갔지만,

---

* 1392년 샤를 6세는 멀쩡하게 통치능력이 있어 보였지만 이미 실성한 상태였다. 그는 치세 말까지 내내 발작을 일으켰다. 발작이 멈춘 것은 가뭄에 콩 나듯 할 뿐이었다. 왕의 실성한 정신 상태는 프랑스 내의 분열과 권력 투쟁을 더욱 악화시켰다.

일부는 영국군의 화살에, 일부는 너무 무거운 갑옷 무게에 지쳐서 쓰러졌다. 이번에도 똑같이 프랑스군은 패배했다. 이로써 더 이상 중세의 봉건제에 기초한 군대로서는 전쟁에서 승리할 수 없다는 것을 보여주었다.

아쟁쿠르 전투에서 프랑스가 패배함으로써 부르고뉴 공작이 프랑스의 실권을 장악했으며, 그의 주도하에 1420년 트루아^{Troyes} 조약이 맺어졌다. 이 조약에서 프랑스 왕비였던 이자보는 왕세자 샤를이 사생아라는 진술을 강요받았으며, 이에 따라 왕세자 샤를은 프랑스 왕위 계승권을 박탈당했다. 또한, 조약에는 영국 왕 헨리 5세가 프랑스 국왕인 샤를 6세의 딸 카트린과 결혼하며, 샤를 6세와 헨리 5세가 사망하면 헨리와 카트린 사이에 낳은 아이가 프랑스와 영국의 왕위를 계승하도록 되어 있었다. 얼마 뒤 이 조약이 현실화될 순간이 닥쳤다. 샤를 6세와 헨리 5세가 차례로 사망함으로써 헨리 5세의 아들인 헨리 6세가 프랑스와 영국의 공동 왕으로 등장했던 것이다. 그러나 그의 나이가 어렸기에 베드포드 공과 글로스터 공이 섭정으로서 각각 영국과 프랑스를 대리 통치하게 되었다.[15]

그런데 트루아 조약에도 불구하고 샤를 6세의 아들인 왕세자 도팽 샤를은 여전히 프랑스 기사들의 지지를 받고 있었다. 하지만 소심한 왕세자 샤를은 스스로도 자신의 출생에 대해 의심하고 있었으며, 자신이 왕위계승자임을 주장하지도 못하고 있었다. 이때 새로운 구세주가 등장했다. 프랑스 동쪽 샹파뉴 지방의 동레미라는 곳에서 한 처녀가 나타난 것이다. 바로 프랑스를 위기에서 구해줄 잔 다르크의 등장이다. 그녀는 농부의 딸이었고, 글도 읽을 줄 몰랐다. 그녀의 고향은 지금의 로렌 지방에 있는 작은 마을 동레미*였다.

잔 다르크는 1431년 종교재판을 받을 때 자기 나이가 19세 정도라고 한 것으로 보아 아마도 1412년에 출생한 것으로 보인다. 그녀는 12세 때 환시를 체험했다고 한다. 그녀가 들판에 혼자 있을 때, 성 미카엘이 나타나 영국군을 몰아내고 도팽 샤를을 랭스로 데려가서 대관식을 치르라는 하느님의 말씀을 전해주었다는 것이다. 영국 왕실 도서관 사본에는 잔 다르크가 영국군에 붙잡혀 마녀재판을 받을 당시 다음과 같이 진술했다고 기록되어 있다.

13세 때 동레미에 있는 아버지 집 정원에서 나는 어떤 목소리를 들었다. 그것은 성당이 있는 오른쪽에서 굉장한 광휘에 휩싸여 내 쪽으로 오고 있었다. 맨 처음에는 겁을 먹었으나, 나는 곧 그것이 여태껏 내 주위에서 나를 따라다니며 지시를 내려주던 천사의 목소리임을 깨달았다. 그는 성 미카엘이었다. 나는 성녀 가타리나와 성녀 마르가리타 역시 보았는데, 그들은 나에게 말을 걸고 훈계하며 내가 취할 행동을 알려주었다. 나는 어느 것이 어떤 성인의 말인지 쉽사리 분간해낼 수 있었다. 항상 그런 것은 아니었지만, 대개 그들은 광휘를 동반하고 있었다. 그들의 목소리는 친절하고 다정했다. 그들은 사람의 모습으로 내 눈앞에 나타났다. 나는 그들을 눈으로 똑똑히 보았고, 지금도 그들을 보고 있다.[16]

잔 다르크가 시농 성에 피신해 있는 프랑스 왕세자 도팽 샤를을 만

---

*   오늘날의 '동레미라퓌셀'이다. 라퓌셀은 처녀라는 뜻으로, 잔 다르크를 기려 본래의 지명 동레미에 추가했다.

난 것은 16세 때인 1428년이었다. 그녀는 자신에게 오를레앙의 어려운 상황을 타개할 수 있는 묘책이 있다고 말했다. 반신반의하던 도팽 Dauphin은 잔 다르크를 직접 만나본 후에 그녀의 도덕심과 의지에 감탄했다. 전해지는 이야기에 따르면, 도팽은 과연 잔 다르크가 하느님이 보낸 사자인지를 시험하기 위해 자신의 옷을 시종에게 입혀 옥좌에 앉혀놓고 자기는 변장한 채 가신들 속에 섞여 있었다고 한다. 그러나 잔 다르크는 방에 들어오자마자 바로 초라한 차림의 도팽 앞으로 다가가 경의를 표했다고 한다.

잔 다르크는 샤를에게 기사가 착용하는 갑옷과 무기는 물론 군대를 이끌 수 있는 지휘권을 달라고 했다. 그녀는 자신의 갑옷과 말, 칼, 깃발 등 군사 원정에 필요한 물품들을 모두 기증받았다. 역사학자 스티븐 W. 리키는 도팽이 그녀를 전폭적으로 지원한 것은 당시 거의 붕괴 일보 직전에 있던 프랑스 왕실로서는 잔 다르크가 난국을 타개할 유일한 희망으로 보였기 때문이라고 설명한다. 잔 다르크는 그 뒤 장기간에 걸친 영국과 프랑스의 분쟁을 종교 전쟁의 성격을 지닌 것으로 효과적으로 전환시켰다. 그녀는 신의 계시를 받고 있다고 말함으로써 사기가 떨어진 병사들과 기사들에게 힘을 불어넣어 주었다. 또한 그녀는 프랑스를 말함으로써 영국에 대응하는 프랑스라는 국가의 존재를 각인시켰다.

그러나 잔 다르크의 이 같은 행보에는 위험이 따랐다. 샤를의 신하들은 잔 다르크가 이단자나 마녀가 아니라는 확증 없이 섣불리 그녀를 지지하거나 도와주었다가는, 적들에게 악마 숭배자라는 비난을 받을 수 있다고 조언했던 것이다. 샤를은 잔 다르크에 대한 신원을 조사하는 한편, 그녀의 신앙심과 도덕성 등을 알아보기 위한 종교 심사를 지시했다. 1429년 4월 조사단은 잔 다르크가 "흠잡을 구석이 없는 인생을 살아왔으며, 독실한 기독교 신자이며, 겸손함과 정직함 그리고 소박함의 덕목을 갖추었다."고 보고했다. 푸아티에의 신학자들은 잔 다르크가 받았다고 주장한 하느님의 계시에 대해서는 판단을 유보했다. 그렇지만 그녀의 주장에서 이단이나 미신적인 요소는 발견되지 않았고, 따라서 그녀가 하느님으로부터 특별히 거룩한 임무를 받았다고 봐도 무리는 없다는 의견을 샤를에게 전달했다.[17]

프랑스를 위기에서 구하다

1429년 4월 29일 잔 다르크는 잉글랜드군에 포위되어 있는 오를레앙에 도착했다. 그러나 오를레앙의 프랑스군 지휘관 장 도를레앙은 그녀를 신뢰하지 않았다. 그녀를 전투회의에서도 배제하고 적군과 교전하면서도 그 사실을 알려주지 않았다. 그러나 잔 다르크는 굴하지 않았다. 어떻게 해서든지 작전회의와 전투에 참여하기 위해 노력했다. 역사학자들은 잔 다르크의 실제 군사적 지도력이 어느 정도였는지를 놓고 의견이 분분하다. 전통적인 역사학자들 사이에서는 잔 다르크가 순전히 앞에서 깃발을 휘두르며 병사들의 사기를 북돋아주는 역할을 수행했을 뿐이라는 의견이 많았다. 이러한 견해는 그녀가 마녀재판을 받을 당시 재판관에게 한 진술을 토대로 한 것이다. 재판장에서 잔 다르크는 자신은 칼보다는 군기를 더 선호한다고 증언했던 것이다.

그러나 최근 들어서는 잔 다르크가 군 지휘관으로서 통솔력이 뛰어났으며 수준급의 전략가였다고 보는 주장도 제기되고 있다. 스티븐 W. 리키는 잔 다르크가 "전쟁의 흐름을 뒤바꾼 놀라운 일련의 승리들 속에서 군대를 계속해서 이끌었다."라고 평가했다. 그러나 군사적 능력과 관계없이 그녀가 백년 전쟁에서 프랑스에 불리하던 전세를 뒤엎는 데 결정적인 역할을 했다는 사실에는 모두 동의하고 있다. 잔 다르크는 프랑스군 지휘관들의 신중한 전략들을 전면적으로 거부했다. 그녀가 오기 전 5개월간 동안 오를레앙을 방어하던 프랑스 군사들은 딱 한 번 공격에 나섰을 뿐이다. 하지만 그 전투마저도 처참한 실패로 끝났고 말았다. 그런데 잔 다르크가 오면서부터 전장의 상황이 바뀌었다. 승전고가 울리기 시작했던 것이다.[18]

　1429년 5월 4일 프랑스군은 생루 요새를 공격, 탈환했다. 5월 5일에는 생장르블랑 요새로 진격했다. 잔 다르크는 참모회의에서 장 도를레앙의 소극적인 전술에 반대하고, 적군을 재차 공격하자고 주장했다. 장 도를레앙은 전투를 피하기 위해 성문을 모두 걸어 잠그라고 지시했지만, 잔 다르크는 군대를 이끌고 성 밖으로 나가서 생아구스탱 요새를 탈환했다. 그날 밤 오를레앙에서 열린 프랑스군 지휘관 참모회의는 잔 다르크를 배제한 채 지원군이 올 때까지 기다리기로 결정하지만, 잔은 5월 7일 영국군의 르투렐르 요새를 공격할 것을 주장한다. 전투 도중 잔 다르크는 목에 화살을 맞았으나 살아났다. 그녀의 모습에 많은 사람들이 감동했다.

　잔 다르크의 영웅적인 활약으로 프랑스군은 오를레앙에서 큰 승리를 거두었다. 영국군은 기세가 오른 프랑스군이 파리나 노르망디를 재탈환하기 위해 나설 것이라고 예상했다. 하지만 잔 다르크는 영국군의 예상을 깨고 랭스를 공격했다. 도팽 샤를의 대관식을 치르기 위해서였다. 잔은 자신의 계획을 도팽에게 설명하면서 프랑스군의 지휘권을 자신에게 달라고 했다. 그녀의 주장은 매우 대담했다. 왜냐하면 랭스는 파리보다 약 두 배나 더 멀리 떨어져 있었으며, 적지 깊숙한 곳에 자리잡고 있었기 때문이다.[19]

잔의 군대는 1429년 6월 12일 자제오를, 6월 15일 멍서르와르를, 그리고 6월 17일에는 보장시를 탈환한다. 처음 잔을 못미더워하던 장 도를레앙도 그녀의 활약에 깊은 인상을 받고 열렬한 지지자가 되었다. 알랑송 공작은 잔이 와서 그에게 대포가 곧 날아와 덮칠 것이라고 경고하고 재빨리 피신시켜 다행히 목숨을 건질 수 있었다. 잔은 전투 도중 성곽공격용 사다리를 타고 올라가다가 적군의 투석기가 쏜 돌멩이를 머리에 맞고도 버텨냈다.

6월 18일 존 패스톨프 장군이 이끄는 구원군이 도착, 영국 방어군에 합류했다. 파타이 전투는 흡사 아쟁쿠르 전투와 비견될 수 있었지만 결말은 정반대였다. 영국군 궁수들이 수비 위치를 잡기도 전에 프랑스 선발대가 공격했다. 영국군의 주요 전력이 모조리 분쇄되었다. 지휘관들 대부분이 전사하거나 포로로 사로잡혔다. 지원군을 끌고 왔던 존 패스톨프는 소수의 살아남은 병사들과 함께 줄행랑쳤다. 하지만 프랑스군은 거의 손실을 입지 않았다.

프랑스군은 6월 29일 지앙수루아르에서 랭스로 진격하였다. 7월 3일 부르고뉴파가 장악하고 있던 오세르에서 조건부 항복을 받아냈다. 또한 프랑스군의 행로에 있던 다른 도시들 역시 아무런 저항 없이 순순히 프랑스 동맹에 복귀했다. 샤를의 왕위계승권을 박탈하려 했던 조약 장소 트루아는 4일간의 공격 없는 포위 끝에 백기를 들고 항복했다. 7월 16일 랭스는 프랑스군에게 성문을 열어주었다. 1429년 7월 17일, 랭스 대성당에서 도팽 샤를의 대관식이 성대하게 거행되었다. 이로써 5년 동안 공석으로 남아 있던 프랑스 국왕 자리에 샤를 7세가 즉위하게 되었다. 대관식이 끝나자 잔 다르크는 샤를 7세 앞에 무릎을 꿇었다. 그녀는 "폐하, 이제 프랑스를 다스리는 진정한 국왕이 되셨습니다."라고 말했다.[20]

잔 다르크와 알랑송 공작은 이 기세를 몰아 신속하게 파리로 진군하자고 주장했다. 하지만 프랑스 왕실은 전쟁보다는 부르고뉴파와의 협상 쪽으로 방향을 선회했다. 부르고뉴 공작은 파리의 수비를 강화하기 위한 지연 술책으로 프랑스 왕실과 평화 협상을 진행했다. 그 사이 잔 다르크가 이끈 프랑스군은 파리 인근 도시들을 돌면서 평화적인 항복을 받아냈다. 1429년 8월 15일 베드포드 공작이 이끄는 영국군이 프랑스군과 마주보며 대치했다. 9월 8일 프랑스군은 파리를 공격했다. 잔은 적진의 석궁에서 날아온 화살을 다리에 맞고도 끝까지 군대를 지휘했다. 그러나 다음 날 아침 그녀는 회군하라는 왕의 명령을 받았다. 10월 잔 다르크는 생피에르르무치를 탈환하고 샤를 7세로부터 귀족 작위를 받았다.

1430년 4월, 잔 다르크는 콩피에뉴Compiegne로 향했다. 영국과 부르고뉴 연합군의 포위 공격을 받고 있다는 소식을 듣고 군대를 이끌고 구원하기 위해 달려갔던 것이다. 그러나 그것은 함정이었다. 부르고뉴파에서 6천 명의 추가 병력을 파견했다. 잔은 병사들에게 콩피에뉴 성으로 피신하라고 지시하고 자신은 맨 마지막까지 남았다. 부르고뉴군은 후방 지원군이 오지 못하게 막음으로써 잔 다르크를 철저히 고립시켰다. 5월 23일 잔은 부르고뉴 군대와 격전을 벌이다가 포로로 사로잡히고 말았다. 부르고뉴군은 활을 쏘아 말에서 떨어뜨린 뒤 그녀를 사로잡았던 것이다.

당시에는 국가나 집안에서 몸값을 주고 포로를 돌려받는 것이 하나의 관례였다. 하지만 샤를 7세는 부르고뉴파에 억류당한 잔 다르크를 구출하기 위해 노력하지 않았다.[21]

그 때문에 훗날 그는 많은 역사학자로부터 신의가 없는 인물이라고 비난받는 존재가 되었다. 그녀는 억류되어 있는 동안 여러 번 탈출을 시도했다. 베르망두아에서는 21미터나 되는 탑에서 해자로 뛰어내린 적도 있었다. 하지만 그녀는 다시 붙잡혀 부르고뉴파에 속한 아라스로 끌려갔다. 영국 정부는 부르고뉴 공작으로부터 1만 리브르라는 거액의 몸값을 지불하고 잔 다르크를 넘겨받았다. 영국과 부르고뉴 간의 거래에는 보베의 교구장으로 있던 친영파 주교 피에르 코숑이 큰 역할을 했다. 그는 나중에 잔을 상대로 한 종교재판에서도 맹활약을 펼친다.[22]

루앙Rouen 성의 감옥은 잔 다르크가 재판 중에 수감되었던 곳으로 이후 '잔 다르크 탑'이라는 이름으로 알려지게 되었다. 잔 다르크 재판의 명목은 그녀의 이단성 여부였지만, 실제 그 재판은 철저히 정치적인 것이었다. 베드포드 공작은 조카인 헨리 6세의 프랑스 왕위계승권을 주장했지만, 잔 다르크 때문에 물거품이 되고 말았다. 그는 잔 다르크를 단죄해야만 할 정치적인 이유가 충분했다. 또한 영국의 입장에서는 잔 다르크를 이단 혐의로 공격함으로써 그녀가 옹립한 샤를 7세의 프랑스 국왕으로서의 정통성을 훼손할 수도 있었다. 그렇게 해서 잔 다르크는 화형대 위에서 한 줌 재가 되어 가뭇없이 사라졌다. 그러나 그녀의 육신은 스러졌을지언정 그녀의 이름은 역사와 더불어 영원이 남게 되었다.

역사적 존재에서 성녀가 된 잔 다르크

백년 전쟁은 잔 다르크가 사망하고 나서도 22년간이나 더 지속되었다. 1431년 맞수인 헨리 6세가 10세를 맞아 즉위식을 올렸지만, 샤를 7세는 프랑스 국왕으로서의 자신의 정통성을 지키는 데 성공했다. 영국은 1429년에 상실한 군사적 우위를 회복하기도 전에 1435년 '아라스Arras 조약'으로 부르고뉴파와의 동맹이 와해되고 말았다. 같은 해 베드포드 공작이 사망하고, 헨리 6세는 섭정 없이 잉글랜드를 통치한 역사상 가장 젊은 왕이 되었다. 유약한 성품에 지도력도 취약했던 헨리 6세 덕분에 두 나라의 분쟁은 빨리 끝날 수 있었다.

샤를 7세는 1435년 부르고뉴 공작과 화해함으로써 영국과의 전쟁에 전력을 기울 수 있게 되었다. 그 결과 1450년 노르망디의 포르미니에서의 전투를 마지막으로 영국군은 거의 물러갔다. 포르미니 전투에

---

* 　부르고뉴 왕국의 선량왕 필리프와 프랑스의 샤를 7세가 이곳 아라스에서 평화조약(1435년)을 맺었다. 1435년에 맺은 아라스 강화조약으로 오늘날 프랑스 북부의 국경이 확정되었다. 1479~1484년에는 루이 11세가 성벽을 허물고 많은 시민들을 강제 이주시켰다. 아라스는 또한 프랑스 혁명기의 주역 가운데 한 명인 로베스피에르가 태어난 곳이기도 하다.

서 영국군은 과거와 마찬가지로 들판에 진을 쳤다. 그러나 프랑스 군대는 과거와는 달리 이번에는 새로운 전술을 사용했다. 그것은 먼 거리에서 대포로 적을 공격하는 것이었다. 그 타격은 정확하여 영국군은 궤멸당했다.[23] 이 승리는 어쩌면 잔 다르크가 남겨준 것이었다. 켈리 드 브라이스는 잔 다르크가 고안한 포격술과 적극적인 전방공격은 프랑스군의 전술에 지대한 영향을 미쳐 남은 전쟁기간에 효과적인 전술로 사용되었다고 주장한다.[24] 프랑스는 노르망디를 점령한 후 보르도에서도 승리를 거두었고, 1453년에 이르러서는 오직 칼레만이 영국군의 수중에 남게 되었다.

잔 다르크에 대한 재심은 전쟁이 끝난 후에 열렸다. 교황 갈리스토 3세는 대심문관 장 브레알과 잔 다르크 어머니의 요청을 받아들여 잔 다르크의 혐의에 대한 재조사 및 종교재판을 실시한다고 포고했다. 여기에는 프랑스 국왕 샤를 7세의 입김이 작용했다. 이것은 잔의 애국적인 행위에 대한 감사의 표시가 아니라 잔을 마녀 상태로 놓아두게 되면 국왕 자신이 마녀 덕분에 왕위에 오른 셈이 되기 때문이었다.[25]

어쨌든 재심의 목적은 잔 다르크에게 내려진 판결의 정당성 여부를 조사하는 일이었다. 조사는 1452년 시작되었다. 기욤 부유 신부가 조사관을 맡았다. 공식적인 항소는 1455년 11월에 제출되었다. 항소 절차에는 유럽 전역의 성직자가 대거 참여했고, 교회법에 따른 표준적인 법정 절차를 그대로 준수했다. 전원이 신학자로 구성된 배심원들은 115명의 증인들의 증언과 증거자료들을 비교 분석했다. 대심문관 브레알은 1456년 6월 마지막 보고서를 작성했다. 이 보고서에서 그는 잔 다르크를 순교자로 선언했다. 피에르 코숑 주교에 대해서는 세속적인 이유 때문에 무죄한 여인을 죄인으로 몰아간 이단자라고 선언했다는 것이다. 1456년 7월 7일 항소심에서 법정은 잔 다르크가 무죄라고 최종 판결했다.

잔 다르크는 16세기에 가톨릭 동맹의 상징으로 부각되었다. 1849년 펠릭스 뒤팡루Félix Dupanloup 주교는 오를레앙 교구장에 취임하면서 잔 다르크를 열렬하게 찬양했다. 당시 그의 강론은 프랑스뿐만 아니라 백년 전쟁 당시 프랑스의 적국이었던 영국에서도 크게 주목을 받아 화제가 되었다. 펠릭스 뒤팡루 주교의 이와 같은 헌신적인 노력 덕분에 잔 다르크는 1909년 로마 교황청에 의해 복자福者로 시복되었다.*

그리고 1920년 5월 16일 교황 베네딕토 15세는 잔 다르크를 성인으로 시성諡聖했다. 성인이 된 잔 다르크는 오늘날 가톨릭 교회에서 가장 대중적으로 사랑받고 공경을 받는 성인 가운데 한 사람으로 자리매김되고 있다. 또한 잔 다르크는 투르의 성 마르티노, 성왕 루이, 리지외의 성녀 데레사 등과 더불어 프랑스의 공동 수호성인으로 추대되었다. 가톨릭 교회 내에서 잔 다르크는 라틴어식 명칭인 '아르크의 요안나' 또는 '요안나 아르크'라는 이름으로 불리고 있다.

---

*   가톨릭에서 누군가를 성인(聖人)으로 인정해달라고 교황청 시성성에 청원하여, 이를 접수하면 해당 후보자를 하느님의 종(Servus Dei, Servant of God)이라 부른다. 그 뒤 시복심사에서 통과하면 교황의 허락 아래 복자(福者)가 된다. 이를 달리 표현하여 시복되었다, 혹은 복자품에 올랐다고도 말한다. 여기서 한 계단 더 오르면 성인이 된다. 정확히 구분하자면, 성인품을 받으면 전 세계 가톨릭 교회에서 공식적으로 공경받을 수 있지만, 복자품을 받으면 특정 지역에서만 공식적으로 공경받을 수 있고 다른 곳에서는 금지되었다. 여성형은 복녀(福女)라고도 한다. 성인의 반열에 오르는 것을 '시성(諡聖)'된다고 하듯이 복자의 반열에 오르는 것은 '시복(諡福)'되었다고 한다. 현대에 오기 전까지 복자에서 성인까지는 대개 오래 걸리는 것이 일반적이었다. 짧게 몇 십 년, 길게 몇 백 년이 걸린 경우도 종종 있다. 대개는 기적을 2개 이상 인정받아야 되는데 1개만 인정받아서 복자에 머무르는 경우가 많다. (엔하위키 미러 참고)

〈잔 다르크의 재판 기록〉 중에서

코숑 : 너의 이름과 별명은 무엇이냐?

잔 : 제 고장에서 사람들은 저를 자네트라고 부르고, 제가 프랑스에 온 이후
로는 잔이라고 부릅니다. 별명은 아는 바 없습니다.

코숑 : 출생지는 어디인가?

잔 : 그뢰Greux 근처의 동레미라는 마을에서 태어났습니다.

보페르 : 네가 말하는 그 음성을 듣기 시작한 것은 언제인가?

잔 : 열세 살쯤 되었을 때, 저의 처신을 도우시는 하느님의 음성을 들었습니
다. 처음에는 무척 무서웠습니다. 그리고 이 음성은 여름철 정오 무렵에
제 아버지의 채마밭에서 들렸습니다. 저는 교회 쪽으로 오른편에서 그
음성을 들었고, 게다가 거의 언제나 분명하게 들렸습니다.

보페르 : 그 음성이 어떠했느냐?

잔 : 제가 듣기에는 위엄 있는 목소리 같았고, 그래서 저는 그 음성이 하느님
편에서 보내신 것이라 생각했습니다. 제가 그것을 세 번째로 들었을 때,
그게 천사의 음성이라는 것을 알았습니다.

보페르 : 그 음성이 네 영혼의 안녕을 위하여 어떤 가르침을 주었느냐?

잔 : 제게 바르게 처신하고 교회를 자주 다니라고 일러 주었습니다. …… 그
음성은 프랑스로 가라고 말씀하셨습니다. 또한 제가 오를레앙 시의 포
위를 걷어 낼 것이라고도 말씀하셨습니다. 또 이르시기를, 보쿨뢰르 시
에 있는 로베르 드 부드리쿠르를 찾아가면, 그가 저와 함께 떠날 사람들
을 붙여주리라고 하셨습니다.

코숑 : 네 편의 사람들에게 무슨 일이 일어나리라고 생각하느냐?

잔 : 7년 안에 영국인들은 그들이 오를레앙 앞에서 그랬던 것보다 더 큰 몫을
잃을 것이고, 결국 프랑스 전체를 잃을 것입니다. 영국인들은 과거의 그
누구보다도 프랑스에서 커다란 손실을 입을 것이며, 하느님이 프랑스인
들에게 안겨주실 커다란 승리에 의해서 그럴 것입니다.

코숑 : 네가 그걸 어떻게 아느냐?

잔 : 제가 받은 계시로 또 그런 일이 7년 안에 일어나리라는 것을 똑똑히 압

오늘날 잔 다르크는 서구 문화에서 가장 대표적인 인물 가운데 하
나로 남아 있다. 무엇보다도 잔 다르크는 프랑스에서 애국주의의 상
징이 되고 있다. 특히 제1차 세계대전 때 프로파간다선전 활동에 애국
심을 고취하기 위한 소재로 자주 쓰였으며, 군인들은 잔 다르크의
탄생지인 동레미라퓌셀을 순례하기도 했다. 또한 잔 다르크를 소재
로 한 수많은 영화*와 만화, 소설, 회화 등의 작품들이 만들어졌다.
잔 다르크는 흔히 깃발을 들고 백마 위에 올라탄 여기사의 모습으로
묘사된다.

근대 국가를 위한 요소들의 출현

백년 전쟁의 결과 프랑스 내에서 영국 국왕의 토지 보유가 완전히

---

*   영화로는 잉그릿드 버그만이 주인공으로 나온 맥스웰 앤드슨 감독의 작품과 밀라 요보비
      치가 주인공으로 출연한 뤽 베송 감독의 작품이 특히 유명하다.

사라졌다. 전쟁의 가장 주된 원인이었던 봉토 보유는 중세 봉건제에서는 일반적이었다. 중세 봉건 아래서 주군은 봉신에게서 충성서약을 받고 봉토를 부여했다. 그런데 이렇게 부여된 봉토에 대해서는 상위 주군이라 하더라도 간섭할 수 없었다. 따라서 국왕이라 하더라도 자신의 영지, 즉 왕령지에 대해서만 실제적인 권력을 행사할 수 있었다. 그 때문에 프랑스 국왕은 영국 국왕에 대해 간섭할 수 없었고, 영국과 프랑스의 영토 경계 또한 모호할 수밖에 없었다. 그러나 이러한 모호한 경계선이 백년 전쟁을 거치면서 점차 사라지게 되었고, 그에 따라 두 나라의 경계선이 분명해졌다. 전쟁이 끝났을 때 영국 국왕이 보유한 프랑스 내 영토는 단지 칼레뿐이었다. 그것도 군사력으로 강제 점령한 상태였을 뿐이었다.

국경이 확실해짐에 따라 영국과 프랑스는 해협을 사이에 둔 서로 다른 국가로 발전하게 되었다. 영국군이 점령한 지역에 사는 프랑스인들에게 영국군은 약탈자이면서 거만을 떠는 이방인처럼 보였다. 그러니 프랑스인들이 이런 사람들을 새로운 영주로 받아들일 생각이 없었을 것은 당연했다. 이들에 대한 저항은 결국 그 원인이 무엇이든 간에 일종의 '민족의식'을 동반하지 않을 수 없었다. 동시에 이러한 저항은 프랑스와 국왕을 위한 것이었다. 잔 다르크는 국왕과 프랑스를 위해 싸웠고, 그 이후에 이런 생각은 확산되어 영국군과 벌이는 모든 전투와 저항은 바로 '국왕을 살리기 위해', '국왕 만세'를 외치며 싸우는 것이 되었다.[26]

백년 전쟁은 결정적으로 프랑스의 왕권을 크게 강화시켰다. 전쟁이 지속되는 오랜 동안 프랑스의 국왕들은 무능했음에도 왕국은 뛰어난 생명력을 보여주었다. 그것은 프랑스인들이 군주제를 자신의 것으로 받아들였기 때문에 가능한 일이었다. 사람들은 군주제야말로 프랑스인에게 지속적인 평화와 안정을 가져다 줄 현실적인 방안이라고 보게 되었던 것이다.

또한, 군주는 전쟁이라는 비상사태를 이용해 국왕의 새로운 권력, 즉 세금을 징수하고 상비군을 유지할 권리를 가질 수 있었다. 그러므로 샤를 7세가 영국군을 패퇴시킨 후, 국왕은 중세 전성기의 왕권에 의한 국가 지배의 전통을 재확립할 수 있었다. 샤를 7세의 뒤를 이은 루이 11세와 루이 12세 치세에는 왕국이 더욱 강력해졌다. 루이 11세는 1477년 이탈했던 부르고뉴 공국을 프랑스에 편입시킬 수 있었고, 루이 12세는 결혼 정책에 의해 브루타뉴를 흡수함으로써 오늘날의 프랑스 영토에 준하는 지역을 강력하게 지배할 수 있게 되었다.[27] 이는 곧 절대왕정 국가의 탄생을 의미했다.

백년 전쟁이 가져온 또 한 가지 중요한 것은 전투에서 중세적인 전술이 종말을 고했다는 점이다. 크레시 전투와 푸아티에 전투, 그리고 아쟁쿠르 전투에 이르기까지 프랑스 군대는 기사를 중심으로 구성되어 있었다. 국왕이 전투를 하기 위해서는 봉신들에게 군사적 봉사를 요구하는 소집령을 내려야 했는데, 군대가 소집되기까지는 상당한 시간이 소요되었다. 그 때문에 영국군이 한바탕 프랑스 지역을 휩쓸고 지나간 다음에야 프랑스군이 그 뒤를 쫓는 형국이 되고 말았다. 더욱이 기사를 중심으로 한 프랑스군의 전술은 영국군의 보병과 궁사를 중심으로 한 영국군의 전술에 번번이 패배해 거의 쓸모없는 전술이 되었다. 백년 전쟁을 통해 가볍고 발 빠르게 움직일 수 있는 군대와 전술

운용이 나타나게 되었던 것이다.

백년 전쟁 말기 일자리를 잃은 용병들은 종종 도적떼로 변하곤 했다. 이러한 골치 아픈 문제를 해결하기 위해 국왕 샤를 7세는 1445년 칙령을 통해 12개후에 18개로 증편 부대의 상비군Compagnie d' ordonnance을 창설했다. 국왕으로부터 급료를 받게 된 칙령군 부대는 각각 1백 개의 랑스Lance로 이루어져 있었고, 하나의 랑스는 기병, 검사, 궁사, 시종 등 6명으로 이루어져 있었다. 각 칙령군은 하나의 지역을 담당하여 치안을 유지하거나 영국군 점령지를 탈환하는 역할을 했다. 이러한 상비군의 탄생은 신속히 이용할 수 있는 무력을 국왕이 독점하게 된다는 것을 의미했다.[28] 이 또한 절대왕정 국가 탄생의 근간이 되었다.

절대왕정의 한 요소로서 상비군과 관료제를 떠받치는 조세제도의 확립을 들 수 있다. 이 또한 백년 전쟁이 크게 기여했다. 14세기 이전까지 프랑스에서는 신민 전체에 항구적으로 부과되는 세금이란 것이 존재하지 않았다. 국왕은 자신의 영지에서 나오는 수입으로 살아가야 했다.

그러나 전쟁이 시작되자 국왕은 왕국을 방어하려는 자신의 노력에 모든 신민이 기여할 것을 요구했다. 하지만 세금은 전쟁과 같은 '명백한 필요'가 있을 때에만 가능한 것이어서 처음에는 세금 징수 기간을 1년으로 한정했다. 그러나 전쟁이 끝나지 않음에 따라 세금은 연장되었고, 빈번한 세금의 연장은 얼마 지나지 않아 사람들로 하여금 세금을 당연한 것으로 여기게 만들었다. 그리하여 1360년 국왕의 석방금을 마련하기 위한 보조세 징수를 포고한 칙령은 신민의 동의를 언급하지 않고 있을 뿐만 아니라 징세 기간조차도 정하지 않고 있다. 14세기 말에 이르러서는 국왕이 '그 자신의 뜻에 따라', 그리고 '우리가 원하는 동안' 그의 신민에게 과세할 수 있다는 것은 누구도 부인할 수 없는 현실이 되고 말았다. 그 때문에 샤를 6세 치세에는 조세에서 나오는 비경상 수입이 왕령에서 나오는 경상 수입의 4~5배에 달하게 되었다.[29]

백년 전쟁은 과세제도와 더불어 관료제의 확립에도 도움을 주었다. 세금은 세 신분의 대표회의라고 할 수 있는 삼부회三部會*에서 결정되었다. 그런데 삼부회는 과세를 인정해 주는 대신, 세금의 징수를 국왕 관료에게 맡기지 않고 삼부회에서 선출한 사람들에게 맡겼다. 즉 세 신분에서 각각 세 명씩 선출된 모두 9명의 총징세관이 징수된 모든 세금을 관리하며, 각 교구마다 2명의 징세원을 선출하여 이들로 하여금 징세에 대해 책임을 지도록 했다. 그런데 이러한 세금이 징수될 때

---

* 프랑스 혁명 전 3가지 신분, 즉 소수 특권층인 성직자와 귀족, 그리고 대다수의 민중을 포괄하는 제3신분의 대표로 이루어졌다. 세 신분 대표의 최초 전국회의는 1302년 4월 교황 보니파키우스 8세에 대항하는 단려왕 필리프 4세를 돕기 위해 소집되었다. 14세기 전반에도 정치적·재정적 지원을 얻기 위해 이와 유사한 회의가 소집되었다. 그러나 백년 전쟁 기간에 이미 삼부회는 단지 왕에게 고분고분하게 동의하는 제도적 장치가 아님을 보여주었다. 이 회의는 1350년대에 행정의 주도권을 장악하려 했으나 부르주아 개혁가 에티엔 마르셀이 암살되고 지방 간의 불화가 생겨 실패했다. 15세기에도 가끔 전국적인 삼부회가 소집되기는 했지만 대부분의 지역에서는 지방삼부회가 그 기능을 대신했다.
삼부회는 대체로 15세기 말이 되어 그 주요한 특징을 갖추게 되었으나 그때도 여전히 제도화되지는 못했다. 이미 왕들이 프랑스 전역에서 영구적 직접세(인두세)를 징수하고 있었기 때문에 1500년 이후 평상시에는 삼부회가 없어도 별 상관이 없었으며, 프랑수아 1세 (1515~1547년 재위)는 한 번도 삼부회를 소집하지 않았다. 그 후 삼부회는 16세기 말의 종교전쟁과 같은 위기가 있을 때만 소집되곤 했다. 루이 13세의 미성년기에 소집된 1614년 삼부회는 상충되는 이해관계 때문에 3계급이 의견의 일치를 볼 수 없었다. 마지막이 된 그다음 삼부회는 프랑스 혁명(1789년)이 시작될 무렵 재정적 위기와 광범위한 소요사태, 약해진 왕권을 배경으로 소집되었다. 개혁을 위한 노력이 두 특권층에 의해 번복될 것을 우려한 제3신분 대표들은 혁명적 국민의회를 소집했다(1789년 6월 17일). 이로써 전통적 사회계급을 토대로 한 대표제는 종식되었다. (브리태니커 백과사전 참고)

마다 각 교구에서는 대개 전임자가 선출되었고, 징수원이라는 이들의 직위는 1년에 한정된 것이었으나, 세금이 갱신되면서 이들의 직위 역시 연임되었다. 그리하여 조세가 항구화의 길로 접어들었던 14세기 말부터 징세원은 일종의 관료가 되었고, 실제로 국왕이 임명하곤 했다.

이처럼 백년 전쟁을 통해서 중세적 특징을 갖고 있는 것들이 사라지고 근대적인 요소들이 서서히 나타나기 시작했다. 봉건적 토지 보유, 주종관계에 근거한 기사 군대, 기사도 정신에 입각한 전술, 그리고 지방분권체제 등이 사라지고 영토의 경계가 뚜렷해지고, 용병으로 이루어진 상비군과 조세제도, 관료제, 중앙집권체제가 등장하기 시작했다. 무엇보다 중요한 사실은 전쟁을 통해 민족의식이 성장하고 중앙집권적 국가의 특징들이 나타나기 시작했다는 점이다.

전쟁이 끝난 뒤 영국과 프랑스는 서로 뚜렷하게 다른 길로 발전해나갔다. 영국은 대륙 문제에 관심을 갖지 않으면서 섬나라로서의 정체성을 확립해나갔고,[*] 프랑스는 백년 전쟁의 성과를 바탕으로 거대하고 막강한 절대왕정 국가로 나아갔다.[30]

---

[*] 영국은 내부적으로 또 다른 봉건 전쟁인 장미 전쟁을 거쳐 근대적인 국가로 발전해나갈 기틀을 마련하게 된다. 장미 전쟁은 영국인이 프랑스에서 사실상 추방되고, 귀족계급이 더 이상 외국에서 빼앗아온 전리품으로 부를 축적할 수 없게 된 절망적인 정치 상황에서 귀족 가문 사이에 벌어진 패권 전쟁이었다. 영국은 백년 전쟁과 장미 전쟁을 통해 영국적인 특색을 확립하고 근대 국가로의 새로운 발전 방향을 모색하게 된다.

8. 비잔틴 제국

동서의 교차점에서 기적의 역사를 열어간 천 년 제국

비잔틴 제국의 출발점은?

330년 5월 11일, 콘스탄티누스 황제는 성 에이레네 성당에서 열린 미사에 참석했다. 이날의 미사는 새로 지은 로마 제국의 수도 콘스탄티노플을 성모 마리아에게 봉헌하는 행사였다. 이 미사로부터 콘스탄티노플의 역사가 시작되었다. 동시에 그곳을 수도로 하는 비잔틴 제국*의 역사도 시작되었다. 현대의 역사가들은 비잔티움^{Byzantium}**이라는 이 도시의 옛 이름에서 따온 비잔티움 제국이라고 부르지만, 당대 사람들은 그냥 로마 제국이라고 불렀을 뿐이다. 후대 사람들로서는 서로마와

---

* 영어식으로 'The Byzantine Empire'라고 표기하며, 우리나라에서는 이 영어식 표기를 그대로 써 '비잔틴 제국'이라고 불렀다. 하지만 최근에는 원어를 살려 비잔티움 제국으로 표기하고 '동로마 제국'으로 쓰기도 한다.

** 오늘날 터키 이스탄불의 원래 이름이다. 기원전 667년 고대 그리스의 메가라의 주민들이 식민지 도시로 건설한 뒤, 이들의 임금 뷔자스 또는 뷔잔타스의 이름을 따 '비잔티움'이라 불렀다. 콘스탄티누스 황제가 이곳에 새 수도를 건설하고 '콘스탄티노폴리스'라고 이름 붙였다. 비잔티움 제국이 멸망한 뒤 투르크의 술탄 메흐메드 2세가 정복하여 오스만 제국의 수도가 되었다.

동로마로 갈라진 상황에서 그 구분이 필요했다. 그래서 서로마를 주로 로마 제국이라고 부르고, 동로마 제국에 '비잔티움 제국'이라는 이름을 붙이게 되었다.

그렇다면 콘스탄티누스 황제가 콘스탄티노플^{비잔티움}을 건설하고 수도를 이곳으로 옮긴 이유는 무엇일까? 당시 로마는 제국의 종교로 떠오르고 있던 그리스도교와 여러 면에서 어울리기 어려운 상태였다. 지적으로나 문화적으로나 로마는 점점 화석화되었고, 헬레니즘 세계의 새롭고 진보적인 사고로부터 점점 멀어지고 있었다. 로마의 학교와 도서관도 알렉산드리아와 안티오크, 페르가몬에 비해 뒤처졌다. 경제 분야는 더욱 심했다.

로마 제국의 전성기에도 비록 제국의 수도, 즉 정치적 중심지는 이탈리아 반도에 있었으나, 경제의 중심은 늘 동부 지중해 세계, 그러니까 헬레니즘 세계에 있었다. 무역과 통상의 규모에서 동방은 서방에 비해 크게 앞서 있었다. 이것은 당연했다. 당시까지 서방은 문명의 오지였고, 동방은 그리스와 오리엔트라는 초기 문명의 발상지들이 선진 문명권으로 확고히 자리 잡고 있었기 때문이다. 인구도 서방과는 비교가 되지 않을 정도로 많았다. 서방, 즉 서유럽이 문명의 중심권으로 발돋움하기 시작하는 것은 5세기에 서로마가 멸망하고 중세 문명, 그러니까 로마-게르만 문명이 성립하면서부터다.[1]

게다가 로마를 비롯한 이탈리아 반도 전역에 말라리아가 창궐하는 바람에 인구도 점점 감소했다. 제국 전체가 재정 문제로 여러 차례 붕괴할 상황에 내몰렸다. 이런 상황에서 동방의 경제적 자원은 매우 중요했다.

전략적인 측면에서도 옛 수도 로마는 매우 불리했다. 디오클레티아누스의 '사두四頭정치' 시절 이미 로마에 살고 싶어 한 황제는 아무도 없었다. 제국의 안전을 위협하는 요소들이 이미 오래전부터 제국의 동방 경계선에 집중되고 있었던 것이다. 도나우강 하류 언저리에는 사르마티아인들이 버티고 있었고, 흑해 북부에는 동고트족이 모여들었으며, 가장 위협적인 페르시아인은 방대한 사산 제국을 이루어 옛 로마의 속주였던 아르메니아와 메소포타미아에서부터 멀리 힌두쿠시까지 세력을 떨치고 있었다. 로마는 이미 3세기부터 페르시아와의 전쟁에 정신이 없었으며, 260년에는 로마 황제 발레리아누스가 페르시아의 왕 샤푸르 1세에게 사로잡혀 포로생활을 하다가 처형당하는 일도 벌어졌다.

이처럼 제국의 중심은 완전히 동방으로 이동하고 있었다. 이탈리아는 이제 오지로 변하고 있었다. 부차적인 요소이기는 하지만 로마의 시대는 끝났다는 무녀의 신탁에서 나온 예언도 있었다. 이런 조건에서 콘스탄티누스는 동방으로 수도를 옮기기로 결정했는데, 그곳이 비잔티움으로 불리는 곳이었다. 콘스탄티누스가 아시아의 칼케돈이나 트로이 평원 대신 비잔티움을 선택한 것은 강적들이 많은 아시아에 육로로 연결된 것보다는 바다 하나라도 건너편에 있는 게 방어에 유리하다고 생각했기 때문일 것이다.

콘스탄티누스가 콘스탄티노플로 수도를 옮긴 것이 비잔틴 제국 역사의 출발점이 되었다는 데는 많은 역사가들이 동의한다. 하지만 그에 대한 반론이 없는 것은 아니다. 사실 비잔틴 역사의 출발 시기를 정확히 꼬집어 말한다는 것은 어려움이 없지 않다. 비잔틴 제국은 고대 로마 제국을 단절 없이 계승했기 때문에 학자들은 비잔틴 역사의 출발 시기를 다양하게 제시하고 있는 실정이다.

어떤 사람은 '비잔틴적인 특징들'이 디오클레티아누스$^{284\sim305년 \ 재위}$의 동방화 정책의 결과 이미 나타났다고 주장한다. 반면, 많은 역사가는 콘스탄티누스$^{306\sim337년 \ 재위}$가 수도를 로마에서 콘스탄티노플Constantinople*로 옮긴 때부터 비잔틴 역사가 시작되었다고 주장한다. 그러나 디오클레티아누스와 콘스탄티누스는 통합된 하나의 로마 제국을 계속하여 지배했다. 따라서 엄밀히 말해서 이때는 로마 제국이 있었을 뿐, 비잔틴 제국은 없었다.

또한 서로마 제국이 게르만 민족의 수중에 넘어간 후인 6세기에도 동로마 황제 유스티아누스Justinianus**는 자신을 아우구스투스의 후계자로 생각했으며, 로마를 탈환하기 위해 격렬히 싸웠다. 그럼에도 유스

---

*   라틴어 이름은 콘스탄니노폴리스(Constantinopolice)다. 이것은 그리스의 콘스탄티누스 폴리스(Konstanttinous polis), 그러니까 '콘스탄티노스의 도시'라는 말에서 유래했다.

**   유스티니아누스 1세(482?~565년)는 527년부터 565년까지 비잔틴(동로마) 제국의 황제였다. 삼촌인 유스티누스 1세에 이어 제국을 통치했으며 비잔틴 제국의 영토를 넓히고 여러 가지 제도를 개혁하고, 하기아 소피아를 재건하는 등 많은 업적을 쌓았다. 그는 비잔틴 제국의 가장 위대한 황제 가운데 한 사람으로 여겨지며 교회에 대한 열정과 헌신으로 동방정교회로부터 성인의 칭호와 함께 '대제(大帝)'라는 칭호를 받았다.
유스티니아누스는 482년경 다르다니아 타우레시움(오늘날 세르비아)에서 태어났다. 나중에 황제가 되는 삼촌 유스티누스는 그를 콘스탄티노플로 데려와 자신을 돕게 했고 나중에 양자로 삼았다. 518년 아나스타시우스 1세가 죽자 유스티누스는 다음 황제로 지명되었는데 이때 유스티니아누스의 도움을 받았다. 유스티니아누스는 황제가 된 삼촌을 도와 여러 가지 행정을 도맡아 처리했고 나중에 노쇠한 황제를 대신하여 사실상 제국을 통치했다. 527년 4월 유스티누스는 조카를 공동황제로 임명했고 한 달 후 유스티누스가 서거하자 유스티니아누스가 단독 황제가 되었다.
유스티니아누스는 황제가 되기 전에 테오도라와 결혼했는데, 그녀의 아버지는 콘스탄티노플의 마차 경주장에서 말을 돌보는 천한 집안 출신이었다. 테오도라는 일설에 의하면 무희 또는 창녀였다고 한다. 당시 제국법에는 귀족은 평민과 결혼할 수 없었기 때문에, 유스티니아누스는 황제인 삼촌을 사주하여 귀족신분도 하급계층과 결혼을 허가하는 법안을

티니아누스 치세는 비잔틴 문명에서 매우 중요한 전환점이 된 것은 분명하다. 그가 통치하는 동안 '로마적'이라기보다는 '비잔틴적'이라고 간주할 수 있는 새로운 형태의 사상과 문화 예술이 구현되었기 때문이다. 그러나 일부 학자들은 유스티니아누스가 여전히 라틴어를 사용했으며, 옛 로마의 회복을 꿈꾸었다는 사실을 들어 다른 의견을 제기하고 있다.

제출하게 했고 테오도라와 결혼할 수 있었다. 이러한 결혼 스캔들에도 불구하고 테오도라는 일단 황후가 되자 제국의 정치에 깊이 관여하고 영향력을 행사했다. 편견을 갖고 보던 귀족들도 테오도라 황후의 훌륭한 처신에 감탄할 수밖에 없었다. 테오도라 황후는 평생 남편인 유스티니아누스 황제를 도움으로써 큰 힘이 되었다. 532년 콘스탄티노플에서 일어난 니카의 반란으로 유스티니아누스는 거의 제위를 빼앗길 뻔한 상황에 처했다. 당시 인기 있던 전차 경주의 두 팀을 응원하던 청색당과 녹색당의 폭동이 반란으로 확대되어 군중들은 황궁에까지 몰려들었다. 이때 유스티니아누스는 수도를 버리고 달아나려 했는데, 테오도라 황후는 유스티니아누스 황제에게 "황제는 황제답게 떳떳하게 죽어야 합니다."라고 격려하여 황제를 도망가지 못하게 하고, 벨라시라우스 장군 등을 불러 반란을 진압하게 했다.

황제가 된 후 유스티니아누스는 신분이 아닌 능력으로 인재를 선발함으로써 오랜 비잔틴 황실과 귀족의 부정부패를 일소하고 귀족계급을 견제할 수 있었다. 군사적으로도 그는 벨리사리우스, 나르세스 등 우수한 장군을 등용하여 옛 로마제국의 영토를 많이 회복하고 5세기 비잔틴 제국의 번영을 이루었다. 특히 그는 이탈리아 반도 본토를 회복하는 데 많은 노력을 기울여 성과를 거두었으며, 불가르족과 슬라브족의 침입을 막아내고 북아프리카에서 제국의 영향력을 강화했다. 유스티니아누스는 정력적으로 일하는 황제로 거의 잠을 자지 않았다고 하며 수많은 개혁을 단행했다. 특히 세 차례에 걸쳐 로마법을 집대성하고, 신학에도 깊은 관심을 보였다. 단성론 문제로 동방정교회(Orthodox Church)와 대립하기도 했으나, 교회의 교리와 이론을 정리하는데 기여했다. 그는 수도 콘스탄티노플을 정비하여 하기아 소피아를 건축하는 등 위대한 건축 사업을 벌였으며, 고아원과 수도원 등의 건축에도 많은 관심을 기울였다.

무엇보다 그는 한 세기 전에 만든 『테오도시우스 법전』에서 한 걸음 더 나아가 완전히 새로운 법전을 만들고 체계화했다. 그는 이를 위해 529년 트리보니아누스를 법무관으로 임명하고 그의 지휘 아래 특별위원회를 만들었으며, 이 위원회에서 일련의 과정을 거쳐 『유스티니아누스 법전』을 편찬했다. 로마법을 집대성한 것으로 평가받는 이 법전은 16세기 이래 『로마법 대전』으로 불리며, 근대법의 발전에도 큰 영향을 미쳤다.

헤라클리우스의 군제 및 세제 개혁

비잔틴 제국에 비잔틴 문명의 독특한 특징들이 분명하게 드러나는 것은 610년 이후라고 말할 수 있다. 이때부터 "동로마에 기원을 갖고 그리스어를 말하며 철저히 동방적인 또는 '비잔틴적'인 정책을 추구한 하나의 새로운 왕조가 등장"했던 것이다. 따라서 비잔틴 역사의 출발점을 디오클레티아누스, 콘스탄티누스, 또는 유스티니아누스 등으로 잡는 것도 상당한 타당성이 있지만, 헤라클리우스Heraclius가 즉위한 610년부터 비잔틴 제국의 본모습이 드러나기 시작했다고 보는 것이 더욱 적절할 것이다.[2]

카르타고의 총독으로 있던 헤라클리우스는 군대를 이끌고 잔인했던 포카스 황제를 처형하고 황제가 되었다. 하지만 헤라클리우스가 즉위할 당시 비잔틴 제국은 혼란이 극에 달했다. 내부적으로 계속되던 청색당과 녹색당의 파벌 싸움은 내전 상태를 방불할 지경에 이르렀고, 외부적으로 페르시아로부터 그 존립 자체를 위협당하고 있었다. 페르시아는 비잔틴 제국의 아시아 영토 대부분을 정복했으며, 콘스탄티노플까지 위협했다.

614년에는 페르시아의 호스로 2세Khosrau II가 페르시아만을 건너 아라비아 북동부로 진출했다. 호스로는 이어 콘스탄티노플을 대신해 시리아를 보호하고 있던 가산족 아랍인들을 궤멸시켰다. 그런 다음 예루살렘을 포위하고 공격했으며, 도시를 함락한 뒤에는 대규모의 살육행위를 저질렀다. 목격자들의 증언을 꼼꼼히 수집한 안티오쿠스 스트라테코스는 이렇게 기록했다. "그들은 나이 불문하고 모조리 죽였다. 동물처럼 도살했다. 몸뚱어리를 자르고 풀처럼 마구 베었다." 페르시아 군은 일가족을, 성벽을 에워싼 해자에 물을 뺀 다음 집어넣고 갈증과 더위로 죽을 때까지 그냥 지켜보기도 했다. 남녀노소를 가리지 않고 6만 7천 명 가까운 사람들을 살해했다. 이와 함께 예루살렘의 가장 귀중한 유물인 참십자가, 즉 예수가 못 박혔다는 바로 그 십자가의 남은 나무 조각도 가져갔다.[3] 이것은 기독교를 국교로 믿는 비잔틴에게는 가장 치욕적이며 분노를 불러일으키는 사건이었다.

헤라클리우스 황제는 즉위 뒤 사면초가에 처한 제국을 구할 해법을 찾기 위해 노력했다. 그가 취한 첫 번째 작업은 자신이 통제하고 있는 영토를 전쟁에 대비할 수 있게 편제한 일이었다. 그는 페르시아에 빼앗기지 않은 소아시아 전 지역을 네 개의 테마^{Thema} 즉, 북서부의 옵시키온, 북동부의 아르메니아콘, 중앙의 아나톨리콘, 남부 해안과 그 후배지를 포괄하는 카라비시아니로 나누었다. 테마의 최고 지휘자는 스트라테고스^{Strategos}라는 군사 총독이었다. 각 테마에는 언제든지 병력으로 전환할 수 있게 상당한 규모의 인구를 정착시키고 그들에게 군사적 용도로만 사용한다는 조건으로 세습 토지를 부여했다.[4]

이런 방식은 어찌 보면 변방을 지키는 기본에 해당하는 조치라고 말할 수 있었다. 중앙집권적 제국체제가 일찍부터 발전했던 중국에서는 이미 기원전 2세기에 한 무제가 둔전병屯田兵*을 설치해 흉노의 공략에 활용한 바 있었다. 헤라클레누스의 이 테마 또한 변방의 병사들이 농사를 지어 스스로의 군량미를 충당하면서 수비를 맡는 제도로서, 이

---

* 평시에는 토지 경작과 군량을 공급하고, 전시에는 전투원으로 동원되는 병사를 말한다.

때의 토지는 병사들에게 대대로 세습되었다. 이러한 둔전제도는 중국 뿐만 아니라 한반도의 국가들도 대부분 취했던 방식이었다.

헤라클리우스의 이 새로운 편제는 이후 제국을 방어하는 데 큰 역할을 했다. 무엇보다 잘 훈련되고 믿을 수 있는 국민군의 기반이 마련되었으므로 예전의 마구잡이식 용병제도에서 벗어날 수 있었다. 그리하여 7세기 중반부터는 아나톨리아 서부 전역에 자신의 토지를 가지고 생계를 꾸리면서 국가의 필요에 따라 무기와 말을 가지고 통상의 급료로 군대에 복무할 수 있는 새로운 병사농민층이 생겨났다. 이로써 디오클레티아누스와 콘스탄티누스 시절부터 시행된 민정 총독 중심의 속주행정체제는 점차 사라졌다.[5]

두 번째 문제는 제국의 재정을 복구하는 일이었는데, 이는 하룻밤에 이룰 수 있는 문제가 아니었다. 헤라클리우스는 조세, 강제 대부, 포카스 황제 시절의 악명 높았던 부패 관리들에게 벌금을 물리기 등 다양한 방법을 동원해 세수를 늘리기 위해 노력했다. 또한 아프리카의 가족과 친지들로부터도 많은 보조금을 얻어냈다. 그러나 단일한 세입원 중 가장 규모가 큰 것은 교회사상 처음으로 정통 교회가 낸 기부금이었다. 콘스탄티노플의 세르기우스Sergius 총대주교에게 페르시아와의 전쟁은 종교 전쟁이었다. 이 전쟁에서 그리스도교 세력은 불을 숭배하는 이교도인 조로아스터교를 완전히 누르고 승리해야만 했다. 이를 위해서 기독교 세력은 황제를 적극적으로 지원하기로 결정했다.

세르기우스 총대주교와 황제의 사이는 그다지 좋지 않았다. 황제의 개인적인 사생활 문제 때문이었다. 612년 유도키아 황후가 둘째 아이를 낳고 간질 발작으로 죽은 뒤 헤라클리우스 황제는 자기 조카딸인 마르티나와 결혼식을 올려 종교계의 비난을 샀던 것이다. 서양이든 동양이든 일찍부터 정략결혼이 성행하면서 황실 내의 근친은 다반사로 이뤄졌다. 그런 점에서 본다면 헤라클리우스 황제의 행위는 큰 문제도 아니었으나 엄격한 동방교회법에는 저촉되었다. 그럼에도 동방교회는 국가적 이익을 위해 이를 묵인하기로 했다. 나아가 세르기우스 총대주교는 모든 교구에서 자신이 직접 모은 교회와 수도원의 재산을 국가에 헌납했다. 이것은 당분간 국가의 재정을 걱정하지 않아도 될 정도로 엄청났다.[6]

최초의 십자군 전쟁에서 승리한 비잔틴

황제 즉위 후 2년간 내정을 정비한 헤라클리우스는 622년 드디어 페르시아의 원정을 영구히 종식시키기 위한 전쟁을 시작했다. 그해 부활절 일요일에 헤라클리우스는 하기아 소피아 성당에서 부활절 장엄 미사에 참석하여 세르기우스 대주교한테서 직접 성체성사를 받았다. 출정식을 겸한 미사였다. 다음날인 부활절 월요일 아침 그는 군대를 이끌고 출전했다. 테오도시우스 1세 이후 비잔틴 황제로서는 처음으로 몸소 군대를 이끌고 전쟁에 나서게 되었다. 세르기우스 대주교와 고위 관리 보누스에게는 콘스탄티노플과 함께 열 살 난 아들 콘스탄티누스의 섭정 역을 맡겼다. 헤라클리우스는 해협을 건너 페르시아군이 버티고 있는 칼케돈Chalcedon으로 직행하는 대신, 남쪽으로 방향을 돌려 소아시아 만곡부를 돌아 토로스 산맥 관문인 '실리시아 문'에 상륙

했다. 헤라클리우스는 여름을 소아시아에서 보내면서 군사들을 훈련
시켰다. 전투 경험이 없는 사람들이 너무 많았고, 군대는 오합지졸이
었다. 황제는 실전과 다름없는 훈련을 진행했다. 그 결과 방어능력은
상당히 좋아졌다.

가을이 되자 헤라클리우스는 아르메니아로 진군했다. 페르시아군
은 이에 맞서기 위해 칼케돈에서 철수했다. 양측의 군대는 아르메니
아 국경 바로 남쪽에서 만났다. 첫 전투에서 헤라클리우스의 병사들은
용감하게 페르시아군의 방어선을 뚫었고, 페르시아군은 허둥지둥 도
망치기에 바빴다. 한번 무너지기 시작한 페르시아군은 더 이상 전열을
가다듬지 못하고 계속 밀렸다. 이후 3년 동안 페르시아군 선발대는 차
례로 궤멸당했다. 헤라클리우스군은 페르시아군을 니네베_{지금의 이라크 모}
_{술 지방}까지 밀어냈다. 비잔틴 군대는 소아시아를 수복하고 아르메니아
와 시리아 일부도 탈환했다. 아직 예루살렘은 페르시아의 수중에 있었
지만 병사들은 신이 그 아들에 대한 원수를 갚는 데 함께한다는 생각
에 사기가 충천했다.[7]

626년 페르시아의 호스로 2세는 전쟁을 끝내기 위해서 특단의 조치
가 필요했다. 그는 콘스탄티노플을 공략할 심산이었다. 그는 이를 위
해 아바르족에 사절을 보내 헤라클리우스가 제시한 것보다 훨씬 좋은
조건을 제시했다. 아바르족은 이를 받아들여 페르시아측에 붙었다. 호
스로는 슬라브족까지 매수해 콘스탄티노플 공략에 참가시켰다.

626년 7월 마지막 주에 슬라브족과 아바르족은 콘스탄티노플로 진
군했다. 그 사이 페르시아군은 포스보루스 반대편 해안에서 출항 준비
를 마쳤다. 슬라브족과 아바르족이 서쪽을 공략하면 페르시아군이 서

쪽으로 진입한다는 계획이었다. 헤라클리우스와 비잔티움군 주력부대는 대부분 멀리 북쪽 페르시아 국경 지역에 머물고 있었다. 따라서 도시 방어는 모누스 장군과 세르기우스 대주교가 지휘하는 현지 주둔군이 맡을 수밖에 없었다. 아바르족, 슬라브족 등 공격군은 8만 명이나 되었지만, 성을 방어하는 비잔틴 병사는 1만 2천 명뿐이었다.

공격 첫날 도시는 완전히 포위되었다. 이어 성벽 바깥에 있는 건물이 모두 불탔고, 콘스탄티노플 주변은 완전히 화염에 휩싸였다. 공성기와 투척기가 배치되었고, 궁수들이 쏜 화살이 성벽 너머로 우박처럼 떨어졌다. 보누스 장군이 요새들을 재정비하는 사이 세르기우스 대주교는 정규 설교와 철야기도, 행진 예배 등을 통해 병사들의 사기를 북돋웠다. 세르기우스 대주교는 이 싸움이 종교 전쟁이라는 사실을 상기시키고자 했다. 하기아 소피아 성당에서는 쉴 새 없이 예배가 거행되었고, 도시 전체가 종교적 열정에 휩싸여 고통스러운 공격을 견뎌냈다.[8]

포위 열흘째인 8월 7일 목요일 아시아쪽 해안의 페르시아 병력을 실은 배들이 드디어 움직였다. 그동안 페르시아군은 해안 건너편에서 양측의 공방전만 지켜보고 있었다. 공성기를 갖지 못한 페르시아군은 일찍 건너봐야 공성에 도움이 안 된다고 판단했는지 모르지만, 비잔틴군이 볼 때 너무 소극적이었다. 그러나 페르시아 배들이 움직이자마자 느닷없이 그리스 함대가 나타나 그들을 포위했다. 이미 그 전에 페르시아의 계획이 노출되었던 것이다. 수적으로 열세였던 페르시아 선원들은 그 자리에서 죽거나 바다에 떨어져 죽었다. 페르시아의 배들은 모두 나포되어 콘스탄티노플로 끌려왔다. 그와 때를 같이하여 황금뿔 북쪽 끝에 모여 있던 슬라브족의 배들도 같은 운명에 처했다.[9]

페르시아군의 동쪽 공략이 실패로 돌아가자 서쪽 공격을 맡은 아바르족과 슬라브족도 무너지기 시작했다. 콘스탄티노플에 대한 포위 공격은 실패로 돌아갔다. 페르시아군은 치욕 속에 철수하고 말았다. 이 승전 소식을 들은 헤라클리우스는 본격적인 페르시아의 공략에 들어 갔다. 헤라클리우스는 흑해 북쪽의 산악 지역에 근거지를 두고 있는 하자르족과 동맹을 맺었다. 헤라클리우스군과 하자르족은 남쪽 페르시아를 향해 진군했다. 하자르족이 데드벤트Derbent를 약탈하는 사이 헤라클리우스군은 진격을 계속해 니네베에 도착했다. 628년 비잔틴군은 드디어 페르시아의 수도 크테시폰 성벽 앞에 도착했다.

성이 포위되자 페르시아군 내부에서는 동요가 일어났고, 모든 원망이 호스로 2세에게로 향했다. 호스로 2세는 성을 탈출하려다 아들과 신하들에게 붙잡혀 백성들이 보는 앞에서 십자가형에 처해졌다. 호스로 2세의 아들은 카바드 2세로 즉위하자마자 헤라클리우스에게 사절을 보내 평화협정을 제안했다. 헤라클리우스는 협정에 따라 호스로 2세가 점령했던 땅을 모두 되돌려받았다. 헤라클리우스는 크테시폰에서 예루살렘까지 개선행진을 한 뒤, 630년 3월 21일 참십자가 유물을 예루살렘에 돌려주었다.[10]

8백 년이나 더 갈 제국을 정비하다

628년 9월 14일 아침 헤라클리우스는 수도 콘스탄티노플로 개선했다. 그의 앞에는 참십자가가 행렬을 이끌었고, 그의 뒤로는 페르시아에서부터 데려온 코끼리 네 마리가 따랐다. 황제는 이제 제국을 구한 영웅이 되었다. 그의 활약 덕분에 사산 왕조 페르시아는 비록 얼마간은 더 명맥을 유지하지만 두 번 다시 비잔티움을 위협하지 못한다. 그러나 곧 그보다 더 무서운 세력이 급속히 모습을 드러냈다. 예언자 무함마드와 그의 뒤를 이은 이슬람 세력이 본격적으로 확장을 시작한 것이다.

7세기 초반까지 아라비아는 서양에 거의 알려지지 않았던 지역이다. 그런데 그곳에서 633년 갑자기 엄격한 규율과 단일한 목적을 가진 아랍인들이 박차고 나왔다. 그 뒤 3년 만에 그들은 다마스쿠스를 점령했고, 5년 뒤에는 예루살렘, 6년 뒤에는 시리아 전역을 손에 넣었다. 10년이 채 못 되어 이집트와 아르메니아도 아랍의 칼날 아래 스러졌다. 뒤이어 그들은 20년 만에 페르시아 제국을, 30년 만에 아프가니스탄과 펀자브 대부분을 차지했다. 이 무렵 힘을 비축하기 위해 그들은 서쪽으로 방향을 돌렸다. 711년 북아프리카 전 해안을 정복한 다음, 그들은 스페인을 침공했다. 그리고 732년 사막의 고향에서 일어선 지한 세기도 안 되었을 때 피레네 산맥을 넘어 루아르 북부로 쳐들어왔다가 일 주일 동안의 전투 끝에 제지당했다.[11]

역사상 이처럼 극적인 정복 활동은 거의 보기 어렵다. 그들은 무함마드라는 인물의 가르침을 받은 이슬람 세력이었다. 이슬람의 등장으로 지중해와 유럽, 서아시아와 중앙아시아, 인도 등의 세력 판도가 급변하기 시작한다. 당연히 비잔틴 제국도 그 영향을 받지 않을 수 없게 된다. 비잔틴 제국은 끊임없는 이슬람권의 공략 대상이 되었다. 그러나 비잔틴 제국은 이슬람의 등장 이후에도 거의 8백 년 동안을 유장하게 버틴다. 그러다가 1453년 5월 29일 오스만 제국의 공격으로 콘스탄티노플이 함락되면서 천 년 제국 비잔틴의 운명도 끝난다. 그 뒤 콘스탄티노플은 오스만 제국의 수도가 되었고, 오늘의 동서양 문화가 교류하며 공존하는 산 증인으로 남게 되었다.

최초의 십자군 전쟁에서 페르시아군을 물리치고 참십자가 유물까지 찾아서 예루살렘에 돌려준 헤라클리우스 황제는 그 승전 이후 불행하게도 더 이상의 활약을 펴지 못한다. 그는 불치병에 걸렸고 말년을 고통 속에서 보냈다. 더욱이 그는 죽은 후에도 안식을 맞지 못했으며 한 가지 치욕을 더 겪어야 했다. 그가 사망하여 콘스탄티누스 황제의 묘 가까이 묻힌 지 석 달 뒤, 맏아들의 명령에 따라 그의 석관이 다시 열렸고, 함께 매장된 보석이 박힌 제관이 죽은 그의 머리에서 벗겨진 것이다. 맏아들 콘스탄티누스가 마땅히 자신이 단독으로 차지해야 할 제위를 동생과 공동으로 소유하게 만든 아버지에 대한 원망으로 그렇게 한 것이다.[12]

첫째 황후가 죽은 뒤 조카딸과 결혼한 헤라클리우스는 둘 사이에 9명의 자식을 낳았으나 그 중 4명은 어려서 죽고, 하나는 목이 꼬인 장애인이며, 또 다른 하나는 귀머거리에다 벙어리였다. 그런데 결혼할 때부터 인기가 없었던 황후 마르티나는 헤라클리우스 말년에 오직 자신의 맏아들 헤라클로나스가 첫째 황후 유도키아의 소생인 콘스탄티누스와 공동으로 제위를 잇는 데만 관심을 가졌다. 결국 더 이상 아내의 요청에 저항할 기력이 없었던 헤라클리우스는 638년 6월 4일 보스포루스 궁전에서 마르티나와 콘스탄티누스가 지켜보는 가운데 떨리는 손으로 헤라클로나스의 머리에 제관을 씌워준다. 각각 스물 세 살과 스물 여섯 살인 두 아들은 그때부터 아버지와 공동 지배자가 되었다. 헤라클리우스 사후 큰아들의 행위는 이에 대한 보복이었던 것이다.

　말년과 사후는 치욕적이고 비극적이었지만 헤라클리우스 황제의 치적은 대단한 것이었다. 그의 힘과 결단력, 영도력이 없었다면 콘스탄티노플은 이미 페르시아에 무너졌을 것이고, 얼마 뒤에는 무슬림의 물결에 완전히 휩쓸렸을 것이다. 그랬다면 아마 모르긴 몰라도 서유럽에도 상상할 수 없는 결과가 빚어졌을 것이다. 수백 년 동안 비잔티움을 강한 제국으로 버티게 만들 수 있었던 것은 그가 구상하고 창안한 군사·행정조직체계 덕분이었다. 이러한 체계는 결국 중세 제국의 기둥이 되었다. 비잔틴 제국이 이후 8백 년이나 더 존속하면서 최고의 전성기에 오를 수 있었던 것은 바로 헤라클리우스 덕이 컸다고 말할 수 있다.[13]

　문화적으로도 그의 치세는 새로운 시대의 개막이었다. 유스티아누스가 최후의 진정한 로마 황제였다면, 헤라클리우스는 옛 로마의 전통을 종식시킨 비잔티움 제국의 진정한 황제였다. 그의 시대까지 라틴어가 행정뿐만 아니라 군대에서도 널리 공용어로 사용되었지만 사실 백성들의 대다수는 라틴어를 알지 못했다. 통신의 효율성이 무엇보다 중요해진 시기에 이는 대단히 불합리한 일이었다. 그래서 헤라클리우스는 오랫동안 백성들과 교회의 언어였던 그리스어를 제국의 공용어로 삼겠다고 포고했다. 그렇게 해서 불과 한 세대 뒤에는 지식인 계층조차 라틴어를 거의 사용하지 않게 되었다.

　마지막으로 그는 옛 제국의 문을 닫고 새 제국의 문을 열기 위해 황궁의 위계에서도 고대 로마의 직함들을 폐지했다. 그때까지 황제의 공식 직함은 전임 황제들과 마찬가지로 임페라토르 카이사르 아우구스투스였다. 그러나 그의 시대부터 황제의 직함은 왕을 뜻하는 옛 그리스어인 바실레오스Basileus로 바뀌었다. 이 직함은 비잔틴 제국이 존속할 때까지 공식 명칭으로 사용되었다.[14]

비잔틴 제국의 부침과 성쇠

콘스탄티누스 황제로부터 보면 천 년이 넘고, 헤라클리우스 황제로부터 보더라도 8백 년 이상을 넘긴 동로마, 비잔틴 제국은 여러 번의 부침을 거듭하며 흥망성쇠의 길을 걷는다. 이 나라의 흥망성쇠를 한눈에 볼 수 있는 것은 지도의 변화다.

먼저 565년의 지중해 세계를 보여주는 지도를 보면, 유스티아누스 1세가 세상을 떠났을 당시 동로마비잔틴 제국의 모습을 알 수 있다. 395년 로마 제국이 분열한 다음 서로마 제국은 불과 1백 년도 지나지 않아 멸망하고 말았다. 하지만 동로마 제국은 유스티아누스 1세의 치세 때 과거 서로마 제국의 영토였던 지방 가운데 이탈리아, 북아프리카 서부, 스페인의 일부를 탈환했다.

다음으로 8세기 중반의 모습을 보면, 2백 년 동안 동로마 제국의 영토가 엄청나게 축소되었음을 알 수 있다. 당시 비잔틴 제국은 오늘날의 그리스 일부와 터키 지방에서 겨우 유지되고 있을 뿐이다.

그러나 1025년의 지도를 보면 또 많이 변해 있다. 작은 국가로 전락한 비잔틴 제국은 8세기 후반부터 새로운 발전기를 맞이하여 잃었던

565년의 지중해 세계

8세기 중반의 비잔틴 제국

영토를 대거 회복해 다시 강대한 국가로 변모한다. 로마 제국이 동서로 분열된 후 6백 년 이상의 시간이 흘렀으며, 그 사이 많은 나라들이 흥망을 거듭했다. 그런 와중에도 비잔틴 제국은 꿋꿋이 존속할 수 있었다. 과연 그 힘은 어디서 나온 것이었을까?

1025년 비잔틴 제국

14세기 중반 비잔틴 제국

　그런데 11세기 초반을 정점으로 비잔틴 제국은 쇠퇴하기 시작한다. 11세기 후반에는 셀주크 투르크의 공격을 받고 많은 영토를 잃었다. 13세기 초반에는 수도 콘스탄티노플이 서유럽의 십자군에게 점령당했지만 비잔틴 제국은 망명 정권을 수립해 살아남았고, 그로부터 약

반세기 후 제국을 다시 세웠다. 그 뒤 다시 쇠퇴해서 14세기 중반 비잔틴 제국은 발칸 반도의 일부분을 남기고 모든 영토를 상실하고 만다. 그리고 그 1백 년 후, 비잔틴 제국은 수도 콘스탄티노플만 남긴 채 마지막 50년 동안 잔존해 있었다. 결국, 1453년 비잔틴 제국은 오스만 제국의 술탄 메흐메드 2세에게 멸망함으로써 역사 속으로 사라진다.

여기서는 헤라클리우스 황제 이후 비잔틴 제국의 흥망성쇠를 간략히 살펴보는 것이 필요하겠다. 헤라클리우스가 사망하기 전부터 등장한 무슬림은 급속하게 세력을 확장하면서 비잔틴 제국의 영토를 침입하기 시작했고, 650년에 이르러 그들은 페르시아인들이 7세기 초에 잠시 차지했던 비잔틴 영토 대부분을 장악했다. 그들은 페르시아를 정복하고 북아프리카를 가로질러 서쪽으로 진군해갔다. 아랍인들은 이제 바다로 진출하여 677년에는 함선으로 콘스탄티노플을 점령하려 했다. 이 작전이 실패한 뒤 717년 다시 수륙 양면 작전으로 이 도시를 점령하겠다고 나섰다.

717년의 위기는 한 세기 전에 페르시아의 위협을 격파했던 헤라클리우스만큼이나 결단력 있는 황제 레오 3세^{Leo Ⅲ, 717~741년 재위}의 역습으로 극복되었다. '그리스의 불^{Greek Fire}'*로 알려진 비밀 병기와 강력한 군사력의 도움을 받아, 레오는 바다와 육지에서 아랍 군대를 격파할 수 있었다. 717년 레오 황제의 콘스탄티노플 방어전은 유럽 역사상 가장 중요한 전투 가운데 하나로 평가된다. 그 전투의 승리로 비잔틴 제국의 생명이 몇 세기 동안 연장되었을 뿐만 아니라 서유럽 전체를

---

* 이것은 유황과 석유, 생석회의 혼합물로 만들어졌을 것으로 알려진다. 청동으로 된 파이프가 선박의 이물과 콘스탄티노플 성벽에 장치되어 적을 향해 화염을 방사했다.

구원할 수 있었기 때문이다. 만일 그때 콘스탄티노플이 함락되었다면, 아랍인들이 유럽의 나머지 지역을 휩쓰는 것을 막아내기란 불가능했을 것이다.

레오 3세는 시리아 북부 게르마니키아^{지금의 터키 마라시}의 부유한 집안에서 태어났다. 705년 황제 유스티니아누스 2세의 복위를 도와 고위직인 스파타리우스^{Spatharius, 시종}에 올랐으나 곧 불신을 받아 먼 동쪽 변경으로 쫓겨났다. 그러나 무사히 임무를 완수했으며 그 다음 황제 아나스타시우스 2세^{713~715년 재위} 때는 소아시아에서 가장 큰 테마^{軍管區}인 아나톨리콘의 사령관이 되었다. 그러나 715년 아나스타시우스 2세가 군인들의 반란으로 퇴위당해 수도원으로 쫓겨났으며 테오도시우스 3세가 그 뒤를 이었는데 아르메니아콘 테마^{소아시아에서 2번째로 큰 군관구} 사령관인 아르타바스도스와 제휴하고 있던 레오는 신임 황제를 인정하지 않고 아나스타시우스의 복위를 계속 주장했다. 그는 아랍인들을 설득해 비잔틴 영토에서 물러나게 한 뒤 콘스탄티노플로 진격했다. 나약한 황제 테오도시우스 3세는 저항해도 소용이 없다는 것을 깨닫고 제위에서 물러났고 레오는 717년 3월 25일 황제가 되었다.[15]

레오의 첫번째 과제는 속은 것에 분개하고 있는 아브드 알 말리크^{Abd al-Malik}가 이끄는 아랍인들의 침입에 대비해 콘스탄티노플의 방어태세를 정비하는 것이었다. 아랍인들은 717년 8월 15일부터 718년 8월 15일까지 육상과 해상으로 콘스탄티노플을 포위했으나, 레오의 능숙한 방어전술과 함께 그리스 화약, 혹독한 추위, 일부 아랍 함선들의 이탈, 트라키아에 주둔한 아랍군에 대한 불가리아인들의 공격 때문에 실패했다. 이 전투는 아랍인들의 콘스탄티노플 공격 가운데 2번째이자 가장 규모가 컸던 사건이었다. 레오의 승리로 아랍인들은 유럽 남동부에 진출하지 못하게 되었고 아랍 팽창주의는 큰 타격을 입었다.

레오는 시칠리아 반란 사건을 진압하고 아나스타시우스 2세의 복위 음모를 분쇄함으로써 자신의 권위를 강화했다. 또한, 딸 안나를 협력자인 아르타바스도스와 결혼시켜 제휴관계를 더욱 굳게 다졌다. 720년에는 황후 마리아와의 사이에 난 아들 콘스탄티누스를 공동통치자로 임명했다. 외교능력이 뛰어났던 레오는 733년 자카프카지예 지역에 살던 하자르 족장의 딸과 콘스탄티누스를 결혼시켜 그들과 매우 귀중한 군사적 동맹관계를 맺고 아랍인들에 대항했다. 북쪽의 불가리아인들과는 평화관계를 유지해 아랍인들의 소아시아 침략을 막는 데에만 주력할 수 있었다. 740년 아크로이노스^{지금의 아피온카라히사르}에서 아랍인들을 크게 격파해 위협받고 있던 소아시아 지역을 지켰으며, 아들인 콘스탄티누스 5세 때 비잔틴 제국은 공세攻勢를 취해 예전에 아랍인에게 빼앗긴 일부 지역을 되찾았다. 또한 레오는 콘스탄티노플의 거대한 성벽을 보수하기도 했다.[16]

레오는 군사적 업적으로 병사와 국민들 사이에서 큰 인기를 누렸으며, 이를 통해 자신의 종교 정책을 강력히 추진할 수 있다는 확신을 얻었다. 그는 722년 유대인과 몬타누스파^{그리스도교 이단 종파의 하나} 사람들에게 세례를 강요하는 등 자신의 입장을 강요하는 정책을 폈다. 또한 그는 730년 성상 파괴를 제국의 공식 정책으로 선언했으며 교회에서 성상을 없애거나 부수라고 지시했다. 콘스탄티노플 총대주교인 게르마누스 1세가 이를 거부하자 그를 해임하고 아나스타시우스를 후임자로 임명했다. 반항하는 성직자들을 구타하거나 감옥에 가두는 등 필요할 경우에는 가혹한 대응을 했는데, 그의 정책은 특히 수도원 성직자들의 반발을 샀다. 교황 그레고리우스 2세와 그레고리우스 3세 역시 이탈리아에 있는 비잔틴 영토에 성상 파괴 정책을 적용하는 것에 강력히 반대하자 레오는 남부 이탈리아가 교황청에 기부금을 내지 못하게 보복했다. 또한 시칠리아, 칼라브리아, 일리리아의 교회들을 로마 교회의 관할권에서 떼어내 콘스탄티노플 총대주교의 권한 아래 두었다.[17]

레오의 이런 행동 때문에 비잔틴과 로마 교황청 사이는 대단히 나빠졌다. 교황은 로마 교황청을 보호해줄 새로운 세력을 찾아 점차 프랑크 왕국과 가까워졌고 이탈리아 반도에서 비잔틴 제국의 권위는 떨어져 갔다. 그리고 시칠리아와 남부 이탈리아에 무거운 세금과 행정적 조치를 시행해 이곳에서의 레오의 인기는 더욱 떨어졌다.

레오가 취한 가장 중요한 조치 중 하나는 726년 법전인 『에클로가』를 공포한 일이다. 그것은 6세기에 황제 유스티니아누스 1세가 제정한 유스티니아누스 법전처럼 로마의 법적 관례를 개정한 것이었다. 로마법을 그리스도교 원칙에 맞추어 개정하려 한 레오는 에클로가의 상당 부분을 결혼법과 재산권 조항에 할애했다. 그리고 예전 같으면 사형을 내릴 죄에 대해 신체를 절단해 불구로 만드는 형벌을 내리는 경우를 많이 만들었다. 또 재판관이나 관료들에게 선물이나 뇌물을 주는 부패한 관습을 막기 위해 사법관리들에게는 일정한 봉급을 주었다. 군법을 성문화했다는 중요한 의의를 갖는 이른바 군인법은 레오가 만든 것으로 되어 있으나 실제로 이 법을 만든 인물은 불확실하다.[18]

비잔틴 제국은 레오와 그의 아들 콘스탄티누스 5세 치세 동안 소아시아의 대부분을 재정복할 수 있었다. 이 지역은 그리스 지역과 더불어 그 후 3백 년 동안 비잔틴 제국의 심장부가 되었다. 10세기 후반 세력이 약화된 이슬람에 비잔틴이 공세를 취하게 될 때까지 비잔틴과 이슬람은 교착 상태에 빠져들었다.

천 년 제국 비잔틴 문화의 힘

비잔틴이 재차 흥기한 것은 바실리오스 2세[Basilius II, 976~1025년 재위] 때였다. 그는 '불가록토누스'란 별명을 얻었는데, 이는 "불가르족의 학살자."란 뜻으로 그가 불가리아를 정복했기 때문이다. 그는 치세 동안 내내 영토를 꾸준히 확장하여 5백여 년 만에 비잔티움 제국은 가장 넓은 영토를 갖게 되었다. 그는 발칸 반도와 소아시아 지방, 시리아의 대부분과 이탈리아 반도 남부를 아우르는 거대한 영토를 확보해서 유스티아누스 대제 이후 비잔틴 영토를 최대로 확장했다. 그는 서방 제국과의 관계 개선에도 힘썼고, 평생 독신으로 살면서 자신의 안락보다는 제국의 번영을 위해 힘쓴 마지막 위대한 황제로 평가받는 인물이다. 그러나 그의 뒤를 이을 훌륭한 후계자가 없었기에 그가 죽은 직후부터 비잔틴 제국은 급속도로 쇠퇴하기 시작한다.[19]

11세기에는 또 다른 이슬람 세력인 셀주크 투르크족이 비잔틴이 종전에 획득한 모든 것을 모조리 빼앗았다. 1071년 셀주크 투르크족은 소아시아의 만치케르트[Manzikert]에서 비잔틴 군대를 전멸시켰으며, 비잔틴 동부 지역도 모두 점령했다. 비잔틴은 다시 헤라클리우스와 레오의 시대와 비슷한 상황으로 되돌아갔다.[20] 만치케르트 전투 이후 비잔턴은 살아남기는 했으나 결코 과거의 활력을 되찾지는 못했다. 그렇게 된 가장 중요한 이유 가운데 하나는 1071년부터 1453년까지 비잔틴의 운명이 서유럽의 흥기로 대단히 복잡해졌기 때문이다. 과거 서유럽은 너무 미약해서 비잔틴에 대해 이렇다 할 도전 세력이 되지 못했지만, 11세기가 되면 상황이 완전히 뒤바뀐다. 셀주크족이 비잔틴에 승리를 거두던 1071년 서유럽의 노르만인은 남이탈리아에 남은 점유지로부터 비잔틴인을 추방해버렸다.

서유럽인들은 비잔틴을 분명한 적으로 인식하고 있었다. 그럼에도 비잔틴 황제 알렉시우스 콤네누스는 1095년 투르크족에 대항하기 위해 서유럽에 원조를 요청한다. 그러나 그의 원조 요청은 그야말로 최악의 실수였다. 서유럽의 십자군 운동을 촉발시켰기 때문이다. 이 십자군이야말로 비잔틴 제국의 멸망을 가져오는 주된 원인이 되었다. 제1차 십자군 원정에서 서유럽인들은 소아시아를 되찾아 주었다. 그러나 비잔틴인들이 자신들의 영토라고 여긴 시리아는 서유럽인들이 차지하고 앉아서 돌려주지 않았다. 그 때문에 시간이 흐르면서 갈등만 커졌고, 군사적으로 우월한 위치에 놓이게 된 서유럽은 콘스탄티노플을 먹음직스럽게 잘 익은 열매로 바라보게 되었다.

1204년 서유럽인들은 마침내 그 열매를 거두어들였다. 예루살렘을 정복하기 위해 출정한 십자군은 예루살렘에는 가지도 못한 채 그 대신 콘스탄티노플을 정복하고 무자비하게 약탈했다. 극도로 위축된 비잔틴 정부는 시 외곽에서 망명정부를 구성한 채 명맥을 유지하다가 1261년 다시 콘스탄티노플로 귀환했다. 그러나 그 후의 비잔틴은 옛 영화의 추억만 남은 이름만의 '제국'일 뿐이었다. 1261년 이후 비잔틴은 그리스의 몇몇 지역에서 1453년까지 근근이 명맥을 이어갔다. 1453년 셀주크의 뒤를 이은 오스만 투르크족이 제국의 마지막 흔적을 정복하고 콘스탄티노플을 수중에 넣음으로써 십자군이 미처 하지 못한 일을 완수했다.[21]

그렇다면 우리는 비잔틴 제국을 어떻게 바라보아야 할까? 고등학교 시절 비잔틴 제국을 배우면서 내가 가졌던 생각은, '이 나라가 동양 세계는 아닌 게 분명한데, 그렇다고 서양으로 취급하지도 않는 것 같다. 왜 그렇지?'라는 것이었다. 그럴 법도 한 것이 도대체 서양이 어디까지인지에 대한 구분이 명확하지 않다. 우리가 흔히 좁은 의미의 서양을 말할 때는 기독교 문명권, 그 가운데서도 서유럽을 중심으로 한 가톨릭과 종교 개혁 이후의 신교 문명권을 말한다. 그렇게 되면 동방정교 문명권은 여기서 빠진다. 확실히 서유럽 문명과 동방정교 문명권은 차이가 있다. 따라서 동방정교 문명의 중심인 비잔틴 제국 또한 서유럽과는 다를 수밖에 없다.

서유럽 문명은 중세 초까지만 해도 비잔틴 제국에 비해 훨씬 뒤처졌지만, 중세 중기 이후 역전되기 시작한다. 그러나 서유럽 흥기의 바탕에는 비잔틴 제국이 있다. 그건 대부분의 교과서나 서양사 입문서들이 비잔틴 제국의 역사적 의미로 대개 다음과 같은 것을 꼽는 데서도 쉽게 알 수 있다.

단순히 물리적인 견지에서만 볼 때, 비잔틴 제국은 7세기에서 11세기에 이르기까지 이슬람 세력에 대한 방파제 구실을 했고, 그 결과 서유럽의 독립을 유지하는 데 기여했다. 비잔틴이 번영하지 않았더라면, 그리고 서유럽을 지켜내지 못했더라면, 서유럽의 기독교 문명은 절멸하고 말았을 것이다. 또한 서유럽의 문화적인 면에서 고전 그리스 학문의 보존에 힘쓴 비잔틴 학자들에게 크나큰 신세를 지고 있었다. 비잔틴 학자들과 서유럽 학자들 간의 교류는 이탈리아 르네상스 시대에 절정에 도달했다. 이때 비잔틴 학자들은 이탈리아 휴머니스트들에게 플라톤의 저작들을 소개했다. 그러나 서유럽인들은 그전부터 이미 비잔틴인들에게서 가르침을 받고 있었고, 16세기에 이르기까지 비잔틴의 필사본을 통해 많은 것을 얻었다. 마찬가지로 비잔틴의 예술은 오랜 세월에 걸쳐 서유럽의 예술에 크나큰 영향력을 행사했다. 예를 몇 가지 든다면, 베네치아의 성 마르코 성당은 비잔틴 양식을 모방한 건축물이었고, 지오토와 엘 그레코 등 서유럽의 위대한 화가들은 다른 경로를 통해 비잔틴의 영향을 크게 받았다.[22]

그러나 이러한 평가는 철저히 서유럽인과 서유럽 문명의 관점에서 비잔틴 제국의 역사적 의미를 파악한 것으로써 유럽 중심적 사관이라고 말할 수밖에 없다. 물론 이 같은 역사 해석 자체가 문제되는 것은 아니다. 만약 7세기 콘스탄티노플이 함락되어 비잔틴 제국이 멸망했다면 아랍은 곧 서유럽까지도 정복했을 것이고, 서구의 역사도 크게 달라졌을 것이다. 그랬다면 당시 그리스도교로 개종하지 않았던 동유럽의 슬라브계 여러 민족은 그 영향을 직접적으로 받았을 것이다. 만약 콘스탄티노플이 무너졌다면 그들은 이슬람교를 받아들였을 가능성이 높다.

그러나 비잔틴 사람들이 아랍과 투르크 사람들과 싸운 것은 서유럽을 지키기 위해서가 아니었다는 사실을 알아야 한다. 그들이 그리스나 로마의 고전을 남긴 것도 그걸 서유럽에 전하기 위해서 했던 것이 아니었다.[23] 그들은 자신의 신념에 따라 행동했던 것이고 고대 그리스와 로마의 문헌들이 자신들의 사상과 문화를 발전시키는 데 필요했기 때문에 이것들을 필사해서 정리하고 남겼던 것이다. 따라서 비잔틴 문명을 서유럽의 관점에서가 아니라 그 자체로서 바라보는 것이 중요하다.

동양과 유럽의 접점, 문명의 교차로에 위치한 비잔틴 제국은 숱한 나라들의 흥망을 지켜보면서 천 년을 지탱하며 살아남았다. 그것만으로도 중요한 의미가 있겠지만, 그보다는 그렇게 살아남을 수 있었던 비결이 무엇인가 하는 점이 더욱 중요하겠다. 일차적으로 그걸 가능하게 한 물질적 조건은 외부의 침략에 견딜 수 있는 천연의 요새와 같은 위치, '삼중의 대성벽', '그리스 화약'과 같은 것이 될 수 있을 것이다.

그러나 비잔틴 제국은 물리적·군사적으로 압도적인 국가는 아니었다. 군사를 기초로 한 공격적인 확장보다는 방어적인 군사력의 유지에 중점을 두었던 국가라고 보는 것이 오히려 더 적절할 것이다. 그보다 비잔틴은 정신적이며 문화적인 측면에서 강한 나라였다. 사실상 비잔틴 제국의 출발이 된 콘스탄티누스는 기독교를 공인했고, 비잔틴 제국 천 년의 이념적 기반이 된 것도 그리스도교였다. 그들은 로마 제국에서 받아들인 그리스도교의 전통을 유지, 계승한다고 생각했지만 실제로는 그 과정에서 많은 변화 과정을 거쳤다.

비잔틴 제국은 자신들이 그리스도교를 이념적 기초로 삼았을 뿐만 아니라 그것을 동방의 슬라브 세계에 전파했다. 비잔틴으로부터 동방 정교와 문자를 받아들인 슬라브계 민족들은 그들의 문화를 창조하는 기반으로 삼았다. 이후 러시아를 비롯한 동방의 여러 민족들이 비잔틴 문화 영역으로 들어가게 되었다. 1453년 콘스탄티노플이 함락된 후, 러시아인들은 그들이 멸망한 비잔틴 문명과 종교와 제국을 이어가도록 선택되었다고 느끼기 시작했다. 러시아의 지배자는 '차르Tsar'* 라고 불렸으며, 모스크바를 '제3의 로마'라고 주장했다.

한 러시아인은 이렇게 말했다. "두개의 로마는 멸망했고, 세 번째 로마는 아직 건재하며, 네 번째 로마는 나타나지 않을 것이다." 이러한 이념은 그 후 성장하게 되는 러시아 제국주의의 배경을 부분적으로나마 설명해준다. 또한 비잔틴의 전통은 러시아의 정치체제에도 영향을 미쳐, 지배자의 우월적인 위상이 나타나게 된 배경도 설명해줄 수 있다. 비잔틴의 독특한 양식은 러시아의 종교와 예술에도 영향을 미쳤다. 비잔틴의 사상은 근대 러시아의 위대한 작가들, 토스토예프스키와 톨스토이의 사상에까지도 영향을 미쳤던 것이다.[24]

---

* 이는 러시아어로 황제, 즉 카이사르(Caesar)를 뜻하는 말이다.

9. 무함마드

'신에게 승복하는 삶'을 가르친 인류의 위대한 스승

암송하라, 창조주의 이름으로

610년, 어느덧 무함마드Muhammad의 나이도 40세가 되었다. 그가 하디자Khadijah와 결혼한 지도 15년이나 되었다. 그동안 장사는 번창했고 생활은 안정되었다. 그러나 물질적인 여유가 곧 정신적인 부족함까지 충족시켜주지는 못했다. 삶의 여유가 생기자 그는 정기적으로 메카 교외로 나갔다. 당시 메카Mecca의 남자들은 일정한 나이가 되면 '카바Kaba 신전*' 가까이에 있는 언덕에서 은둔생활을 하는 것이 관례처

---

* 오늘날 이슬람교도들의 구심점이자 예배 방향의 성지로 메카에 있다. 원래 카바 신전은 아라비아의 360여 개의 수호신 및 자연신을 섬기는 신전이었다. 그 기원과 건립 시기는 알려지지 않았지만, 이슬람교에서는 유대 민족과 아랍인의 공동 조상인 아브라함이 세웠다고 전해지고 있다. 무함마드는 유대교와 기독교에서 주장하는 유일한 신이 카바 신전의 주신인 '알라'라고 주장했다. 유일신인 알라가 아브라함에게 아들 이스마엘을 바치도록 명령했을 때, 아브라함은 알라의 명령에 순종하여 아들 이스마엘을 제물로 바쳤다고 한다. 알라는 아브라함에게 은혜를 베풀어 이스마엘을 다시 살렸다. 그 후 아브라함과 이스마엘은 그 검은 돌이 있는 자리에 신전을 건립했는데, 그것이 바로 카바 신전이라는 것이다. 그런데 사람들이 타락하여 그 신전 안에 온갖 신상을 가져다 놓고 우상을 경배함으로써 알라를 욕되게 했다. 무함마드가 속한 부족이자 당시 메카를 거느리던 쿠라이쉬(Quraish) 족이 이 신

럼 되고 있었다. 메카 주위에는 많은 언덕과 동굴이 있었다. 무함마드
도 매년 한 달간은 히라 산 속에서 은둔생활을 했다. 조부 무타리브가
매년 한 달간의 은둔생활을 했던 그 동굴에서 명상과 기도를 하며 지냈
다.

사람들은 '단식과 속죄의 달'인 라마단Ramadan* 기간에 산 속에 은둔
하며 기도를 드린다. 라마단 중에는 '카딜Kadir의 밤'** 이 있다. 전능하신
신의 은총과 그 은총을 받은 인간에 대해 말할 수 있는 것은 카딜의
밤, 기적의 밤에만 가능하다. 그날 밤 기적은 누구에게나 찾아올 수
있다. 그러나 유감스럽게도 라마단 달의 30일 중에서 언제가 카딜의
밤이며, 언제 밤을 새워야 할 것인지는 아무도 모른다. 그 밤이 오면
모두 잠이 들어 버린다. 그러므로 눈을 뜨고 신의 손가락을 통해 우주
를 목격할 수 있는 자는 극소수에 불과하다. 그러한 사람만이 생애를

전에서 여러 신을 섬겼으며, 신전을 중심으로 세력을 형성하여 경제적 주도권을 획득하고
자 했다. 그러나 무함마드는 메카의 쿠라이쉬족의 다신교 신앙을 거부하고, 유일신 알라
만이 카바 신전을 차지해야 한다고 주장했다. 유일신 사상을 주장한 무함마드는 메카에 있
는 귀족들의 박해를 받게 되어 메디나로 피신하게 된다. 이후, 메디나에서 신도들을 규합하
여 메카를 정복한 무함마드는 카바 신전의 우상들을 파괴하고 알라의 신전으로 만들었다.
이후, 카바 신전은 성지 순례의 중심지가 되었고, 전 세계의 무슬림들은 카바 신전을 향해
하루 5차례씩 기도를 올린다. 이처럼 카바 신전을 향한 거룩한 방향을 '키블라'라고 부른
다. 이슬람 사원들은 모두 키블라를 향해 지어져야 하는데 세계 모든 지역에서 메카까지의
거리와 키블라를 정확하게 표시하는 방법을 삼각함수표로 만들어 사용하였다. 직사각형인
카바 신전은 남쪽 하늘에서 가장 밝은 별인 카노푸스(용골자리 알파. 또는 남극노인성)가
떠오르는 쪽으로 길게 세워졌고 짧은 변은 여름에 해가 뜨는 쪽과 겨울에 해가 지는 쪽을
가리킨다. 따라서 자기가 세계 어느 곳에 있든지 카바 신전을 향하는 키블라를 잡기가 용
이하다. (눈높이 대백과 참고)
* 『꾸란』이 백성의 길잡이로 내려온 것"(2 : 185)을 기념하는 금식 성월(聖月)로, 이슬람력
으로 아홉 번째 달(9월)이다.
** 이슬람에서는 '힘과 숭고의 밤', 또는 '권능의 밤'이라고 하는데, 무함마드가 처음으로 신
의 계시를 들은 날을 말한다. 아마도 라마단 달의 27일 밤일 것으로 추정되고 있다.

통해 어진 사람, 또는 성인이 될 수 있다. 무함마드가 처음으로 신과 만난 것은 바로 카딜의 밤이었다.[1]

그날 밤 무함마드는 망토로 몸을 두르고 누워있었다. 그런데 갑자기 빛에 싸인 흰옷을 입은 천사들과 가브리엘이 지평선 위에 나타나 그에게 알라의 사도가 되라고 말했다. 천사는 무함마드에게 금 글씨로 쓴 비단 천을 내밀며 "읽어라ikra!"라고 말했다. 무함마드는 자신은 읽고 쓸 줄을 모른다고 대답했다. 그러자 가브리엘이 온몸을 흔들어대며 준열히 말했다. "읽어라!" 다시 무함마드가 말했다. "무엇을 읽으라는 것인가요?" 천사는 무함마드를 풀어주고 이렇게 암송했다. 무함마드는 천사의 음성을 따라 암송했다.

> "암송하라. 창조주의 이름으로. 그분은 한 방울의 응혈凝血*로 인간을 창조하셨노라. 암송하라. 주님은 가장 은혜로운 분으로, 붓으로 가르침을 주셨노라. 주님은 인간이 알지 못하는 것을 가르쳤노라. 그러나 실로 인간은 오만하여 스스로 충만하다고 생각하도다. 실로 모든 것은 주님에게로 귀의하노라."[2]

이렇게 초자연적인 힘을 경험한 무함마드는 너무 놀라고 지쳐서 집으로 돌아왔다. 허둥지둥 집으로 돌아온 그는 아내 하디자에게 "날 좀 감싸주시오."라고 말한 뒤 몸이 불덩이가 되어 쓰러졌다. 그의 아내가 주는 옷을 받아 입고 있을 때, 다시 허공에서 "겉옷을 걸치는 자

---

* 어떤 곳에서는 '정액'으로 번역되기도 한다. (정수일 지음, 『이슬람 문명』, 창비, 71쪽 ; 비르질 게오르규 지음, 민희식 옮김, 『마호메트 평전』, 초당, 137쪽 참고)

천사 가브리엘의 계시를 받고 있는 무함마드. 14세기 그림

여! 일어나 경고하라! 네 주님만을 찬양하라! 네 겉옷을 청결케 할 것이며 부정을 피하라!"라는 소리가 들려왔다. 이것이 알라가 천사 가브리엘을 통해 무함마드에게 내린 두 번째 계시였다. 무함마드는 처음 신의 계시를 받은 이래 20여 년간 끊임없이 천사 가브리엘을 통해 알라의 계시를 받았다. 실타래같이 얽힌 속세의 일로 고민할 때마다 알라는 하나씩 그것을 풀 수 있는 가르침을 내렸다.[3]

계시는 '읽어라'라는 말에서부터 시작했기 때문에 알라의 계시를 묶은 경전을 『꾸란』이라고 한다. '꾸란al-Quān'은 '읽다'라는 뜻을 가진 '까라아qaraa'의 동명사이므로, '읽기' 혹은 '읽음'이라는 뜻이 되며, 이것이 종교적 전의轉意에 의해 '독경물讀經物', 즉 독송하는 이슬람 경

전으로 승화되었다고 한다. 대체로 초기의 계시는 한 마디씩 또박또박 내려졌으나 후에는 섬광처럼 순간적으로 스쳐오는 영감으로 바뀌었다고 한다.[4]

신의 계시를 겪은 무함마드는 아내에게 '죽을까봐 두렵다.'고 말했다. 그러자 그의 아내는 이렇게 말했다. "기뻐하세요! 주님은 당신을 욕되게 하시지 않을 것입니다. 그리고 당신의 친척들을 찾아가세요. 당신은 진실을 말하려고 당신에게 맡겨진 임무에 응답하셔야 합니다. 당신은 번거로운 일을 맡고, 손님을 환대하고 불행에 처한 사람을 도우셔야 합니다."[5]

무함마드는 주변 사람들에게 신의 계시를 전달하기 시작했다. 그는 알라Allah*가 천사를 통해 계시를 내리고 있다고 믿었다. 현세는 언젠가 종말을 맞는다. 그리고 인간을 창조한 전능한 신 알라는 그들을 심판할 것이다. 그가 받은 계시는 천국에서 얻을 기쁨과 지옥에서 받을 고통에 대해서도 생생하게 말해주었다. 살아생전에 알라의 뜻에 복종하고 따랐다면 그는 심판의 날에 알라의 자비를 구할 수 있을 것이다. 또한 빠짐없이 예배하고 근면하게 행동하며, 규율을 준수하고 자비를 베풀고 근신하며 살았다면 그는 알라의 뜻을 순종한 사람이다.

무함마드의 주위에 사람들이 하나둘씩 몰려들기 시작했다. 그를 따르는 사람들은 꾸라이쉬 부족 가운데 영향력을 가진 가문의 몇몇

---

* 무슬림들은 온 우주와 최초의 인간인 아담과 하와(이브)를 창조한 유일신을 알라라고 부른다. 유일신 알라는 각 민족에게 자신의 뜻을 전하기 위해 경전을 계시했다. 유대인들에게는 『토라(구약)』를, 기독교인들에게는 『복음서(신약)』를, 그리고 무슬림들을 위해서는 『꾸란』을 계시했다. 무슬림들이 아랍어로 말하는 '알라'는 기독교에서 말하는 '야훼(Yahweh)' 또는 '하느님(God)'과 동일한 신(神)이다.

청년들과 약소 가문 출신자들, 그리고 꾸라이쉬 부족의 예속민과 장인, 노예 등 다양했다. 하지만 그를 존경하며 지지하는 사람들이 늘어날수록 무함마드와 꾸라이쉬 가문과의 관계는 악화되어 갔다. 그들은 무함마드를 알라의 사도로 인정하지 않았다. 또한 그들은 무함마드의 생활 방식이 자신들을 위협하고 있다고 생각했다.[6] 더욱이 무함마드가 최초의 계시를 받으면서 보여준 심리적 불안과 종교적 이상 체험은 사람들에게 정신병이나 망상처럼 여기게 만들었다.

무함마드는 2년여의 고민과 망설임 끝에 자신이 알라의 '성사聖使'* 임을 확신하고 613년부터 메카에서 공개적인 포교활동을 시작한다. 그는 당시 존재하던 각종 구래 종교의 폐습을 비난하면서 알라에 무조건 복종하라고 경고한다. 여기서 순종한다는 뜻의 '이슬람'과 복종자라는 뜻의 '무슬림이슬람 신봉자'이란 말이 나왔다. 무슬림은 순종을 뜻하는 의례적인 동작으로 알라를 향해 몸을 굽혀 이마가 바닥에 닿도록 절하는 예배법을 창안해냈다.

그러나 무함마드의 설교와 포교 활동은 처음부터 꾸라이쉬 부족 상층의 불만과 저항을 불러왔다. 무함마드가 등장하자 메카로 오는 순례자가 일시적으로 줄어들었고, 그에 따라 그들의 경제적 손실이 적지 않았던 것이다. 무함마드를 추종하는 자들이 늘어날수록 그의

---

* '라쑬룰 라'의 한역어이다. 그 뜻은 '알라가 보낸 사람'이다. 이제까지 아담, 노아, 아브라함, 모세, 예수 그리고 무함마드, 이렇게 여섯 사람이다. 이슬람에서 예언자와 성사는 알라의 영감과 계시를 받아 선택된 완전무결한 사람이다. 예언자는 말 그대로 알라의 뜻과 종교적 미래상을 예언하는 사람이다. 그런데 성사는 그러한 예언과 더불어 그것을 실현할 수 있는 능력을 지닌 사람이다. 그러므로 모든 성사는 예언자이나, 모든 예언자가 성사는 아니다. 『꾸란』에 따르면, 알라의 축복을 받은 민족 대부분은 그것을 알려주는 예언자가 배출되었는데, 그 수가 무려 12만 4천명에 달한다. (위키 백과 참고)

박해도 심해졌다. 이때 하리스Haris는 무함마드를 보호하다가 타살됨으로써 이슬람사상 최초의 순교자가 되었다. 또한 619년 무함마드의 오랜 동지이자 평생의 반려였던 아내 하디자와 든든한 후원자였던 삼촌 아부 탈리브Abū Ṭālib가 죽으면서 기댈 언덕조차 사라져버렸다. 결국 그는 622년 박해를 피해 메카를 떠나지 않을 수 없었다.[7]

무슬림에 대한 서구의 편견과 무지

2011년 현재, 세계의 무슬림 숫자는 13억 명으로 세계 전체 인구의 5분의 1이 넘는다. 이는 세계 인구의 33퍼센트를 차지하는 기독교신·구교 포함에 이어 2위세계 전체 인구의 22퍼센트를 차지하는 숫자다. 신교와 구교를 분리하면 무슬림이 1위인 셈이다.[8] 참고로 힌두교는15퍼센트, 불교는 7퍼센트, 기타 토속 종교가 6퍼센트를 차지했다. 그리고 세계 전체 인구 중 약 3분의 1은 종교에 관심이 없는 사람들이다.[9] 이처럼 세계적인 종교지만 한국에서는 그 세력이 미미하다. 기독교와 불교가 다수를 차지하고 있으며, 한국인 무슬림은 2011년 현재 10만 명 수준에 불과할 뿐이다.*

이슬람 문명은 서구의 기독교 문명과 오랫동안 교류하고 갈등하

---

* 한국 내 외국인 인구 급증으로 국내 무슬림 인구가 20만 명을 넘어섰다. 그중 대다수를 차지하는 것이 외국인 무슬림으로 2011년 12월말 1십만 9천 220명에 달한다. 한국인 무슬림 인구도 2009년 10월 통계에 따르면 7만 1천여 명에 달한다. 2005년 내국인 무슬림이 4만 명 수준이었던 것과 비교해 볼 때 4년 만에 3만 명 이상이 무슬림으로 개종한 것이다. 내국인 무슬림의 수가 급증한 원인 중에 외국인 무슬림과의 결혼을 통한 개종이 대다수를 차지한다. (한국교회부흥과 개혁을 위한 코람데오닷컴 참고)

면서 관계를 이어왔다. 그러나 서유럽의 이슬람에 대한 편견과 무지는 오랫동안 계속되었고, 지금도 완전히 이런 편견과 무지에서 벗어나지 못한 상태라고 할 수 있다. 심지어 '세계적인 석학'이라고 이름난 인물들조차도 '문명충돌론'을 외치며 서방 기독교 세계의 종국적 승리를 외치고 있으니 일반인들은 오죽할 것인가. 아라비아 반도에서 무함마드에 의해 처음으로 이슬람교가 시작될 때부터 서유럽에서는 무함마드를 정신병자, 간질환자, 마법사 등으로 폄하하고 왜곡시켜서 바라보았다.

이슬람 세력은 732년 푸아티에를 공격한 이래 1683년 오스만 제국이 빈으로 진격할 때까지 약 1천 년 동안 서유럽 세계는 기독교 사회의 심장부를 침입한 이슬람 공동체 군대와 맞서 싸워야 했다. 때로는 유럽의 기독교 군대가 이슬람의 심장부로 진격해가기도 했다. 11세기부터 13세기에 걸친 유럽의 십자군이 그 대표적인 경우였다. 그러다 보니까 중세 초기부터 적어도 계몽주의 시대까지 이슬람에 대한 유럽인들의 태도는 적의로 가득 차 있었다고 말해도 과언이 아니다. 이것은 기본적으로 이슬람에 대한 무지에서 비롯되었다. 경우에 따라서는 이슬람 공동체 세력의 유럽 공격에 대한 두려움과 혐오감도 함께 작용했다. 그들은 이슬람을 기독교의 이단 가운데 하나쯤으로 치부하거나 예언자 무함마드를 마술사로 치부하기도 했다. 또 그들은 무함마드를 성적 타락에 신성함을 부여한 덕분에 성공한 인물이라고 비꼬아 평가하기도 했다.[10]

십자군의 출현과 함께 최초로 『꾸란』의 라틴어 번역본이 나왔다. 따라서 이를 통해 서구 유럽은 이슬람에 대한 진지한 접근을 할 수도 있었다. 그러나 오히려 그것은 예언자 무함마드를 공격하는 수단으로 악용되기도 했다.『꾸란』내용 가운데 유럽인들이 이해할 수 없는 단편적인 내용을 가지고 무함마드를 공격하는 수단으로 삼았다. 그것은 간단히 말해 무함마드에 대한 편견을 조장하는 방법이었다. 그를 공격하기 위한 기본 방향과 노선은 르네상스 시대에서 시작해 종교 개혁 시대를 거치면서도 바뀌지 않았다. 그 결과 유럽인들은 계몽주의를 눈앞에 둔 중세 말기에 이르러 무함마드를, 이단에 종교라는 이름을 붙인 사기꾼으로 여겼다.[11]

　서구에서 1천 년 동안 무함마드를 거짓 예언자 또는 사람들을 현혹하는 협잡꾼 등으로 알리는 데는 단테의『신곡』'지옥편'이 큰 역할을 했다. 단테는 여기서 이븐 시나, 이븐 루슈드 같은 의사와 철학자들이나 중세의 영웅 살라딘, 그리고 많은 지식인에 대해서는 어느 정도 덕행을 갖춘 이교도로 여겨 가벼운 형벌로 용서받는 것으로 하고 있다. 하지만 무함마드는 사탄의 요새를 둘러싸고 있는 열 개의 캄캄한 수렁 가운데 아홉 번째 수렁에 던져지게 했다. 그리고 그는 갖가지 추문과 불화를 일으킨 사람이라는 오명과 함께 두 동강이로 몸이 찢긴진 채 그곳에서 언제까지나 고통받아야 하는 끔찍하고 가혹한 운명의 선고를 받았다.[12]

　18세기 이후에는 한층 복잡한 상황이 나타났다. 에드워드 기번은『로마제국 쇠망사』에서 빈틈없는 정치가로 알려진 이른바 '메디나 시대의 무함마드'의 활동 동기와 그 순수성에 대해서는 의문을 제기했지만, 도덕적 지도자로서의 '메카 시대의 무함마드'의 천재성에 대해서는 경탄해 마지않았다. 그로부터 약 50년 뒤 카알라일은『영웅론』

에서 무함마드를 '예언자적 영웅'으로 새롭게 조명했다. 카알라일은 "그무함마드는 결코 진정한 예언자는 아니다. 그러나 나는 정녕 그를 진실하고 위대한 정신을 지닌 인물로 존경하지 않을 수 없다."고 선언했다. 그 뒤 무함마드에 대한 새로운 견해가 꾸준히 등장했다. 영국 빅토리아 여왕 시대에 활동한 사업가인 토머스 할로우웨이는 자신이 설립한 대학 예배당에 큰 어려움 없이 인류의 위대한 스승들과 함께 예언자 무함마드를 위치할 수 있었다. 결국 서구인들도 드디어 무함마드를 위대한 예언자, 통찰력 있는 사상가, 합리적인 종교의 창시자 등으로 파악하기 시작한 것이다.[13]

그렇지만 20세기에 이르러서도 이슬람과 무함마드에 대한 편견에서 벗어나지 못한 서구 학자들이 없지 않았다. 여전히 일부 학자들은 그리스도교적 관점에서 이슬람에 대한 편견을 버리지 못하고 있는 것이다. 1978년 에드워드 사이드는 이러한 관점을 조목조목 비판하며 『오리엔탈리즘』을 출판했다. 서구의 오리엔탈리스트들은 이슬람의 계몽주의적, 이성주의적 성과들을 부정하고 샐먼 루시디의 『악마의 시』에서처럼 자신들의 가치 기준을 강요하려 함으로써 '이단' 논쟁을 재현하고 있다. 역설적이게도 루시디의 무함마드에 대한 '신성 모독'은 어떤 면에서 중세 유럽의 그리스도교가 벌였던 논쟁과 비슷하다고 볼 수 있다. 샐먼 루시디의 그것은 그 시대 그리스도교 성직자들이 '신성 모독'이라고 개탄한 그 내용과 같은 것이기도 하다는 이야기다.

그래도 가톨릭은 그리스도교와 이슬람교의 공통점에 착안했다. 1960년대 초 제2차 바티칸 회의에서 다음과 같이 선언했다. "교회는 무슬림도 존중한다. 그들은 유일신을 숭배한다. 그분은 살아 계시며, 영속하시며, 자비로우시며, 전능하시고, 하늘과 땅의 창조자이시며, 인간에게 말씀하시는 신이다." 가톨릭은 역사의 경험을 통해 점차 무슬림 세계와 공동의 운동을 벌여야 할 필요성을 깨닫기 시작했던 것이다.

한국에서도 무함마드를 오랫동안 '마호메트Mahomet'로 표기했는데, 유감스럽게도 여기에는 서방의 편견과 이슬람에 대한 무지가 일부 반영되어 있다. 사실 무슬림들은 '마호메트'라는 표현에는 그를 '악마'로 여기는 서구의 경멸적 시각이 담겨 있다고 여긴다. 루시디는 그의 작품에서 마왕魔王이라는 뜻이 담겨 있는 스코틀랜드어 '마호운트mahound'라는 단어로 무함마드를 희화화했다. 그는 발음의 유사성으로 보아 이 말이 아랍어의 무함마드muhammad에서 와전된 것이라고 하면서 무함마드를 주술사나 악마에 빗대었던 것이다.[14] 또 유럽 기독교 전설에 등장하는 악마 바포메트Baphomet가 무함마드의 이름이 약간 변형된 것이라는 말도 있다.[15] 한국인의 입장에서 보면 그 의미를 정확히 포착하기는 어렵지만, 무슬림에게는 굉장한 모욕이 아닐 수 없는 것이다. 만일 예수와 악마를 동일한 존재로 볼 때, 그냥 참고 넘길 기독교도가 얼마나 되겠는가.

냉전이 끝난 후에는 여러 가지 이유로 이슬람 세계와 기독교 세계의 갈등이 주된 측면인 것처럼 부각되는 경향도 있지만 그것은 한 측면일 뿐이고, 여전히 교류와 협력이 주된 측면을 이루고 있다. 현대 세계의 종교 갈등은 기독교든 이슬람이든 주로 극단적인 근본주의 세력에 의해 주도되고 있다고 봐야 한다. 이를테면 9.11테러는 이슬람 근본주의가 문제의 근원이지 이슬람 전체가 문제 되는 것은 결코 아니다. 또한 이에 대응한답시고 미국이 벌인 이라크 침공은 미국의 패권주의에 기독교 근본주의가 결합한 결과 일어난 부도덕한 침략 전쟁이었다고 말할 수 있을 것이다.

아랍 사회의 지리 및 사회경제 상황

무함마드가 이슬람을 사실상 창시한 때[*]로부터 1천 5백여 년 동안 이슬람교는 그 영향력을 계속 확장해 왔다. 이슬람이 그렇게 오랫동안 생명력을 갖고 지속적으로 영향력을 확대할 수 있었던 데는 나름대로 이유가 있었다. 이슬람의 생명력의 원천은 무엇일까? 그 동력은 어디서 나온 것일까? 그걸 알기 위해서는 우선 무함마드와 그가 등장할 무렵의 서아시아 지역의 사회·경제와 종교 상황을 파악하는 것이 필요하다.

알렉산드로스의 헬레니즘 시대가 끝난 뒤 그리스와 서아시아 등 동방의 중심지는 비잔틴 제국과 페르시아 사산 왕조였다. 그들이 지배하는 지역의 주요 도시에는 정주민 특유의 고급 문화가 꽃피었다. 한편, 이 무렵 아라비아 반도 남쪽에는 조직화된 권력과 문화를 가진 전통 사회로 예멘이 있었고, 홍해를 마주보고 그 건너편 아프리카

---

[*] 엄밀하게 말하면 무함마드가 이슬람이란 종교를 창시한 것은 아니다. 그는 선지자로서, 성사로서, 신의 계시를 전하고 이를 현세에서 실현하기 위해 활동한 인물이다. 그는 기독교의 예수와 달리 끝까지 자신을 인간으로 위치 지웠다는 점에서 매우 인간적이다.

에는 에티오피아가 있었다. 이 두 사회는 농업뿐만 아니라 인도양과 지중해를 오가는 무역에 의해 지탱되고 있었다. 에티오피아는 콥트 Copts*교를 국교로 채택한 고대 기독교 왕국이었다. 아라비아 반도 남서쪽에 위치한 예멘은 비옥한 토지를 가진 산악 국가로 장거리 무역의 중간 기착지 역할을 했다.

예멘은 일찍이 주변의 작은 지방 국가들을 통합하여 큰 왕국으로 발돋움했다. 기원후 초기 예멘 왕국은 무역의 퇴조로 그 세력이 쇠잔해졌으나 뒤에 다시 강성해졌다. 예멘 왕국은 자신만의 고유한 언어와 종교를 갖고 있었다. 고대 예멘인들이 사용한 언어는 아라비아 반도의 다른 지역에서 통용되던 아랍어와 달랐다. 예멘의 신전들은 여러 신을 섬기고 있었는데, 순례의 장소이자 개인이 소원을 빌며 봉헌하는 곳이었다. 그 때문에 예멘의 신전들은 자연스럽게 사람들이 바친 공물과 재산으로 넘쳐났다. 수세기 뒤에, 시리아와 에티오피아의 기독교인들과 유대인들은 무역로와 해상 이동로를 따라 예멘에 영향을 미쳤다. 6세기 무렵, 유대교 신자였던 예멘의 왕은 그곳에 있던 기독교 중심지를 파괴했다. 그러나 에티오피아의 침공 이후 기독교는 다시 예멘에서 위상을 회복했다. 당시 비잔틴 제국과 사산 제국은 예멘에서 벌어진 이와 같은 일련의 사건에 종종 개입하곤 했다.[16]

아랍 사회는 북쪽의 비잔틴과 사산 양 제국, 그리고 홍해 주변의 예멘과 에티오피아 중간에 위치했으나 주변과는 다른 자연환경을 갖

---

*　이집트의 기독교 신자를 가리킨다. 콥트라는 민족이 있는 것은 아니며, 전 세계에 2백만 명 정도 있다고 한다. 이집트 인구의 10퍼센트 이상이 콥트 정교회 신자로 알려지고 있다. (위키 백과 참고)

고 있었다. 아라비아 반도 대부분은 스텝이나 사막으로 이루어져 있었다. 그리고 군데군데 형성된 오아시스는 정기적인 농경이 가능할 정도로 수량이 풍부했다. 아라비아 반도 주민들은 다양한 형태의 아랍어 방언을 사용했으며, 그들의 생활 양식은 지역마다 달랐다. 주민 가운데 일부는 유목민이었다. 그들은 사막의 희소한 수자원을 이용하여 낙타, 양, 염소 등을 방목했다. 이곳의 유목민들은 흔히 '베두인 Beduin'이라고 불렸다. 주민 가운데는 오아시스에 정주해서 곡물이나 야자수를 경작했던 농경민은 물론이고 시장이 열리는 소도시를 중심으로 활동했던 상인들과 장인들도 있었다.

유목민과 정주민 사이에 세력 균형은 불안정한 편이었다. 수적으로 유목민은 소수에 불과했다. 그러나 그들은 낙타를 타면서 기동성을 확보했고, 무기도 휴대했으므로 도시 상인들처럼 농민들과 장인들을 지배할 수 있었다. 유목민은 기질적으로 용맹했고, 손님에 대한 환대와 가족에 대한 애정, 가문의 명예를 중요하게 여겼다. 유목민은 강압적인 제도나 권력보다 가문을 이끄는 부족장을 중심으로 단결했으며, 공동체 의식으로 뭉쳤다. 이렇게 해서 부족이 형성되었다.

유목민의 부족장들은 오아시스를 중심으로 권력을 행사했다. 오아시스의 상인들은 유목민 부족장과 친분을 맺어 그들이 지배하는 영역을 통과해 상거래를 처리했다. 당시 이 지역에는 아직 뚜렷한 종교가 없었다. 사람들은 지역 신을 하늘과 동일시했으며, 동물이나 나무와 같은 자연물 속에 신이 깃들어있다고 믿었다. 선한 영혼과 악한 영혼이 동물의 몸속에 들어가 세상을 거닌다고 생각하기도 했다. 점술가들은 초자연적인 지혜의 힘을 빌려 예언을 하기도 했다. 고대 아랍

인들은 신들이 '하람Haram'*이라고 불리는 성역 안에 머물렀다고 믿었던 것으로 추측되고 있다.[17]

그런데 6세기와 7세기 초반, 아라비아 반도를 포함한 서아시아 지역에는 많은 변화의 바람이 불었다. 비잔틴과 페르시아 사산 양 제국은 장기간의 전쟁을 치렀는데, 중간 휴식기를 포함하여 540년부터 629년까지 지속되고 있었다. 양 제국은 주로 시리아와 이라크를 사이에 두고 전투를 치렀다. 사산 제국의 군대는 일시적으로 지중해 연안까지 진격하여, 예루살렘을 비롯한 안티오크와 알렉산드리아 등의 대도시들을 점령하기도 했다. 그러나 620년대에 이르러 비잔틴 제국의 헤라클리우스 황제는 페르시아 군대를 패퇴시키는 데 성공했다. 한편, 사산 제국은 일시적으로 아라비아 반도 남서부 예멘까지 세력을 확장했다. 이처럼 양 제국의 지배가 오랫동안 지속되자, 그 아래서 신음하고 있던 아라비아 주민들은 점차 "인생이란 무엇이며, 어떻게 사는 것이 바른 삶인가?" 하는 물음에 관심을 갖게 되었다. 그들은 이런 문제들을 해결하기 위해 종교에 의탁하는 경향이 강해졌다.[18] 이러한 상황에서 무함마드가 등장하게 된다.

---

*   부족 간 분쟁에서 벗어난 특별한 장소나 마을을 가리키며, 이곳은 순례, 희생, 모임, 중재 등의 중심지 역할을 했다. 특정 가문은 이웃 부족의 보호를 받으며 하람을 관리했는데, 그들은 종교적 명망을 바탕으로 부족 간의 분쟁을 중재하거나 상거래의 기회를 얻기도 했다. 그들은 이러한 장점을 활용하여 권력과 영향력을 행사했다.

이슬람 출현의 종교적 배경

　이슬람 학자들은 이슬람 이전 시대를 '자힐리야Jahiliyah 시대', 즉 '무지와 몽매의 시대'라고 표현한다. 이 의미는 넓은 의미와 좁은 의미의 두 가지로 이해할 수 있다. 넓은 의미로는 태고 때부터 히즈라 Hijrah* 까지의 시대이고, 좁은 의미로는 히즈라 이전의 150~200년간을 말한다. 일반적으로는 좁은 의미로 사용하는데, 이 시대에는 아랍 부족 간에 전례가 없이 많은 전쟁이 일어났으며, 영웅들이 난립했다고 해서 '아랍 시대' 또는 '영웅 시대'라고 불리기도 한다. 이 시기 동안 무려 1천 7백여 차례의 부족 간 전쟁이 벌어졌으니 이슬람의 여명을 앞두고 아랍 사회 전체가 혼란과 전쟁의 세계 속에 휘말려 있었던 것이다. 그야말로 이슬람의 회임과 산고를 위한 시대였다고 말할 수 있을 것이다.

　일찍부터 아라비아 반도에는 베두인으로 불리는 사막의 유목민과 오아시스를 중심으로 한 정착민이 공존하는 이중적 사회구조가 존재하게 되었다. 가부장적 혈연관계로 얽혀있는 유목 사회는 느슨한 정치구조와 공동체 의식으로 유지되었다. 가족대표나 씨족대표로 구성된 장로회에서 선출된 '샤이크부족장'의 기능은 중재자였을 뿐 지휘 기능을 갖는 것은 아니었다. 그밖에 축제나 제사 등을 관장하는 '카힌'과 구성원 간의 분쟁을 중재하는 '하킴', 타 부족과의 전쟁을 지휘하는 '까뒤' 등 부족 사회를 운영하는 데 필요한 직책이 따로 있었다. 이

---

*　영어로는 헤지라(Hegira, Hejira) 또는 히즈라라고도 쓴다. 예언자 무함마드가 622년 박해를 피해 메카에서 메디나로 이주한 사건을 말한다. '성천(聖遷)'으로 번역되기도 한다.

들 유목민들은 황량한 사막에서 살아가야 했으므로 자연히 집단적으로 행동하지 않을 수 없었고, 방목지나 수원지 등의 사회적 재부에 대해서도 공유관념을 갖게 되었다. 이러한 부족 사회의 행동과 사고 방식은 후에 이슬람의 교리와 이슬람 문명에 투영되어 나타나게 된다.[19]

유목 사회와는 달리, 오아시스 정착민들 속에서는 급속한 사회 경제적인 변혁이 일어나고 있었다. 특히 동쪽의 사산조 페르시아와 서쪽의 비잔틴 제국 간의 장기적인 대결로 페르시아에서 메소포타미아를 경유해 지중해로 통하는 동서통상로가 차단되면서부터 아라비아 반도 서부의 홍해 연안 지방이 주요한 교역통로로 떠올랐다. 이러한 통상의 요지에 위치한 메카나 메니나Medina에는 교역을 기본으로 하는 경제 활동이 활발해지면서 부의 축적과 더불어 사회적 분업도 확대되고 유목민과의 유대도 강해졌다. 그로부터 과거의 이중적 사회 구조가 서서히 무너지기 시작했다. 빈부격차가 생겨나고 재산 소유를 두고 쟁탈전이 벌어졌다. 유목민들 사이의 투쟁도 깊어졌으며 일부는 정착민으로 탈바꿈했다. 무역권과 대상로隊商路를 확보하기 위한 쟁탈전이 일상적으로 벌어졌다. 무함마드의 유년시절에 해당하는 575년부터 590년 사이에 메카 지방의 맹주인 꾸라이쉬 부족과 하와진 부족 사이에 네 차례나 상권을 둘러싼 유혈 전쟁이 벌어진 것이 그 대표적인 예라 할 수 있다.[20]

사회 경제적인 상황이 변화하면서 혈연에 기초한 씨족관계는 더 이상 지탱될 수 없게 되었다. 이전의 씨족에 기초한 수평적 결합은 점차 피라미드적 계급 구조로 변화하기 시작했다. 동시에 집단의 생존과 소유를 위한 경쟁, 보복·대립관계가 나타나기 시작했다. 과거의

15~20개 정도의 천막으로 구성된 수백 명 수준의 소규모 씨족집단의 군사력으로는 날로 심해지는 쟁탈전에서 효과적으로 대응할 수 없었다. 살아남기 위해서는 더 규모가 큰 조직으로 합쳐져야 했다. 그렇게 해서 부족 연맹이 등장하게 되었다. 바로 그 대표적인 경우가 메카를 중심으로 20개의 씨족집단이 연합한 꾸라이쉬 부족 연맹이었다. 부족 연맹은 향후 출현하게 되는 범지역 국가의 기초가 되었으며, 이를 바탕으로 아랍은 사산조 페르시아나 비잔틴과의 대결을 벌이게 된다.

사회·경제적인 변화와 더불어 의식적인 측면에서도 변화가 요구되었다. 그러나 아랍의 유목민들은 물론이고 오아시스에 정착한 사람들 속에서도 원시적인 토템 신앙과 각종의 우상숭배를 벗어나지 못하고 있었다. 그들은 큰 바위나 나무, 우물 등에 신령이 살고 있다고 믿었으며, 초자연적인 정령이 인간생활에 영향을 미친다고 믿었다. 더욱이 그들은 부족마다 고유의 신을 모시고 있었다. 꾸라이쉬 부족과 인근 부족들은 라트, 옷자, 마나라는 세 여신을 신봉했으며, '카으바'라는 육면체 운석과 그 주변에 산재한 수백 개의 돌도 아울러 숭배했다.[21]

그러나 아라비아 반도 주변에는 시대의 변천에 따라 유대교나 그리스도교와 같은 선진종교들이 전파되고 있었고, 이는 이슬람과 같은 새로운 종교가 출현할 수 있는 촉매제가 되었다. 1세기부터 아라비아 반도 남부에 있는 예멘에 유대교가 전파되기 시작해 5세기 말에 이르면 왕이 유대교로 개종할 정도로 번성하게 되었다. 반도 북쪽의 메디나에서는 일찍이 로마 제국의 박해를 피해 팔레스타인에서 피난온 유대인의 후예들이 살고 있었다. 또한 4세기 말 비잔틴 제국의 영향력이 소아시아 지역으로 확대되면서 그리스도교의 영향력이 아라비아 반도 북부의 여러 아랍 부족들에게까지 미쳤다.

이러한 때 대상_{除商}을 따라 반도의 남북을 오가는 아랍인들 중에는 시대 변화에 민감한 구도자들도 끼어있었다. '진실한 자'라는 뜻의 하니프^{Hanif}라고 불린 사람들이다. 그들은 일신교인 유대교와 그리스도교의 영향을 받아서 우상숭배와 같은 낡은 종교적 관습에서 벗어나며 생매장과 같은 폐습을 철폐하기 위한 종교 개혁 운동을 일으켰다.

이처럼 아라비아 반도는 정치, 경제, 사회, 종교 등 전반에 걸쳐 갈등과 위기상태를 겪고 있었다. 특히 7세기에 접어들면서 이러한 혼돈은 극에 달했다. 그 가운데서도 아라비아 반도의 심장부라 할 수 있는 메카는 이 모든 양상의 축소판이라 할 수 있었다. 씨족과 부족을 기반으로 한 우상숭배와 같은 종교 관념으로서는 변화하는 사회의 복잡한 문제들을 해결할 수 없었다. 이를 타개하기 위해서는 부족 연맹, 나아가 아라비아 반도 전체를 하나로 통합하고 묶어낼 수 있는 정신적 구심체로서의 새로운 종교가 반드시 필요했다. 그와 같은 시대적 요구를 해결할 수 있는 존재는 종교적 선지자이며 정치적 지도자가 아니면 안 되었다.[22]

그가 바로 무함마드였다. 흔히 그를 이슬람의 교조, 창시자라고 하지만 이슬람의 사고에서 보면 이는 옳은 말이 아니다. 이슬람의 사고에 따르면, 만민을 위한 보편종교인 이슬람은 절대신 알라가 우주를 창조한 그 시각부터 이미 있었다. 그런데 그동안 그것이 인간들에게 제대로 받아들여지지 않다가 최고의 선지자인 무함마드에 이르러 비로소 완전무결하게 인간에게 계시된 것이라고 한다. 따라서 이슬람의 창조자는 알라이며, 다른 누구도 될 수 없다. 무함마드는 알라에게 계시를 받은 이슬람의 전달자이며 인도자일 뿐이다. 이슬람은 무함마드가 '창시'하거나 '출현'시킨 것이 아니라 그를 통해 '알려진' 것일 뿐이라는 것이 이슬람의 표현이다. 그럼에도 우리는 관용적으로 무함마드에 의한 이슬람의 창시, 출현 등의 표현을 사용하고 있다.[23]

무함마드, 보통 인간에서 성인으로

무함마드는 고도 메카의 명망 있는 꾸라이쉬 부족의 하심Hashimite 가문 출신이다. 570년경 유복자로 태어난 그는 족장의 직계혈통이었지만, 어려서 어머니마저 여의고 고아로 자랐다. 그는 삼촌 아브 탈리브에 의해 양육되었으며, 낙타몰이꾼으로 대상에 참가해 북쪽 시리아 지방을 자주 내왕했다. 그는 이 과정에서 기독교를 비롯한 새로운 세계를 접하게 되었고, 미래의 꿈을 키워갔다. 그 시절 기독교의 성지에서 한 수도승이 '무함마드가 성경에서 나온 성령聖靈'이라는 이야기를 한 것을 들은 적이 있었다. 그러나 그 당시에는 그 의미를 제대로 이해하지 못했던 것 같다.

가난했던 무함마드는 25살이 되도록 결혼을 하지 못했다. 사촌에게 청혼한 적도 있지만 성사되지 않았다. 하지만 그는 그가 일하고 있던 상단의 주인 하디자와 가까운 사이가 되었다. 하디자는 부유한 미망인이었으나 무함마드보다 15세나 연상인 40살이었다. 무함마드 가문에서는 반대했지만 결국 두 사람은 결혼을 하게 된다. 그녀와의 결혼 이후 무함마드의 인생은 탄탄대로를 걷게 된다.

무함마드는 하디자가 병으로 사망할 때까지 25년을 함께 살았다. 두 사람은 많은 연령 차이를 극복하고 다복하게 살았다고 전해진다. 그들 사이에는 2남 4녀가 태어났으나 모두 다 요절하고 딸 파티마Fatimah만 살아남았다. 후일 그녀는 무함마드의 사촌아우이자 제4대 정통 칼리파Khalifah가 된 알리와 결혼했다. 무함마드와 하디자는 아들이 죽자 양자를 들여 그 뒤를 잇게 했다.

무함마드는 하디자와의 결혼으로 부유한 가정의 주인이 되어서 생활의 여유를 갖게 되었다. 그는 하디자의 적극적인 후원 아래 자주 명상할 시간을 가졌다. 그는 자주 메카 근교의 히라 동굴을 찾아가 속세의 일을 잊고 명상에 빠져들곤 했다. 그는 부족 간의 끝없는 다툼과 갈등, 무지몽매한 우상숭배, 끔찍한 여아 생매장 등 그가 체험한 온갖 세상과 사회의 부조리와 비리, 갈등을 돌아보며, '절대적인 힘'에 대한 갈망을 갖게 되었다. 그의 명상과 기도는 15년 동안이나 계속되었다. 그러나 이때까지 그는 보통의 인간 무함마드였다.

청년에서 장년으로 넘어가는 이 긴 세월은 인간 무함마드의 수행 기간이면서 성인聖人 무함마드를 위한 예비기간이기도 했다. 명상을 계속하던 35세 때인 605년 카바 신전을 놓고 이해가 충돌해 꾸라이쉬 부족 사이에 심각한 분쟁이 일어났다. 모두들 속수무책으로 방관하고 있을 때 무함마드가 중재에 나서 공명정대하게 해결했다. 그가 발휘한 지혜와 안목에 모두들 감탄했다. 그래서 그를 '아민Amin, 충실한 사람이란 뜻'이라고 불렀다. 아민은 인간 무함마드의 유일한 아호였다.[24]

15년 동안 명상과 수행을 거듭하던 무함마드는 40세에 드디어 대각하여 알라하느님의 계시를 인간에 전달하기 시작했다. 그 뒤 그는 20

년간 '성사聖使, 라쑬룰 라'로서 이슬람을 뿌리내리게 하고 정교일치의 통치자로서 이슬람 공동체를 세웠다. 그는 예수의 '신인양성론神人兩性論' 또는 '삼위일체론三位一體論'*이 확고한 그리스도교로부터 여러 가지의 영향을 받았으나 이를 받아들이지는 않았다. 무함마드는 양성론 대신 자신은 '인간일 뿐'이라는 단성론單性論을 주장하였다.[25]

이슬람 경전인 『꾸란』에서는 "말하라. 나는 너희와 똑같은 인간으로서 나에게는 너희의 신이 유일신이라는 계시가 내렸을 뿐이니라." 고 하고 있다. 사실 무함마드는 계시를 받아 성인으로 거듭난 다음에도 끝까지 인간으로, 그러나 평범한 인간이 아니라 '사건 창조적 인간'으로 종교와 정치, 경제, 사회, 문화, 군사 등 모든 분야를 넘나들며 변혁을 지휘했다. 무함마드가 이처럼 한 분야에 국한된 존재가 아니라 모든 분야를 넘나들며 살 수 있었던 것은 그가 인간으로 자부했기 때문이다. 위인 무함마드가 이슬람뿐만 아니라 세계 수많은 사람들로부터 존경받고 찬양받는 가장 중요한 이유가 바로 여기에 있다.

무함마드의 인간적 면모는 여러 가지 면에서 나타난다. 그는 금욕주의자라고 할 정도로 절제하고 근면하고 소박했다. 보통사람과 다르지 않게 먹고 입고 살았다. 그는 가난하고 비천한 사람들을 동정하

---

* 기독교에서 성부(聖父), 성자(聖子), 성령(聖靈)은 삼위(세 인격)로 존재하지만, 본질(essence)은 한 신이라는 교리다. 현재는 대다수의 기독교 종파들이 삼위일체를 중심적인 교리로 이해하고 있다. 요한복음서 14장에서 설명한 것처럼 예수 그리스도는 공생애를 통하여 자신이 곧 하느님이라는 사실과, 자신이 성부의 독생자로서 성부와 영원한 관계에 있다는 것과, 성령도 하느님으로서 하느님의 일을 한다는 것을 보여주었으며, 하느님은 '절대단독주체(Absolute Singleness)'가 아니며 성부, 성자, 성령의 삼위가 하나이며 이를 통하여 예수는 삼위일체 그 자체였다고 주장한다.(위키 백과 참고) 간단히 말하면 예수는 인간이 아니라 신, 즉 하느님이라는 것이다. 이는 자신이 '인간일 뿐'이라고 말한 무함마드와 근본적으로 차이가 나는 점이다.

고 사회의 평등과 정의를 강조했다. 그는 예언자로 존대 받으면서도 자기 옷을 손수 꿰매 입었다. 그가 사는 집은 보통 인간들처럼 흙집이었으며, 가구도 없었고 나무침대와 물동이 하나가 전부였다. 그는 집안의 하인과 노예를 숱하게 해방시켰다. 또한 무함마드에게는 남다른 관용의 정신이 있었다. 그는 메카에 무혈입성한 후에 이슬람 출현 초기부터 그를 비방하고 냉대하던 메카 사람들을 모두 용서하고 관대하게 대했다. 그는 자신을 신격화하지도, 기적의 화신처럼 보이게 하려고 하지도 않았다.[26]

무함마드를 가장 빛나게 한 것은 신의 계시를 전하는 선지자가 된 것이다. 그는 이를 통해 보통 인간을 넘어서 성인으로 거듭나게 되었다. 610년 어느 날 무함마드는 마침내 히라산 동굴에서 천사 가브리엘의 첫 계시를 받게 된다. 그 뒤 그는 다시 가브리엘의 목소리를 들었고, 자신이 신의 '성사'임을 확신하고 포교 활동에 나서게 된다. 무함마드는 그 뒤 20여 년간 천사 가브리엘을 통해 알라의 계시를 끊임없이 받았다. 그렇게 받은 계시를 묶은 것이『꾸란』이라는 이슬람 경전이다.

신의 계시를 받은 그는 우선 아내인 하디자, 두 양아들, 친구 아부 바크르 등 가까운 사람부터 포교했다. 그의 포교는 부자, 가난뱅이 등 가리지 않고 진행되었다. 하지만 자신의 가문만큼은 제대로 포교할 수 없었다. 그의 가문에서는 그가 포교 활동을 하지 않으면 돈을 주겠다고 제안할 정도로 완고했다. 그래도 삼촌 아부 탈리브^{Abū Ṭālib}는 무함마드를 가문 안에서 포용하며 끝까지 지켜주었다. 꾸라이쉬 부족에서 무함마드를 탄압하려고 할 때마다 하심 가문을 동원해 옹호했다. 아내 하디자 또한 그를 끝까지 지원해주며 큰 힘이 되어주었다.[27]

헤지라, 메디나, 그리고 지하드

무함마드는 포교 활동을 벌이면서부터 꾸라이쉬 부족의 공공연한 적이 되었고, 그를 따르는 모든 사람이 피해를 입었다. 그 바람에 아내 하디자의 사업도 파산상태가 되고 말았다. 당시 순례는 상인들의 가장 중요한 수입 원천이었다. 그런데 무함마드가 우상숭배를 금하면서, 당시 성행하고 있던 수많은 다른 종교의 우상숭배와 순례행위가 타격을 입었던 것이다. 당연히 무함마드와 이슬람은 탄압 대상이될 수밖에 없었다. 결국 이 과정에서 무함마드를 보호하다가 하리스가 살해되면서 최초의 순교자가 탄생했다.

무함마드는 계속되는 박해를 피해 615년경 1, 2차로 나뉘어 추종자 아흔여섯 가족을 기독교 국가인 에티오피아_{당시의 하바쉬}로 피신시켰다. 그러자 메카의 권력자들은 하바쉬 왕 네구스에게 뇌물을 주면서 피신자들을 돌려보내라고 요청했다. 하지만 피신자들이 예수와 성모 마리아를 찬양하는 『꾸란』 구절을 읽자 네구스 왕은 그들의 신앙이 기독교와 한 뿌리에서 나온 것이라고 믿고 그들을 보호해주었다. 또한 메카의 권력자들은 무함마드를 죽이기 위해 그에게 현상금을 내걸고 그의 출신 가문인 하심가와 협상을 벌였으나 거절당했다. 그러자 메카의 권력자들은 하심 가문과의 계약이나 결혼, 무역거래 등을 일절 하지 않기로 결정했다. 그들은 특히 무함마드의 보호자인 탈리브 삼촌을 찾아가 온갖 방법으로 회유하면서 공갈과 협박을 서슴지 않았다. 회유와 압력을 견디다 못한 하심 가문은 메카 동쪽의 한 계곡으로 집단 피난해야 했다.[28]

설상가상 619년 평생의 반려이면서 그의 든든한 지원자였던 아내 하디자가 향년 65세로 죽고, 이틀 후 삼촌 아부 탈리브마저 죽었다. 그 뒤를 이어 또 다른 삼촌 아부 라하브가 족장이 되었는데 그는 유일신 신앙을 반대했다. 그는 가문을 설득하여 무함마드를 보호대상에서 제외했다. 이렇게 되면서 포교 활동이 불가능하게 되자 무함마드는 다른 곳에서 출구를 찾으려 했다. 그는 메카에서 동남쪽으로 80킬로미터 가량 떨어진 투아이프족을 찾았다. 그들은 꾸라이쉬족과는 앙숙관계였다. 그는 그곳에서 한 달간 설득했으나 조롱과 멸시만 듣고 돌아와야 했다. 그들은 설교하는 그에게 돌을 던지고 잠자리도 내주지 않았다.

그러나 무함마드는 좌절하지 않았다. 이번에는 메카에서 북쪽으로 4백 킬로미터나 떨어진 야스리브^{Yathrib}*에서 순례자들을 찾아갔다. 그런데 뜻밖에도 그들은 무함마드에 흔쾌히 호응했다. 그들은 아우스족과 카즈라즈족 사이에 분쟁을 겪고 있었는데, 무함마드 같은 성인만이 이 문제를 해결해줄 수 있을 것이라고 믿었다. 621년 그들은 메카 근교인 아크바^{Ackbar}에서 무함마드에게 제1차 아크바 충성서약을 하게 된다. 그들은 서약에서 "우리는 유일신만 섬기며, 도둑질을 하지 않으며, 우리의 자식을 살해하지 않을 것이다. 우리는 중상과 비방을 그만두고, 모든 진지의 예언자에게 복종할 것이다."라고 선언했다. 그리고 무함마드를 메디나^{야스리브}로 초청하여 중재를 부탁하고 그를 보호해주기로 약속했다.

---

* 메디나의 옛이름이다.

이것은 무함마드의 포교 활동에서 획기적인 분기점이 되는 사건이었다. 위기에서 탈출구가 생겨났고, 희망의 서광이 비쳐졌기 때문이다. 그들은 이듬해, 그러니까 622년 6월, 그 전 해 충성서약을 한 12명을 포함해 75명의 대표가 야스리브메디나에서 아크바로 찾아왔다. 그들은 제2차 아크바 서약을 하고, 무함마드를 공식 초청했다. 그런데 이 소식을 들은 메카의 박해자들은 무함마드가 집에서 나오는 순간 급습할 계획을 꾸몄다. 하지만 이를 눈치챈 사촌동생 알리의 기지로 무함마드는 위기에서 벗어날 수 있었다.[29] 그는 교우 아부 바크르와 함께 메카 남쪽의 사우르산 동굴에서 3일간 숨어 지낸 뒤 70명의 추종자와 함께 메카를 탈출, 메디나 남쪽의 꾸바 마을에 도착했다. 그때가 이슬람력으로 9월 24일이고, 서력으로는 622년 7월 15일이다.

무함마드가 메카에서 메디나로 이주한 것을 이슬람에서는 헤지라 聖遷라고 한다. 사실상 이슬람의 기원이라고 말할 수 있다. 성천의 날이 바로 이슬람력 원년 1월 1일이다. 이때 무함마드와 함께 한 70명을 '무하지룬' 혹은 '쇠바하'라고 부른다.* 이들은 최초의 이슬람 신봉자이자 수호자로서 최상의 반열에 속하는 무슬림으로 존대 받고 있다. 무함마드가 입성한 야스리브는 '예언자의 도시'라는 뜻을 가진 '마디나툿 자비'약칭 메디나, 아랍어로는 미드나흐(Madinah)'로 바뀌었다.[30]

메카로부터 탈출해 땅을 얻었으나, 원주민들에게도 갑자기 증가한 인구는 부담이었다. 게다가 그곳으로 이주한 이들에게 줄 수 있는 땅이 없었기 때문에 그들은 굶어야 했다. 선지자 무함마드는 특단의 조

---

*   '무하지룬'은 성문천사(聖門遷士)란 뜻이고, '쇠바하'는 성문도반(聖門徒伴)의 뜻이라고 한다. (정수일 지음, 『이슬람문명』, 창비, 75~76쪽 참고)

치를 취하지 않을 수 없었다. 무슬림은 결국 '지하드聖戰'란 이름으로 메카의 부유한 대상과 주변 부족, 유목민을 상대로 약탈 전쟁을 단행했다.[31] 이러한 약탈전과 원정은 보복전이면서 동시에 종교, 군사, 정치적으로 아라비아 반도의 지배권을 장악하기 위한 전쟁이었다. 당시 부족 간의 이러한 약탈전은 생존을 위한 불가피한 방편이었다. 무슬림에게도 다른 방법은 없었다. 무함마드의 무슬림들은 헤지라 이듬해 메카의 대상을 공격해서 물품을 약탈하고 메카 원정을 준비했다.

메카 입성과 아랍 통일, 그리고 승천

무함마드가 메카에 무혈입성하게 되는 630년까지 약 10여 년 동안 메디나군은 메카군과 세 번이나 큰 전쟁을 치렀다. 624년 3월 무함마드가 이끄는 3백여 명의 메디나군은 메디나 서남쪽 32킬로미터 지점에 있는 바드르에 매복하고 있다가 귀향하는 메카의 대상을 기습했다. 이때 구원군으로 급파된 950여 명의 메카군을 격파함으로써 전투는 메디나군의 승리로 끝났다. 이슬람 역사에 유명한 '바드르Badr 전투'다. 비록 작은 규모의 초기 전투였지만 무함마드는 탁월한 전략가 기질을 발휘했다. 이 전투를 통해 절대신 알라의 선지자이자 성사라는 그의 주장이 정당성을 확보하게 되었다. 무함마드의 권위와 명성이 크게 향상되었으며 적지 않은 전리품과 포로들을 확보할 수 있었다.[32]

그러나 곧 메카의 반격이 시작되었다. 이듬해 625년 봄, 메카는 아부 수피얀 장군이 이끄는 3천여 명의 병력을 보내 메디나를 공격한 것이다. 메디나 근처 우후드산에서 전투가 벌어졌고, 무함마드는 1천 명 정도의 병력으로 대항했다. 그런데 3백여 명이 겁을 집어먹고 도망치는 바람에 메디나군은 참패하고 말았다. 이 전투에서 무함마드도 큰 부상을 입었고, 메디나에서의 입지까지 위험해져 버렸다. 유대인, 위선자거짓 무슬림라며 이민족 등이 노골적인 적대감을 보이기 시작했던 것이다. 어떤 사람은 메카에 항복하고 무함마드의 목을 팔자고 대놓고 말하기도 했다.

627년, 메카군은 2년여의 준비 끝에 주변 유목민들과 연합하여 1만 명의 대부대를 이끌고 공격해왔다. 무함마드는 3천 명의 부대를 이끌고 참호전을 펼쳤고, 기적의 모래바람 덕분에 승전할 수 있었다. 무함마드는 한 페르시아인의 건의를 받아들여 메디나 주변에 견고한 '칸다끄참호'를 파고 싸움을 벌였는데, 그 전술이 주효했던 것이다. 메카군은 모래바람 때문에 효과적인 공격을 펴지 못했다. 마침내 메카군은 40일간의 공격에도 불구하고 물러나지 않을 수 없었다. '칸다끄 전투'의 승리를 계기로 무함마드는 소극적인 방어에서 적극적인 공격으로 전환했다.

628년, 무함마드는 메카에 '순례'를 하겠다고 하면서 외교 전술을 폈다. 그는 끈질긴 협상 끝에 3일 동안의 메카 체류를 허락받았다. 10년간 메카는 정전하기로 결정했다. '후다이비야Hudaybiyah 협약*'이다.

---

* 628년 무함마드와 메카의 지도자들이 타협해 맺은 조약을 말한다. 이 조약에서 메카는 점점 커지는 메디나의 이슬람교도 공동체를 정치적·종교적으로 승인했다. 마호메트는 꿈의 계시에 따라 '순례'를 하기 위해 약 1천 4백 명의 추종자를 이끌고 메카로 가고 있었다. 그러나 627년 3월에 메디나를 포위하지 못한 것에 굴욕감을 느끼고 있던 메카 사람들은 무함마드가 그들의 도시에 들어오는 것을 허락하지 않았다. 그 대신 메카의 대표단이 메카에서

다음해인 629년 그는 1천여 명의 무슬림을 이끌고 메카 순례를 실행했다. 그는 이때 자신의 가문과 화해했고, 주변의 유대인들에 대해서는 강온 양면 정책을 펴서 제압했다. 그러자 정전에 불만을 품은 일부 세력의 반발로 메카측은 돌연히 후다이비야 협약을 무시하고 순례를 막았다. 그리고 이 과정에서 이슬람교도가 살해되는 사건이 벌어졌다.

무함마드는 이를 기회로 여기고 630년 금식월 10일, 1만 명의 군대를 이끌고 메카로 갔다. 불의의 기습을 당한 메카의 적장 아부 수피얀과 아바스 등은 항복했다. 그리고 무함마드의 무슬림군은 메카에 무혈 입성할 수 있었다. 무함마드는 메카에 대해 관용을 베풀었다. 그는 또 카바 신전 부근의 우상 360여 개를 파괴하고 카바 성전을 이슬람의 성소로 선포했다. 631년 아랍 부족들은 줄줄이 대표단을 보내 무함마드에게 '바이아^{충성서약}'를 하고 이슬람으로 개종할 것을 약속했다. 이슬람 역사에서는 이 해를 '대표단의 해'라고 부르며 아라비아 반도가 이슬람화된 결정적인 징표로 평가하고 있다.

632년 무함마드는 다시 순례를 위해 고향 메카에 개선했다. 이때 그는 아라파트산에서 유명한 '고별 연설'을 했다. 그는 이슬람의 교리와 이념을 간단히 요약한 다음, 23년간 받아온 알라의 계시를 이렇게 전

14.5킬로미터 정도 떨어진 알후다이비야에 머물러 있는 이슬람교도들을 만나 조약을 맺기 위한 협상을 벌였고, 그리하여 이슬람교도들을 대등한 교섭상대로 인정했다. 이 조약은 우선 10년 동안의 휴전을 선언했다. 무함마드는 이듬해 메카 사람들이 이슬람교도들의 메카 입성을 허락해주고 이슬람교도들이 메카에서 의식을 거행할 수 있도록 3일 동안 도시를 비워준다면 '순례'를 포기하기로 동의했다. 이 조약에는 또한 메카 사람이 보호자의 허락을 받지 않고 메디나로 도망칠 경우, 그 사람을 반드시 메카로 돌려보내야 한다는 조항도 들어 있었다. 그러나 메카로 도망친 이슬람교도에 대해서는 이와 비슷한 조항이 명시되지 않았다. 마지막으로 여러 부족들은 자신의 뜻에 따라 메카 사람이나 이슬람교도와 마음대로 동맹을 맺을 수 있도록 규정했다.

했다. "오늘 나는 너를 위해 네 종교를 완성하고, 너에 대한 내 호의를 완결하며, 이슬람을 네 종교로 결정하노라." 무함마드는 이로써 이슬람이 아랍인의 종교임을 확언하고 이슬람의 종국적 승리를 천하에 선포했다. 이슬람의 승리와 함께 무함마드 또한 세상에서의 삶을 끝냈다. 그의 죽음 뒤 이슬람은 아라비아뿐만 아니라 서아시아 전역으로 확산되었다. 그와 함께 이슬람 공통체가 형성되어 정통 칼리파 시대가 시작되었으며, 이를 바탕으로 이슬람 제국으로 발전했다.

무함마드는 이슬람을 창시하고 보급함으로써 아라비아 반도에 수천 년 동안 지속되어 온 자힐리야^{몽매} 시대를 마감하고 이슬람 문명시대를 열었다. 아라비아 반도의 이슬람화는 서로 다른 부족들을 하나로 묶을 수 있는 종교적 기반을 제공했고, 나아가 통일적인 아랍민족이 출현할 수 있는 기틀이 되었다. 이슬람의 출현으로 인류 문명사는 새로운 단계를 열게 되었다. 이슬람 문명은 중세기에 가장 선진적인 문명으로서 중세 문명 발달에 견인차 역할을 했다. 또한 이슬람을 공통분모로 한 이슬람 세계는 세계사의 전개와 동서 문명의 발전과 교류에서 중요한 한 부분을 담당했다. 이슬람은 무함마드 이후 1천 5백여 년간 지구상의 수많은 인구^{현재 약 13억}의 정신적 지주로서 존재하게 되었다.

무함마드와 다른 위대한 성인들과의 중요한 차이점이 존재한다. 거의 모든 예언자나 성인들의 경우 자신들의 예언이나 주장이 살아 있는 동안 실현되지 못하고 죽은 뒤에야 종교의 형태로 남게 된다. 그러나 무함마드는 자신이 예언한 사명을 그의 살아생전에 수행한 유일한 인물이 다. 또한 그는 다른 어떤 종교의 교조나 성인들처럼 신격화되지도 않았고, 인간적인 모습을 간직한 존재로 남았다. 그는 종교 지도자이면서도 탁월한 정치 지도자이자 유능한 군사 전략가였다. 이 또한 다른 성인들과의 차이점이기도 하다.

10. 이슬람 제국

아라비아 반도에서 시작해 세계 제국으로 발전하다

아랍인의 정복과 이슬람의 확장

무함마드가 세상을 떠나자 그의 후계자들은 혼란에 빠졌다. 무함마드는 공동체를 이끌어갈 후계자를 정해놓지 못한 채 사망했다. 그의 아들들은 요절했으며, 공동체에 의해 선출된 계승자도 없었다. 그는 누가 자신을 대신해야 할 것인지에 대한 암시도 남기지 않았다.[1]

당시 무함마드의 추종자들은 크게 세 세력으로 나눌 수 있었다. 첫째는 무함마드와 함께 헤지라를 감행한 초기 동료들이다. 이들은 무함마드와 친인척 관계를 맺고 있었다. 둘째는 메디나 출신의 유력인사들로, 무함마드와 협정을 맺은 사람들이다. 셋째는 메카의 귀족들로, 이제 막 이슬람으로 개종한 사람들이었다. 무슬림들은 회의 끝에 첫 번째에 속한 인물 가운데 한 명을 후계자로 선출했다. 바로 아부 바크르 AbūBakr였다. 그는 초기 개종자 중 한 사람이었으며, 그의 딸 아이샤는 무함마드의 아내*이기도 했다.[2]

초대 칼리파 Khalifah**로 선출된 아부 바크르는 2년밖에 통치하지 못했지만, 이슬람 제국의 기초를 세운 인물이다. 그는 짧은 치세 동안 아라비아 반도를 완전히 장악했다. 이 무렵 비잔틴 제국과 사산 왕조 페르시아는 수시로 전투를 벌이고 있었기 때문에 아랍인의 성장에 크게 주목하지 못했다. 만일 두 거인이 서로 싸움을 벌이지 않고 이슬람 세력을 공격했다면 그들은 살아남지 못했을 것이다. 하지만 두 나라가 싸우는 혼란의 틈바구니에서 이슬람은 아라비아 반도를 통일하고 나아가 그 바깥으로 세력을 확장하기 시작했다.[3]

634년 아라비아인들은 시리아와 이라크로 진격하며 승전고를 울렸다. 하지만 아부 바크르는 그 최종적인 결과를 보지 못하고 눈을 감았다. 그의 뒤를 이은 2대 칼리파는 우마르Umar였다. 우마르는 처음부터 무함마드와 생사고락을 같이한 인물이 아니라 나중에 이슬람으로 개종한 인물이었다. 그는 칼리파에 오른 뒤 아부 바크르의 뒤를 이어 정복 활동을 계속해나갔다. 먼저 비잔틴 영토였던 시리아의 다마스쿠스

---

* 무함마드의 아내는 모두 13명이었다. 먼저, 첫아내 하디자 빈트 후와일리드는 사이가 좋았던 걸로 유명하다. 무함마드는 그녀의 생전엔 다른 아내를 두지 않았다. 나머지는 사우다 빈트 자마, 아이샤 빈트 아부 바크르, 하프사 빈트 우마르, 자이나브 빈트 후자이마, 힌드 빈트 아비 우마이야, 자이나브 빈트 자흐시, 주와이리야 빈트 알-하리스, 유대인 부족 정복 중 얻은 라이하나 빈트 자이드, 역시 유대인 정복 중 얻은 유대인 여자 사피야 빈트 후야이, 라믈라 빈트 아비 수프얀, 이집트 콥트 정교 신자 마리아 빈트 샤문, 삼촌의 처제 마이무나 빈트 알-하리스이다. 무함마드가 이렇게 많은 부인을 갖게 된 것은 부족의 통합 과정에서 있었던 일종의 '결혼 정책'의 결과라고 보아야 할 것이다. 고려 왕건이 정비인 신혜왕후 유 씨를 비롯하여 모두 29명의 왕비를 두었던 것을 생각하면 쉽게 납득할 수 있을 것이다. 왕건은 고려를 건국하면서 각지의 호족들과 결혼을 통해 인맥을 형성, 국가 통합을 꾀했던 것이다.

** 아랍어로 '후계자'를 뜻한다. 영어로는 보통 칼리프(Caliph)로 표기한다. 칼리파는 이슬람 세계 최고의 수장을 가리킨다. 칼리파는 종교지도자면서 정치지도자다. 그러니까 칼리파가 통치하는 이슬람 사회는 정교일치의 신권적 군주제였던 것이다. 칼리파 자리는 정통 칼리파 시대를 거쳐, 우마이야 왕조, 아바스 왕조, 오스만 제국의 순으로 계승되었다.

Damscus를 정복했다. 636년에는 예루살렘도 정복했다. 다음으로 우마르는 비잔틴 제국과의 전쟁으로 힘이 약화된 사산 왕조 페르시아를 겨냥했다. 이슬람 군대는 641년에는 사산 왕조로부터 메소포타미아 지역 일대를 빼앗았다. 또 우마르는 비잔틴 제국이 보유하고 있던 이집트를 공략하여 정복했다.

제2대 칼리파 우마르의 말년에 이르면 이슬람 세력은 아라비아 반도 전체와 사산 제국의 일부, 비잔틴 제국 치하의 시리아와 이집트까지 정복했다. 그리고 곧이어 사산 제국의 나머지 영토도 이슬람의 수중에 떨어졌다. 이슬람이 출현하고 수십 년 뒤 서아시아의 정치적 경계선은 완전히 바뀌었다. 이슬람 세력의 확장과 함께 정치적 중심지도 변화했다. 부와 인구가 넘쳐나던 비옥한 초승달 지대에서 고급 문화나 부와는 거리가 멀었던 주변부의 작은 마을로 중심이 이동했다.[4] 어떻게 해서 이런 변화가 일어난 것일까?

이슬람 세력의 흥기는 그동안 이 지역을 지배하고 있던 비잔틴과 사산 왕조 페르시아의 쇠퇴와 깊은 관계가 있다. 이 무렵 지중해 세계는 쇠퇴기에 접어들면서 점차 역동성을 잃어가고 있었는데, 그 원인은 여러 가지가 있었다. 외부 이민족의 침입, 대지의 황폐화, 농업 생산의 감소, 도시와 시장의 퇴락 등이 중요한 원인이었다. 비잔틴과 사산 양 제국 또한 장기간의 전쟁과 전염병 때문에 점차 활력을 잃어가고 있었다. 629년 비잔틴 제국은 사산 왕조를 물리치고 겨우 시리아를 회복했으나 그곳 정세는 여전히 불안정했다.

양 제국의 틈바구니를 비집고 성장하기 시작한 아랍 세력은 유목민으로 구성된 오합지졸이 아니었다. 그들은 잘 조직된 군대였다. 병사들 중 상당수는 양 제국에서 복무한 경력이 있었고, 예언자 무함마드의 사후 벌어진 전투에 참가한 경험을 갖고 있었다. 광대한 지역의 원정에서 낙타는 운송수단으로 그만이었다. 또한 땅과 재물을 얻을 수 있다는 희망은 병사들에게 용기와 자극제가 되었다. 여기에 종교적 신념이 바탕이 된 열정이 새로운 힘으로 작용했다.[5]

이슬람 세력이 급작스럽게 힘을 확장할 수 있었던 것은 당시의 피정복지 주민들이 큰 반발 없이 이슬람의 통치를 받아들였기 때문이다. 피정복민들에게는 통치자가 이란인이건 그리스인이거 아랍인이건 그다지 상관이 없었다. 대부분의 경우 통치자가 세운 정부는 도시와 그 배후지 정도에만 영향력을 미쳤을 뿐이다. 따라서 관료와 이해관계가 얽혀있던 몇몇 계층 사람들과 종교 공동체의 사제 등을 제외하고 나머지 주민들은 누가 지배자가 되던 별로 관심을 두지 않았다. 안전을 보장받을 수 있고, 세금 징수가 합리적이라면 문제가 되지 않았던 것이다. 농촌과 스텝 지역에 살고 있던 주민들도 마찬가지였다. 그들은 부족장 밑에서 고유의 관습에 따라 살고 있었고, 따라서 누가 도시를 지배하는가는 큰 관심거리가 아니었다.

더욱이 아랍인들은 자신의 종교를 강요하지 않았다. 피정복지의 많은 주민이 이슬람으로 개종했지만 다른 종교라고 해서 특별히 차별대우를 받지는 않았다. 교리적인 문제로 비잔틴 제국으로부터 박해를 받았던 기독교 소수종파들은 자신들을 공평하게 대우해주는 새로운 아랍 통치자들을 오히려 편안하게 생각했다. 당시만 해도 이슬람의 교리나 율법이 체계화되지 못한 상태여서 종교적으로 큰 거부감을 느낄 이유도 없었다. 시리아와 이라크의 경우 이미 대부분의 주민이 아랍 혈통이며 아랍어를 사용하고 있었기 때문에 그리스나 페르시아 대신 신흥 아랍 세력에 편입되는 것이 전혀 이상하지 않았다.[6] 그렇게 해서 불과 수십 년 만에 아랍인들은 서아시아와 소아시아 지역, 북부 아프리카와 페르시아 지역을 장악한 거대한 세력으로 발전했다.

정통 칼리파 시대의 종언

제2대 칼리파 우마르는 정복 전쟁만 벌인 인물이 아니었다. 그는 선지자가 전달해준 알라의 계시들을 책으로 묶어 이슬람 경전인 『꾸란』을 편찬했다. 이것은 그동안 예언자 무함마드가 사람들에게 설교한 내용을 바탕으로 만들었다. 여기에는 이슬람의 5대 의무가 수록되어 있다. 사실 불교나 그리스도교에 비해 이슬람교의 교리는 '단순'하다고 할 정도로 비교적 명료하다. 이슬람 교리는 '이만Iman, 6가지 종교적 신앙'과 '이바다ibādah, 5가지 종교적 의무'를 기본 내용으로 하고 있다. 이슬람의 6신信5행行이다.* 이슬람교 교리의 근본은 "신은 오직 알라뿐이고, 무함마

---

* 이슬람의 교리는 6신 즉, 여섯 가지의 믿음과 5개의 기둥이라 불리는 실천 의무를 부과하고 있다. 6신이란 하느님(神, 알라), 천사(天使, 말라이카), 성전(聖典, 꾸루안), 예언자 또는 사도(使徒, 나비), 내세 또는 부활(復活, 아힐라), 예정 또는 정명(定命, 카달)에 대한 믿음이다. 이 가운데 특히 이슬람의 근본적인 교리에 관한 것이 하느님 즉, 알라와 예언자 또는 사도인 나비이다. 무슬림(Muslim)은 알라가 유일한 하느님인 것과 동시에 그 사명을 받아 예언자가 된 무함마드(Muhammad)가 진정한 하느님의 사도임을 굳게 믿고 있다. 이슬람에 들어가 무슬림이 되려고 하는 사람은 이슬람의 증인 앞에서 "하느님 외에 하느님은 없다.", "무함마드는 하느님의 사도다."라는 2항목으로 되어 있는 신앙고백(샤하다, Shahadah)을 행하도록 되어 있다.
다음은 이슬람의 다섯 기둥, 즉 5행이다. 첫째, 신앙고백(샤하다)이다. 알라 이외에 다른

드는 알라가 보낸 사람이다."라는 말 속에 함축되어 있다. 이슬람교의 모든 믿음과 행동은 '타우히드알라의 유일성'와 '라쑬룰 라알라가 보낸 사람'라는 두 원리에서 시작된다. 따라서 이러한 교리가 곧 무슬림의 사유와 행동, 가치관의 근본이 된다. 이슬람의 6가지 믿음이란 알라하느님, 천사天使, 경전, 예언자, 최후심판, 정명定命에 대한 믿음을 말한다. 그런데 이슬람 경전인『꾸란』에서는 이 중 앞의 다섯 가지 믿음에 대해서는 명문으로 규정하고 있으나 정명에 관해서는 명문 규정이 없다고 한다. 하지만 경전 저변에 정명관이 깔려있다고 해서 정통교파인 수니파에서는 정명까지 포함해 6가지 믿음으로 규정하고 있다. 반면 소수파인 시아파는 정명이 6신의 하나라는 사실을 부정하지 않으나 실제로는 정명 대신 인간의 자유의지를 더 강조한다.*

이 여섯 믿음을 보편적인 종교철학적 관점에서는 신관神觀, 성관聖觀, 내세관來世觀, 정명관定命觀으로 정리해서 살펴볼 수가 있다.[7]

2대 칼리파 우마르는 주변에 매우 엄격했다. 자신의 아들이 방탕하

신은 없으며 무함마드는 알라의 마지막 예언자라는 선언이다. 둘째, 기도(살라트)다. 매일 5회의 기도를 한다. 셋째, 단식(사움)이다. 이슬람력 9월(라마단) 한 달 동안 일출부터 일몰까지 음식과 음료의 섭취와 성행위를 금한다. 넷째, 자선(자카트)이다. 일반적으로 상공업에 종사하는 부자들 재산의 2.5퍼센트나 농민들 연 생산의 10~20퍼센트 정도이며, 이 돈이나 생산물은 가난한 사람들에게 분배된다. 다섯째, 메카 순례(하즈)다. 이슬람력 12월(둘 힛자)에 이루어지며 경제적·신체적으로 능력이 있는 모든 무슬림은 일생에 꼭 한 번 행해야 한다. (위키 백과 참고)

* 이슬람의 정명관을 종합하면, 인간 행위의 최종 목표는 경전의 가르침 속에서 알라가 정해준 운명대로 삶을 영위하고, 우주의 모든 현상이 알라의 의지에 따라 일어나며, 어떤 것이라도 알라의 지배를 받도록 예정되어 있으며, 인간은 알라에 대한 복종의 삶을 감수해야 평정을 얻고 사회의 평화를 확립할 수 있다는 것으로 정리된다. 이처럼 이슬람교의 정명관은 알라의 권능과 그에 대한 절대적인 신앙에 기초하고 있다. (정수일 지음,『이슬람 문명』, 창비, 128~129쪽 참고)

게 생활하자 심하게 매질해서 죽게 만든 일도 있을 정도였다. 그러나 피정복민에게는 비교적 관대했다. 예루살렘 정복 후에도 유대인들에게 자신들의 종교를 믿을 수 있도록 했다. 그는 대신 기독교도들과 유대교인들에게 종교의 자유를 허락하는 대신 '지즈야Jizyah'라는 별도의 세금을 내도록 했다. 하지만 우마르는 페르시아 노예에게 암살당하고 말았다. 정치적인 이유보다는 개인적인 원한관계였다.[8]

3대 칼리파는 메카의 꾸라이쉬 부족의 우마이야 가문 출신의 우스만Uthmān이 되었으며 그 또한 주변으로 세력 확장을 계속했다. 651년 그는 사산 왕조를 공격하여 멸망시켰다. 나아가 우스만의 군대는 인더스까지 진격했으며, 서쪽으로는 이집트를 지나 튀니지 일대까지 진출했다. 이처럼 정복한 영토가 확장되어가면서 지배 세력 내부의 갈등도 커졌다. 2대 칼리파 우마르는 정복 지역을 정복자들에게 나누어주는 대신 국가소유로 했다. 그 때문에 부족민들은 국가에 의존하는 처지가 되었고, 국가가 경제권을 장악하고 있다면서 불평을 늘어놓기 시작했다.[9]

무함마드 초기에 개종한 사람들과 뒤늦게 참여한 부유한 메카인들 사이의 갈등도 깊어졌다. 우스만은 이 같은 갈등을 조절하는 역할을 해야 했지만, 그렇지 못했다. 그는 자신의 가문 일족만을 우대했으며, 지방 총독을 그의 가문이 독점했다. 이에 메디나에서는 예언자와 가까웠던 사람들의 후손들과 예언자의 아내 아이샤가 우스만에게 반기를 들었다. 쿠파와 푸스타트에서도 메카 출신의 몇몇 가문이 권력을 독점하는 것에 불만을 터뜨리기 시작했다. 결국 메디나에서 우스만에 반대하는 반란이 일어났고, 이집트 병사들도 이에 가세했다. 이렇게 해서

656년 우스만 칼리파가 암살되고 말았다.

우스만의 뒤를 이어 제4대 칼리파가 된 것은 예언자 무함마드의 사촌이자 사위인 알리^{Ali}였다. 그러나 그는 두 세력의 저항에 직면했다. 하나는 우스만의 일족이었고, 다른 하나는 그의 칼리파 선출의 적법성을 문제 삼는 세력이었다. 권력을 둘러싼 메디나의 암투는 군영 도시들로 확산되었다. 알리는 이라크의 두 병영 도시 중 하나인 쿠파^{Kufa}에서 스스로 칼리파에 올랐다. 당시는 정복지가 확대되면서 아랍 병사들의 야영지가 새로운 도시로 발전하고 있었다. 그렇게 건설된 도시로 이라크의 바스라^{Basra}와 쿠파, 이집트의 푸스타트$^{Fustat, 지금의 카이로}$, 후라산^{Khurasan}의 북동쪽 접경 도시 등이 있었다. 권력의 중심지였던 군사 야영지는 아라비아와 다른 피정복지로부터 몰려온 이주민들로 넘쳐나면서 도시로 성장해갔다. 이런 도시의 중앙에는 총독의 궁전과 공공집회 장소, 모스크 등이 들어섰다.[10]

그러나 알리에 반대하는 세력이 또 다른 군영 도시인 바스라에서 등장했다. 알리는 바스라를 진압하는 데 성공했지만, 곧바로 시리아에서 새로운 도전 세력이 등장했다. 당시 시리아의 총독이었던 무아위야^{Muawiya}는 우스만의 가까운 친족이었다. 양측 군대는 유프라테스강 상류 지점에 위치한 싯핀^{Siffin}에서 결전을 치렀다. 양측은 승부를 내지 못하자 협상에 들어갔다. 합의안이 도출되었으나 알리의 일부 진영이 이를 거부하며 이탈했다. 그렇게 되면서 알리의 명예는 실추되었고, 그의 동맹세력도 결속력이 약화되었다. 661년 결국 알리는 자신의 본거지였던 쿠파에서 암살당해 최후를 맞았다. 알리가 암살당하자 무아위야는 스스로 칼리파라고 선언했으며, 처음에 반발하던 알리의 장남

하산^{Hasan} 또한 결국 이를 인정하지 않을 수 없었다.[11]

알리의 암살 사건은 후에 이슬람 세력이 분열되는 데서 결정적인 의미를 갖는다. 이미 전부터 분열의 조짐을 보이던 이슬람은 680년 알리의 차남 후세인^{Husayn}이 살해되면서 시아파가 등장, 수니파와 시아파로 갈라지게 된다. 후세인은 쿠파에서 지지자들을 모으기 위해 소수의 친족과 가신을 대동하고 이라크로 출발했으나 이라크의 카르발라^{Karbala}에서 벌어진 전투에서 살해당하고 말았다. 그의 죽음은 알리를 따르던 추종자들에게 '순교'로 기억되었고 그들을 결속해 주는 힘이 되었다. 알리의 추종자들은 '시아 알리$^{Shia\ Ali,\ '알리를\ 따르는\ 사람들'이라는\ 뜻}$'로 불렸으며, 시아파^{Shia}의 효시가 되었다.

알리의 추종자들은 우마이야 왕조를 반대하면서 예언자 가문의 후손이 수장이 되어야 한다고 주장했다. 그들은 예언자의 사촌이며 사위였던 알리와 그의 후손을 공동체의 합법적 수장, 즉 이맘^{Imām}* 으로 삼아야 한다고 주장했다. 그들의 논리는 후에 더욱 정교하게 다듬어졌

---

*   시아파에서 '최고의 종교지도자'를 의미한다. 원래 이맘은 아랍어로 '지도자', '모범이 되어야 할 것' 등을 의미하는 말이다. 일반적으로는, 이슬람교의 크고 작은 종교 공동체를 지도하는 지도자를 이맘이라고 부른다. 그러므로 예를 들어 한 나라의 통치자도 이맘으로 불릴 수 있다. 그러나 대문자로 쓰인 이맘(Imām)은 이슬람 전통, 특히 시아파에서 매우 중요한 함축적인 의미를 지닌다. 이맘의 가장 넓은 의미로는 무슬림에게 가장 중요한 의무 중의 하나인 집단 예배를 실시할 때 신도들을 지도하는 역할을 맡는 사람을 가리키는 호칭이다. 이 경우는 금요일 예배와 같이 사람들이 모스크에 모여서 집단 예배를 할 때 모인 신도 중에서 예배의 모범이 되는 자를 골라내어 이맘으로 삼는다. 금요일 예배 등 집단적인 예배를 하는 종교적으로 중요한 날에는 예배에 앞서 후트바로 불리는 설교를 하티브(설교자)가 실시하는데, 이맘이 하티브를 겸하는 경우도 있다. 그 때문에, 실제로는 이슬람에 관한 교육을 받아 이슬람 학문에 능통한 울라마로 불리는 사람들이 특정한 모스크의 이맘을 직무로서 맡는 경우가 많다. 현재 이맘이 통치하고 있는 대표적인 나라는 1979년의 이슬람 혁명 이후의 이란이다. 이란은 대통령이 있지만 대통령은 행정 수반을 맡는 데에 그치며 실제로는 이맘이 강력한 권력을 행사하고 있다.

다. 시아파에서는 알리와 그의 후손이 무함마드로부터 전수된 특수한 영적 능력과 『꾸란』의 비밀스런 내적 의미에 관한 지식을 갖는다고 믿었다. 심지어 그들 가운데서 알리와 그의 후손을 일종의 초인간적 존재로 여기며 그들 중 한 명이 정의로운 시대를 열게 될 것이라고 믿는 자들도 등장했다. 바로 이슬람 초기에 등장한 마흐디^{Mahdi}, 즉 구세주 사상이다.[12]

알리의 죽음과 함께 이슬람에서 말하는 정통 칼리파 시대가 끝났다. 그 뒤를 이어 들어선 우마이야 왕조는 칼리파 직위를 세습하면서 세력을 이어갔다. 우마이야 왕조는 이슬람의 지도자를 추대하여 뽑는 것과는 달리 일반 왕조처럼 권력을 자신의 자손들에게 세습했으므로 세습 왕조와 크게 다르지 않았기 때문이다.

우마이야 왕조 시대

661년 알리가 암살되자 시리아 총독 무아위야는 스스로 칼리파 자리에 올랐다. 알리의 추종자들은 장남 하산을 중심으로 우마이야와의 싸움을 계속했지만, 결국 하산이 무아위야를 인정함으로써 우마이야^{Umayyad} 왕조가 시작된다. 680년에는 알리의 차남 후세인이 반란을 일으켰으나 결국 제압당함으로써 우마이야 왕조는 정통성을 확보하게 되었다. 후세인의 반란 실패 이후 알리의 추종자들은 지하로 잠입했고, 이들은 구세주 사상에 따라 이맘을 지도자로 하여 시아파가 되었다. 그들은 알리를 1대 이맘, 알리의 큰아들 하산을 2대 이맘, 차남 후

세인을 3대 이맘으로 추앙하면서 우마이야 왕조에 끝까지 반대했다. 그 뒤 시아파의 이맘은 후세인과 페르시아 사산 왕조의 공주 사이에 태어난 후손들에게로 이어졌다. 훗날 이집트의 파티마 왕조와 이란의 팔레비 왕조는 시아파를 국교로 삼았다.

우마이야 왕조는 정통 칼리파 시대와 여러 면에서 차이를 나타냈다. 무엇보다 칼리파를 세습하는 이슬람 왕국이 되었던 것이다. 무아위야는 죽으면서 칼리파 자리를 그의 아들 야지드 1세에게 넘겨주었다. 전통적인 칼리파제도에 따르면, 칼리파는 계승자를 선출하기 위해 구성된 협의회인 슈라Shūra를 통해 선출해야 했다. 하지만 우마이야 왕조에서는 칼리파 자리가 전임자의 죽음과 함께 자동 승계되었다. 이로써 이슬람 공동체인 움마Umma* 공동체도, 원로회의도 무색하게 되었다. 또한 무아위야 칼리파는 사산 왕조의 세금제도를 모방하여 정복 지역의 백성으로부터 세금도 거두었다. 반면에 군사제도는 비잔틴 제국을 모방했다. 이러한 노력을 바탕으로 우마이야 왕조는 중앙

＊　이슬람의 교단(敎團) 혹은 종교 공동체를 말한다. 즉 이슬람 공동체를 뜻한다. 현대 아라비아어에서는 '민족', '국가'의 뜻으로도 쓰인다. 『코란』에서는 처음에 알라신이 인류 구제의 역사 속에서 예언자를 보내어, 알라의 말을 전하게 한 단위집단이란 뜻으로 쓰였으나, 나중에는 오로지 '무함마드의 움마', 즉 '이슬람 공동체'를 가리키게 되었다. 그것은 신의 말(코란)을 바르게 받들고 실천하여, 그 범위 안에서 신의 허락을 얻은 축복받은 공동체로서 출발했다. 이 움마의 이상은 훗날 샤리아(이슬람 율법)로 구체화 된다. 이 샤리아가 인간의 일상생활의 포괄적인 규범이듯이, 움마는 인간의 영적 결합체에 그치지 않고 현실에서는 일상의 생활규범까지도 공유하는 생활공동체인 만큼 샤리아와의 결합은 밀접하다. 그러므로 종교적 대립은 곧 정치적 대립이 되고, 정치적 싸움이 곧 종교문제가 된다. 움마는 그 성질상 언제나 국가를 지향하는데, 한 사람의 칼리파가 하나의 법으로 통치하는 다민족적 단일국가의 움마가 거의 이상에 가까운 형태로 실현된 것은 아바스 왕조(750~1258년) 최초의 1세기까지다. 그 후 정치적으로 분열했고, 오늘날에는 민족국가로 나뉘어져, 움마의 통일은 먼 옛날의 꿈이 되었다. 그러나 이는 과거의 영광과 결부되어 있는 이상으로 무슬림에게 주는 호소력이 아직도 크다. (엠파스 백과사전 참고)

집권적인 국가로 발전할 수 있었다.[13]

우마이야 왕조는 종교적인 목표에 헌신했던 정통 칼리파 시대와는 다른 세속적인 목표, 현실적인 통치 질서를 수립했다. 그것은 확대된 영토와 수많은 피정복민을 다스려야 했던 제국으로서 현실적인 타협책을 찾지 않을 수 없었기 때문에 일어난 일이었다. 우마이야 왕조의 칼리파들은 전통적인 아랍 부족장과 같은 위치에서 벗어나 전제군주와 유사한 형태의 생활 방식을 좇았다. 그들은 비잔틴 황제나 페르시아 군주의 예식과 의식을 모방해 신하들과 사절들을 맞았으며, 우마이야 왕조 시대의 아랍 군대는 점차 보수가 지급되는 정규군으로 바뀌었다. 군대의 지도자와 부족장들이 새로운 지배층으로 떠올랐으며, 메카와 메디나의 귀족들은 더 이상 요직을 맡지 못한 채 권력에서 멀어져 갔다.[14]

제국으로 발전한 왕조의 수도는 다마스쿠스로 옮겨갔다. 다마스쿠스는 궁정, 정부, 군대 등이 필요로 하는 물자들을 충분히 제공할 수 있는 입지를 확보하고 있었다. 또한 이곳은 메디나보다 훨씬 손쉽게 지중해 동부 해안지대와 동쪽으로 뻗은 내륙 지방을 통제할 수 있는 지리적 이점을 갖고 있었다. 제국은 계속해서 팽창하고 있었으므로 효율적인 통치를 위해서 이는 매우 중요했다. 이라크 총독 자리는 우마이야 왕조에서 칼리파의 충성심이 강한 자에게 주어졌다. 우마이야 왕조는 군권 장악에는 성공했지만 재정만은 옛 제국의 관료들에게 맡길 수밖에 없었다.

우마이야 왕조의 서부 지역에서는 그리스어가, 동부 지역에서는 팔레비어가 관료들의 언어로 사용되었다. 690년대 이후 우마이야 왕조의 행정 언어는 아랍어로 바뀌기 시작했다. 그러나 그 뒤에도 행정 관료들의 인적 구성과 업무 방식은 바뀌지 않았다. 관료들은 아랍어를 습득함으로써 그들의 지위를 계속 유지할 수 있었다.[15]

우마이야 왕조는 주변에 대한 정복 전쟁을 계속했다. 우마이야 왕조에서 가장 능력 있는 군주는 6대 칼리파인 알 왈리드 1세al-Walid I, 705~715년 재위였다. 그가 통치한 기간은 10여 년밖에 안 되었으나 그의 시대에 유럽의 문이 뚫렸다. 우마이야 왕조의 군대는 서쪽으로 진격을 계속해서 8세기 초반 아프리카 북부를 모두 이슬람 제국의 영토로 만들었다. 711년에는 지브롤터 해협을 건너 이베리아 반도로 진격해 들어갔다. 그곳을 장악하고 있던 서고트 왕국을 멸망시킴으로써 스페인 지역까지 이슬람의 영향 아래 두었다. 왈리드 1세의 군대는 동쪽으로는 아프가니스탄을 넘어 우즈베키스탄의 부하라와 사마르칸트까지 정복했다. 다시 그의 군대는 인도로 향해서 오늘날의 파키스탄 지역과 펀자브 지방을 점령했다.

8세기 초반, 우마이야 왕조는 절정을 이뤘다. 인도 북서부와 중앙아시아, 아프리카 북부와 스페인과 이탈리아 남부까지 이르는 광대한 영토를 지배하게 된 것이다. 우마이야 왕조의 군대는 732년 유럽 중앙부의 프랑크 왕국을 향해 진격을 개시했다. 두 나라 군대는 투르 지방의 푸아티에 평원에서 격돌했다. 그러나 이 전투에서 우마이야 군대는 프랑크 메로빙거 왕조 궁재 카를 마르텔이 지휘하는 프랑크 군대에게 패배하고 말았다. 이로써 서유럽을 향한 이슬람의 진격은 더 이상 진행되지 못했다.[16]

우마이야 왕조는 이처럼 거대한 이슬람 제국을 형성했음에도 겨우

1백 년을 넘기지 못하고 무너지고 말았다. 그것은 대외적인 정복에서는 큰 힘을 발휘했지만, 내부적으로 심각한 약점을 안고 있었기 때문이다. 무엇보다도 세습 칼리파에 대한 정통성 문제 등으로 항상 내부 분열의 위기에 시달렸고, 그 때문에 세 차례의 내전과 숱한 반란을 겪어야 했다. 더욱이 우마이야 왕조는 자신의 가문과 일부 아랍인들이 요직을 독점함으로써 다른 가문들을 포섭하지 못하고 항상 분열 상태에 놓여 있었던 것이다. 우마이야 왕조에 가장 강력히 반대한 세력은 누가 뭐라고 해도 선지자의 가문에서 칼리파가 나와야 한다고 주장한 시아파였다. 그들은 무함마드의 사촌동생이며 사위였던 알리를 따르는 사람들이었다.

이와 유사하면서도 다른 세력이 있었다. 즉 처음 알리 편에 가담했다가 알리가 반대 세력과 타협했다고 해서 이탈한 뒤 결국 그를 살해한 '카와리지파Kharijis'였다. 그들은 이슬람에서는 덕성이 가장 중요하다고 보았다. 오직 덕성을 갖춘 무슬림만이 이맘이 될 수 있으며, 만일 그가 타락하게 되면 그를 따르지 말아야 한다고 주장한다. 즉, 우스만은 자신의 가문을 우선시했고, 알리는 원칙에 관한 문제에서 타협을 택하는 과오를 저질렀다는 것이다. 그들은 내적으로 다양한 입장을 갖고 있었으나 우마이야 왕조에 반대하는 점에서는 일치했다.[17]

우마이야 왕조는 다양한 노력을 기울여 이들 반대 세력의 반란을 진압했다. 그러나 740년대에 접어들면서 우마이야 왕조는 새로운 내전에 시달리게 되었으며, 갑작스레 몰락의 길을 걷기 시작했다. 우마이야 왕조에 반기를 든 새로운 연합 세력이 등장했다. 반란의 움직임은 제국의 서쪽보다는 후라산을 중심으로 한 동쪽 방면에서 더욱 강력하게 일어났다. 시아파의 논리는 정서적으로는 널리 공감을 얻었으나 아직 구체적인 조직은 갖추지 못하고 있었다. 이에 반해 반우마이야 연합 세력 가운데 예언자 가문의 다른 일족이 주도권을 발휘하며 등장했다. 바로 예언자의 숙부였던 아바스^Abbas^*의 후손들이었다. 아바스 가문은 무함마드 이븐 알 하나피야^637~710년^**의 아들이 자신들에게 계승권을 양도했다고 주장했다.

아바스 가문은 자신의 거주지였던 시리아 사막 주변에서 세력을 규합한 뒤 쿠파를 본거지로 삼았다. 그들은 출신이 확실치 않지만 이란인으로 추정되는 아부 무슬림^Abu Muslim^을 후라산에 사절로 파견했고, 마침내 반우마이야 연합이 성립되었다. 아무 무슬림은 검은 깃발과 함께 예언자 가문의 후손임을 내세우며 반란군을 이끌었다. 뒤에 검은 깃발은 반란 운동의 상징이 되었다. 반란을 일으켰을 당시에는 예언자의 후손 가운데 누가 수장이 되어야 할지에 대해서 구체적으로 언급하지 않았다. 그 덕분에 반란군은 더욱 폭넓은 지지층을 확보할 수 있었다. 후라산에서 출발한 반란군은 서진을 계속했고, 749년에서 750

---

* 아바스(652년 사망)는 예언자 무함마드의 숙부로 부유한 상인이었다. 그는 초창기 무슬림과 그들을 박해한 메카인들 사이에서 중재인 역할을 한 것으로 알려진다. 예언자 무함마드가 메디나의 군대를 이끌고 메카를 정복하기 위해 진군했을 때 그는 무슬림에 합류했고, 이를 계기로 그의 가문은 이슬람 공동체 내에서 특권을 갖게 되었다. 그의 후손은 이러한 배경을 바탕으로 우마이야 왕조를 무너뜨리고 아바스 왕조를 세운다. (앨버트 후라니 지음/김정명·홍미정 옮김, 『아랍인의 역사』, 심산문화, 74쪽 참고)

** 많은 사람이 적법한 칼리파로 간주했던 인물이다. 그는 4대 칼리파 알리의 아들이었지만 예언자 무함마드의 딸이자 알리의 아내인 파티마의 소생은 아니었다. 본래 소극적이어서 당파 싸움에 끼지 않으려고 했다. 여러 파당들이 그를 칼리파로 추대하려고 했지만 그는 매우 신중하게 처신했다. 결국 그는 우마이야 왕조의 칼리파 아브드 알 말리크에게 충성을 맹세했고 그에게서 매년 많은 연금을 받으며 살았다.

년 사이에 우마이야 왕조의 군대를 격파했다. 우마이야 왕조의 마지막 칼리파 마르완 2세는 이집트까지 도망갔다가 끝내 살해되고 말았다. 그 과정에서 쿠파에서는 무명에 가까웠던 아불 아바스^{Abu'l Abbas}가 새로운 칼리파로 등극했다.[18]

아바스 왕조 시대의 이슬람

750년에 세워진 아바스 왕조는 몽골 군대에 의해 바그다드^{Bagdad}가 함락되는 1258년까지 무려 5백 년 동안이나 지속했다. 물론 이슬람 세계를 대표하는 왕조로서의 역할은 10세기 중반까지밖에 못하지만 말이다. 실제로는 2백 년 동안 이슬람 세계를 지배하는 제국으로 존재했다는 이야기다. 그 이후에는 각 지역에서 독립한 이슬람 왕조들이 바그다드를 수시로 공략하는 등 중앙정부인 아바스 왕조 칼리파의 힘은 점점 약화되었다. 그 때문에 10세기 중반 이후 아바스의 칼리파는 종교 지도자로서의 상징만 남았고, 실제 정치권력은 각 지역 왕조들의 술탄이 차지했다.

아바스 왕조는 시아파와 연합해서 우마이야 왕조를 무너뜨렸지만, 권력을 장악한 뒤에는 이들을 억압하기 시작했다. 그것은 이슬람 제국 대부분 지역에서 다수를 차지한 것은 시아파가 아니라 수니파였기 때문이다. 하지만 아바스 왕조는 아랍인과 비아랍인의 차별은 두지 않았다. 아바스 왕조의 중심은 아랍인에서 이란인으로 이동했다. 아바스 왕조는 수도를 이라크의 바그다드로 옮겼고, 관료층을 구성한 것은 대

부분 이란인이었다.[19]

751년 아바스 왕조가 성립되고 1년 뒤 중앙아시아의 탈라스강 유역에서 아바스의 군대는 중국 당 왕조의 군대와 맞붙었다. 저 유명한 탈라스 전투였다. 이 전투에서 아바스 군대가 승리했고 이로써 당 나라의 서진은 더 이상 진행하지 못했다. 중앙아시아 지역을 장악한 것은 아바스 왕조였다. 당 왕조는 이 전투 이후 약화된 국력이 더욱 쇠퇴했고, 반란에 시달리다가 결국 멸망하게 된다.

754년에 2대 칼리파에 오른 알 만수르al-Mansur는 아바스 왕조의 실질적인 기틀을 다졌다. 그는 지속적으로 정복 전쟁을 벌였으며 바그다드를 건설했다. 바그다드는 이때부터 이슬람 세계의 중심 도시로 성장했다. 전 세계의 상인들이 몰려들면서 당 왕조의 수도 시안, 비잔틴 제국의 수도 콘스탄티노플과 함께 세계 3대 도시를 이루었다. 당시 바그다드의 인구가 150만이 넘었다고 하니 그 규모가 어느 정도였는지 짐작할 수 있을 것이다.

바그다드에는 원형의 요새가 있었다. 요새 안에는 칼리파의 궁궐, 이슬람 예배당모스크, 병사들의 막사가 있었다. 외적의 침입에 대비하기 위해 원형 요새 주변에는 2중, 3중의 성벽을 둘렀다. 요새 바깥 지역에는 시장이 세워졌는데, 상인들이 몰려들어 문전성시를 이뤘다. 원형 요새에는 네 개의 문이 있었다. 각각의 문은 외부의 교역로와 연결되어 있었다. 시리아와 지중해 쪽으로 난 문은 시리아 문, 페르시아만의 바스라로 연결된 문은 바스라 문, 중앙아시아로 연결된 문은 호라산 문, 아라비아 반도 남쪽으로 연결되는 문은 쿠파 문 등으로 불렀다.[20]

바드다드는 티그리스강과 유프라테스강의 물줄기가 가장 가깝게 만나는 지점에 위치하고 있었다. 이곳의 운하는 인근 지역을 풍요롭게 만들어주었고, 대도시와 정부가 필요로 하는 식량과 물자들을 넉넉하게 조달할 수 있었다. 또한 이곳은 이란은 물론 그 너머 지역으로도 연결되었기 때문에 전략적으로 중요했다. 이라크 북부의 곡창지대인 자지라Jazira를 확보하고 우마이야 왕조에 대한 충성심이 강하게 남아있던 시리아와 이라크를 견제하기에도 용이했다. 바그다드는 새롭게 건설된 도시여서 그곳의 통치자는 쿠파나 바스라에 거주하고 있던 무슬림의 압력으로부터도 자유로울 수 있었다. 고대부터 동양의 전제 군주들은 피지배층인 백성과의 사이에 거리를 두는 전통이 있었다. 바그다드는 이러한 전통을 충분히 반영하여 통치자의 위엄을 최대한 높일 수 있도록 설계되었다.[21]

　외부와 격리된 바그다드의 궁전 안에서 칼리파는 오랜 전제군주처럼 권력을 행사했다. 세련된 궁중의식은 칼리파의 위엄을 대변해주었다. 궁중의 무사들은 칼리파의 신변을 안전하게 지켰고, 즉결처분 권한을 가진 집행관이 항상 동행했다. 아바스 왕조 초기에 와지르wazir라고 불리는 재상직이 만들어졌다. 와지르는 칼리파의 고문으로서 각종 영향력을 행사했다. 후대에 와지르는 정부 수장으로서 관료들을 지휘하며 칼리파와의 중간자 역할을 담당하기도 했다. 아바스의 정부조직으로는 군사 업무를 관장하는 국방원, 서한과 문서를 공식적으로 담당하고 기록하는 문서기록원, 세입과 세출을 감독하고 기록하는 재무원 등이 있었다. 칼리파는 관료들을 통해 광활한 영토를 다스릴 수 있었다. 칼리파는 관료들의 권한이 지나치게 비대해지지 않도록 항장 견제하고 감시할 필요가 있었다. 칼리파는 이들의 동향을 파악하기 위한 사정기관 내지는 첩보기관을 두어 정기적으로 보고를 받았다. 또한 칼리파와 총독은 공개적인 회의를 통해 백성으로부터 민원을 경청하고 그에 상응하는 조치를 취할 수도 있었다.[22]

아바스 왕조는 절대 권력의 기반이 되는 관료체제를 유지하기 위해 세금 수입과 군대의 유지가 필수적이었다. 초기 이슬람 시대의 징세 관행은 아바스 시대에 와서야 비로소 법률적으로 정비되었다. 조세제도는 최대한 이슬람 규범을 반영하여 만들어졌다. 세금의 종류는 크게 두 가지였다. 하나는 토지나 그 소출에 부과되었던 토지세였다. 초기에는 지주가 무슬림인가 비무슬림인가에 따라 세율과 종류가 구분되었으나 나중에 유명무실해졌다. 또 하나는 비무슬림에게 부과되었던 인두세가 있었다. 이 세금은 부의 정도에 따라 차등 부과되었다. 그밖에 수출입 물품이나 도시 공예품에 대해 각종 부과금이 따랐으며, 필요에 따라서는 재산에 대한 임시세가 도시민들에게 부과되기도 했다. 이슬람 율법을 철저히 지켰던 전통주의자들은 아바스 왕조의 이러한 징세 관행을 공공연히 비난했다.[23]

제5대 칼리파였던 하룬 알 라시드가 통치한 시대가 아바스 왕조의 최전성기였다. 786년에 칼리파가 된 그는 문학과 예술을 사랑했으며, 용맹한 정복 군주였다. 『아라비안 나이트』의 「신드바드의 모험」의 주인공 신드바드가 산 시대이기도 하다. 그의 시대는 문화뿐만 아니라 비잔틴 제국을 향한 군사 공격으로 많은 영토를 확장한 때이기도 했다. 하지만 그가 죽자 그의 두 아들 알 아민al-Amin과 알 마문al-Ma'mun 사이에 권력다툼이 벌어져 내전이 일어났다. 바그다드의 군대는 아민을 옹호하며 전투에 나섰으나 패배하고 말았다. 내전에서 승리한 형

마문은 동생을 죽이고 칼리파가 되었다. 그의 통치기간[813~833년] 동안 아바스 왕조는 문화적 부흥기를 맞았다. 그러나 곧 아바스 왕조의 쇠퇴와 위기가 찾아온다.

이슬람 세계의 출현과 변화

9세기 초반 아바스 왕조는 효율적이고 충성심 강한 군대를 양성하기 위해 노예병들을 사들이거나 국경지대 그 건너편 중앙아시아에 살고 있던 투르크 계통의 유목민들을 용병으로 고용했다. 투르크 병사들은 국경지대의 유목민들로 이방인이었기 때문에 아바스 왕조의 도시들에 아무런 연고가 없었다. 그들은 고용주였던 칼리파와 직접적인 관계를 유지했을 뿐이었다. 아바스 왕조의 투르크 병사 고용은 이슬람 세계의 정치 판도를 뒤바꾸는 일대 전환점이 되었다. '맘루크[Mamluk]'라고 불렸던 투르크 용병들은 시간이 흐르면서 칼리파들을 마음대로 주무르는 세력이 되었다. 9세기 중반부터 10세기 중반 사이에 벌어진 일이었다.[24]

945년에는 이란 시아파의 부이[Buyid] 왕조가 바그다드를 점령하는 바람에 티그리스강 북쪽에 새로 건설한 도시 사마라[Samarra]로 이동해야 했다. 수도를 옮김으로써 위기에서 벗어날 수는 있었지만 투르크 군벌의 정치개입을 불러오고 말았다. 마침내 칼리파 정부는 투르크군 지휘관에 의해 장악당했다. 그리고 이때부터 아바스 왕조의 칼리파는 허수아비가 되었고, 지방의 통치자들은 사실상 독립적인 지위를 누리기 시작했다. 이슬람 세계의 분열이 시작된 것이다.

먼저, 중앙아시아와 동부 이란에서는 사만Saman 왕조874~999년가 독립했다. 사만 왕조는 중앙아시아의 가장 중요한 도시인 부하라와 사마르칸트를 장악했다. 그들은 이곳을 중심으로 동서 무역을 중계하면서 한때 바그다드를 능가할 정도로 성장했다. 그러나 그로부터 1백 년 뒤 가즈니 왕국에 의해 멸망한다. 또한 이란 남서부와 이라크 동부 지역에 부이 왕조932~1062년가 들어섰다. 이 나라는 지금의 이란 지역에 나타난 첫 시아파 왕조였다.

부이 왕조의 창업자는 사산 왕조의 왕족 출신이었다. 그들은 945년 바그다드를 점령해서 이슬람 세계를 깜짝 놀라게 했다. 그러나 부이 왕조도 11세기 접어들면서 약해졌는데, 투르크계의 셀주크 왕조가 들어서면서였다. 그리고 이라크 북부와 시리아에는 함단Hamdan 왕조905~1004년가 있었다. 이 왕조는 수니파였기 때문에 아바스 왕조의 칼리파를 인정했다. 그러나 함단 왕조는 비잔틴 제국과 자주 싸우느라 힘이 약해져 1백 년 만에 망하고 말았다. 이밖에도 많은 왕조들이 생겨났다. 이렇게 되면서 아바스 왕조는 11세기 중반 이후 명맥만 유지하면서 13세기 중반까지 지탱하게 된다.[25]

아바스 왕조가 멸망한 뒤에 이슬람 세계의 주도권을 장악하는 것은 투르크민족이다. 처음에는 셀주크 투르크 왕조가, 그 다음에는 오스만 투르크 왕조가 이슬람의 중심이 된다. 특히 오스만 제국은 그동안 그 어떤 이슬람 왕조보다도 거대한 제국을 이루면서 1918년 오늘날의 터키로 분할 독립할 때까지 존속한다. 특히 오스만 제국은 1453년 콘스탄티노플을 함락하여 비잔틴 제국을 최종적으로 멸망시켰고, 이를

메카에서 기도를 올리는 무슬림

바탕으로 발칸 반도로 세력을 확장하게 된다. 오스만 제국이 등장하기 전 13세기에는 초원에서 시작한 몽골이 말 그대로 세계 제국을 형성하며 유라시아 대륙을 평정한다. 그 뒤 몽골 제국이 분열 쇠퇴하면서 티무르의 제국이 다시 중앙아시아와 서아시아를 휩쓴다. 이러한 과정에서 이슬람교는 세계 종교로 성장하며, 이슬람 세계는 유라시아 대륙 전체로 확대되어 갔다.

　7세기 초반 오리엔트 지역을 양분하고 있던 거대 세력인 비잔틴 제국과 사산 왕조 페르시아 제국의 틈 사이로 새로운 종교 운동이 출현했다. 그것은 아라비아 반도 서쪽에 위치한 도시 메카에서 시작되었다. 무함마드와 그의 추종자들은 유일신 알라의 계시를 받았다고 했으며, 후에 알라의 계시 내용은 『꾸란』으로 묶여졌다. 무함마드의 등장은 자할리야^{무지와 몽매} 시대를 청산하고 이슬람 문명 시대를 여는 새로운 역사의 전환이며 창조였다. 무함마드의 등장으로 아라비아 반도는 전쟁과 혼돈의 시대를 끝내고 평화와 통일의 시대를 시작할 수 있었다.

무함마드 사후 아라비아 반도의 주민들은 이슬람이란 신흥 종교의 기치 아래 군사 원정을 감행하며 이슬람을 세계로 전파했다. 그들은 이웃 국가들을 차례로 정복한 뒤 칼리파를 정점으로 하는 신흥 이슬람 제국을 건설했다. 이슬람 제국은 비잔틴 제국의 대부분과 사산 왕조 페르시아 전부를 정복한 뒤 중앙아시아와 스페인까지 그 영역을 확장했다. 이후 이슬람 제국의 권력 중심지는 아라비아 반도의 경계를 벗어나 우마이야 칼리파 왕조 때에는 시리아의 다마스쿠스로, 그리고 아바스 제국 때는 다시 이라크의 바그다드로 이동했다.[26]

그러나 10세기 무렵 칼리파체제는 분열의 위기를 맞았다. 이집트와 스페인 지역에서도 칼리파들이 등장하여 중앙정부와 경쟁관계를 유지했던 것이다. 하지만 이러한 분열의 위기에도 이슬람 세계의 사회적 · 문화적 통일성은 변함없이 유지되었다. 이슬람 영토 안에 살고 있던 주민은 대부분 이슬람으로 개종했다. 그러나 이슬람 세계 안에서도 여전히 유대교와 그리스도교, 그밖에 다른 종교 공동체가 공존했다.

한편 이슬람 제국의 형성과 함께 아랍어 사용도 확산되었다. 이슬람 문화는 자신이 흡수한 외부 세계의 전통 요소들과 혼합되어 새로운 내용으로 만들어졌다. 아랍어는 이러한 혼합 문화의 매개체가 되었다. 그 때문에 아랍어는 문학, 법, 신학, 신앙의 중심 언어로 발돋움할 수 있었다. 다양한 자연환경 속에서 각지의 이슬람 사회들은 특유의 제도를 발전시켜 나갔다. 지중해와 인도양 연안의 많은 국가들은 하나의 연결망으로 묶였고, 그 덕택에 단일한 무역 체계가 탄생하고 농업과 공예 기술도 발전했다. 이러한 변화는 도시의 성장을 촉진했고, 이슬람 문명 또한 이러한 도시들을 중심으로 새로운 내용을 발전시켰다. 이슬람 세계의 도시문화적 특징은 특히 그들의 독특한 이슬람 건축물에서 확연히 드러나고 있다.[27]

11. 오스만 제국

중세에서 현대까지 존속하며 영욕을 동시에 보여주다

이슬람 세계의 분열과 다양화

이슬람의 교조인 무함마드가 사망한 후 이슬람 공동체를 이끌어갈 후계자를 칼리파^{Khalifah}라고 불렀다. 무함마드를 이은 아부 바크르와 그의 뒤를 직접 이은 3명의 후계자들이 이끈 시대를 '정통 칼리파 시대'라고 하며, 이때 칼리파의 권력은 막강했다. 그러나 그 후 칼리파 자리는 다마스쿠스를 수도로 한 우마이야 왕조와 바그다드를 수도로 한 아바스 왕조에 의해 세습되었다. 이처럼 칼리파가 세습되어 가자 무함마드의 사위 알리를 추종하는 세력들은 이를 부정하게 되었고, 그에 따라 이슬람 세력은 수니파와 시아파로 분열되었다. 특히 시아파는 예언자 무함마드의 혈통만이 이슬람 공동체의 지도자가 될 수 있다고 주장하며, 세습적 칼리파체제를 부정했다. 그들은 카와리즈에 의해 죽은 알리를 순교자로 추종하면서 알리를 숨어 있는 '이맘^{Imam}'으로 간주하고 언젠가 다시 돌아올 것이라고 여기게 되었다. 시아파란 명칭도 '알리를 따르는 사람들'이란 뜻의 '쉬아 알리'에서 유래했다.

아바스 왕조는 750년에 초대 칼리파 왕조인 우마이야 왕조를 무너뜨리고 성립했지만 이슬람 세계를 통일적으로 지배할 수 없었다. 칼리파의 권력이 약화되면서 아랍 세계에 여러 자치국가들이 탄생했다. 이들 자치국 중에서 가장 중요하고도 강력했던 나라는 파티마 왕조였다. 파티마Fatimah 왕조*는 이집트, 시리아와 레반트의 대부분, 그리고 홍해 연안을 지배했다. 그 지배 지역에는 성지인 메카와 메디나도 포함되어 있어서 파티마 왕조는 순례 사업으로 많은 이익을 얻었다. 파티마 왕조와 비잔틴 제국 사이에 위치한 아나톨리아와 시리아 북부 지방에는 함단Hamdan 왕조가 자리 잡고 있었다. 또 과거 아바스 왕조의 중심부였던 이라크와 이란 서부, 아제르바이잔 지역은 부이Buy 왕조가 다스렸다. 부이 왕조의 서쪽에는 사만Saman 왕조가 있었는데, 이들은 이란 북동부의 호라산, 시지스탄 그리고 트란속시아나 북동 지역을 장악하고 있었다. 10세기의 아랍 세계는 이처럼 네 개의 주요 세력이 난립했을 뿐만 아니라 다양한 종파들의 출현으로 세력관계가 훨씬 복잡했다.[1]

다음으로 중요한 의미가 있는 것은 아이유브Ayyub 왕조다. 아이유브 왕조는 수니파 이슬람 왕조로, 살라딘 아이유브Selahaddin Ayyūb**에 의해 창설되었으며 12세기 말과 13세기 초에는 이집트, 나중에는 북부 이라크가 된 지역, 시리아 지역 대부분과 예멘을 통치했다. 살라딘의 아

---

* 시아파 이슬람 왕조로 909년부터 1171년까지 이집트, 북아프리카, 레반트를 다스린 왕조다. 이 왕조의 군주(칼리파)들은 이슬람의 교조인 무함마드의 딸 파티마의 후손이라고 주장하며 왕조의 이름도 파티마로 정했다. 이들은 이슬람 시아파의 또 다른 분파인 이스마일파였다.

** 우리에게는 살라딘으로 알려진 그의 본 이름은 살라흐 앗딘 유수프 이븐 아이유브(Salāḥ ad-Dīn Yūsuf ibn Ayyūb)다.

버지 아이유브는 12세기 이라크와 시리아에서 셀주크 튀르크의 통치자 밑에서 활동했던 쿠르드족 용병 가문 사람이었으며, 바로 그의 이름에서 왕조의 명칭이 유래했다. 아이유브는 다마스쿠스 총독에 임명되자, 그의 형제 시르쿠와 함께 십자군과의 전쟁에 대비해 시리아를 통일했다. 삼촌 시르쿠가 죽은 후 살라딘은 재빨리 이집트를 장악하고 1169년 다미에타를 침공한 십자군을 몰아내는 데 성공했으며, 1171년 파티마 왕조의 마지막 칼리파 알 아디드가 죽자 파티마 왕조를 멸망시켰다. 또한 그는 열성 이슬람교도들을 동원해 십자군에 대항하는 연합전선을 구축했으며, 이집트를 당대 세계 최강의 이슬람 국가로 만들었다.

살라딘은 12세기경 티크리트^{현재 이라크 북부} 출신의 쿠르드족 무슬림 장군이자 전사였으며 이집트, 시리아의 술탄이었다. 3차 십자군 원정에 맞서서 이슬람을 이끌었다. 전성기에 그는 이집트, 시리아, 예멘, 이라크, 메카, 헤자즈 등지를 아우르는 아이유브 왕조를 세웠다. 서양에서는 살라딘이라는 이름으로 유명하지만 그의 본명은 유수프^{Yousuf} 였다. 그는 지도력과 군사적 역량으로 무슬림과 기독교계 모두에 알려졌으며, 십자군과 맞서 전쟁을 치를 당시에 탐욕스럽고 무자비했던 십자군의 군주들에 비해 온건하고 약속을 잘 지키는 자비로운 군주로 덕망이 높았다. 그가 보인 기사도 정신과 자비심은 서방세계에 널리 전해져 많은 전설과 기록으로 남았다. 살라딘이라는 그의 이름은 아랍어로 '정의와 신념'을 의미한다.[2] 그러나 살라딘의 통치하에서 유지되었던 유대감은 1193년 그의 죽음과 함께 사라졌다. 살라딘이 친척 가신들에게 토지를 분배함에 따라, 그 가신들이 각자의 속주에서 자치적 성격의 내정을 시행함으로써 아이유브 왕조는 분권화하고, 반봉건적 성격의 가문 연합체로 변모했다. 살라딘의 형제인 알 아딜과 조카인 알 카밀의 통치기에 신성 로마 제국과 아이유브 왕조의 긴장관계가 완화되었다. 예루살렘이 다시 그리스도교의 수중에 들어갔으며, 아이유브 왕조의 분파주의도 잠잠해졌다. 그러나 1238년 알 카밀의 죽음으로 오랜 가문의 분쟁이 재연되었으며, 1250년 맘루크가 권력을 승계하는 것으로 왕조는 완전히 몰락했다. 열렬한 수니파였던 아이유브 왕조는 시아파 이슬람교도와 그리스도교도들을 개종시키고자 했으며, 이집트와 예루살렘에 신학교의 일종이었던 마드라사Madrasah를 설치했다. 문화적으로 파티마 왕조를 계승·발전시킨 아이유브 왕조는 카이로에 성채를, 알레포에 요새를 건설하는 등 뛰어난 군사 기술을 보유하고 있었다.

셀주크 투르크의 등장과 흥기

이슬람 세계는 1258년 훌라구가 이끄는 몽골군에 의해 아바스 칼리파 왕조가 붕괴하면서 새로운 상황을 맞게 된다. 아바스 왕조가 무너지자 칼리파는 사실상 꼭두각시로 전락하게 되었다. 왜냐하면, 바그다드에 있던 칼리파는 잡혀 죽고 아바스 가문의 일원이 이집트로 탈출했는데, 그때 맘루크 왕조가 꼭두각시 칼리파를 내세워 통제하기 시작했던 것이다. '맘루크Mamluk'는 원래 '노예'라는 뜻에서 유래했다. 그러니까 맘루크 왕조란 결국 노예들이 세운 왕조라는 뜻이다. 노예 병사들인 맘루크는 아이유브 왕조에서 군사력의 핵심을 형성했다.

1240년 당시 아이유브 왕조의 군주 살리흐 아이유브가 흔들리는 정권을 유지하기 위해 맘루크의 권한을 강화시켜 사병으로 썼는데, 1249년 루이 9세의 십자군을 맘루크 군대가 성공적으로 격퇴하면서 그들의 정치적 권한은 매우 강력해졌다. 1250년 살리흐 아이유브가 사망하면서 권력은 1250년 바흐리Bahri의 맘루크들에게 넘어갔다. 그런데 이때 몽골군이 서아시아를 침략했고, 맘루크 왕조는 세력을 규합하여 몽골군의 침략을 효과적으로 저지했다. 몽골군이 물러가자 맘루크의 한 부대장이었던 바이바르스 1세Baybars I가 아이바크를 살해하고 5대 술탄 자리에 올랐다. 역사가들은 바이바르스가 실질적으로 맘루크 왕조를 열었다고 보고 있다.[3]

바이바르스는 1258년 아바스 왕조가 몽골군에게 멸망할 때, 탈출한 마지막 칼리파 가문의 일원 중 한 명을 카이로에서 보호하며 칼리파로 추대했다. 그렇게 해서 카이로에서 '아바스 칼리파 왕조'가 명맥을 유지하며 1517년 맘루크 왕조가 멸망할 때까지 이어갔다. 하지만 카이로의 칼리파는 맘루크 술탄 권력의 정당성을 인정하는 '허수아비'에 불과했다. 맘루크는 노예였고 노예를 해방하는 권리는 칼리파에게만 부여되어 있었던 것이다.

그러나 1517년 오스만 제국의 술탄 셀림 1세에게 칼리파가 사로잡히면서 그 시대도 종말을 고했다. 그 뒤 오스만 제국의 술탄들이 칼리파라는 이름을 함께 사용했다. 그 때문에 이들이 통치하던 시기를 '술탄-칼리파 시대'라고 한다. 당초 오스만 제국이 힘으로 이슬람 세계를 제압할 수 있던 시기에는 사실상 '칼리파'가 의미가 없었으나 18세기부터 세력이 약화되면서 종교적 권위를 내세울 필요가 있었다. 오스만 제국의 술탄-칼리파제도는 1924년 3월 3일 터키 공화국이 이를 폐지하면서 역사 속으로 사라졌다.[4]

11세기 셀주크Seljuq 투르크족이 서아시아 지역에 등장하면서 이슬람 세계에 커다란 변화가 일어나기 시작했다. 투르크족은 고대 중국 사서에서 돌궐突厥 또는 철륵鐵勒이라는 이름으로 등장한다. 투르크계는 유라시아 초원지대의 동서에 걸쳐 광범위하게 존재한 집단이었지만, 초기에는 동아시아와 중앙아시아 쪽에 많이 있었다. 돌궐은 이들 투르크계의 종족들을 하나로 모아 대세력을 형성하며 중국을 위협했다. 하지만 중국에서 수와 당의 통일 왕조가 들어선 뒤 끊임없는 공세에 시달리고 내부 분열로 자멸하면서 더 이상 동아시아 쪽에서 버티지 못하고 서쪽으로 이동하게 된다. 투르크계 유목민들은 8세기 초 이래 아라비아인이 중앙아시아를 정복함에 따라 이슬람 세계로 흘러 들어가게 되었다.

아바스 왕조 시대에 그들은 노예나 군대의 용병으로 점차 그 수를 더해 갔다. 제8대 칼리파 무타심833~842년 재위이 중앙아시아 출신의 투르크인 노예 용병을 친위대로 고용한 후부터 그들은 궁정 안에서 살면서 실권을 잡게 되었다. 투르크인 용병들이 칼리파의 정치에도 간섭하면서 아바스 왕조는 쇠퇴하기 시작했다. 아바스 왕조의 통치력이 약화되면서 9세기부터는 이슬람 세계의 각지에 지방정권이 연달아 독립하게 되며, 그중에서 이집트에 일어난 툴룬Tulun 왕조868~905년가 최초의 투르크계 왕조였다. 10세기 이후 중앙아시아와 서아시아에서 투르크인의 활약은 눈부셨는데, 아프가니스탄에서 가즈니Ghazni 왕조962~1186년, 중앙아시아에서 카라한Qarakhan 왕조999~1212년가 성립되었던 것이다. 그 뒤를 이어서 등장한 것이 바로 셀주크 투르크족이다.[5]

셀주크족은 11세기 초 다른 투르크계 민족들과 함께 이란 동쪽의 아무다리야강을 건너왔다. 그들은 11세기에 동방 이슬람 세계를 제패하며 제국을 건설하는 데 성공했다. 그들은 돌궐에 이어 투르크계로서는 두 번째로 제국을 세운 셈이다. 셀주크 제국은 1194년까지 이라크를 지배했으며, 아나톨리아에서는 그들의 세력이 1243년까지 유지되었다. 셀주크의 손자인 차그리 베그Chaghri Beg와 토그릴 베그Toghril Beg는 가즈니 왕조의 마흐무드Mahmud의 지원을 받았으나 1037년 가즈니를 공격하여 자신들만의 왕국을 세웠다. 1055년 토그릴 베그Toghril Beg는 이라크 지역에 있던 부이 왕조마저 쓰러뜨리고 바그다드에 입성했다. 이로써 그들은 이란 고원 너머로 진출한 최초의 중앙아시아 유목민이 되었다. 셀주크의 토그릴 베그는 아바스 왕조의 칼리파로부터 '술탄'이란 칭호를 얻어 정식으로 이슬람 세계의 정치적 지배자 지위에 올랐다.

셀주크족의 진격은 여기서 끝나지 않았다. 그들은 시리아와 팔레스타인을 점령한 뒤 소아시아를 침공했다. 그들은 1071년 소아시아 지방의 만지케르트Manzikert 전투*에서 대승을 거두었다. 소아시아 지방을 정복한 뒤 셀주크족은 자신들의 술탄 국가를 룸, 즉 '로마'라고 불렀다. 여기에는 그들 스스로 옛 로마 제국의 영토를 이어받았다는 의식이 담겨 있었다. 오랫동안 로마 제국의 영역이었던 소아시아 지방이 이슬람 세력

---

*   1071년 8월 26일 비잔틴 제국과 알프 아르슬란이 지휘하는 셀주크 제국 군대간의 전투로,

에게 넘어갔다는 사실은 유럽에서 십자군을 일으키는 기폭제 역할을 했다.[6] 룸 셀주크 왕조는 제3대 멜리크샤^{Melikshah} 시대에는 소아시아에서 중앙아시아에 이르는 광대한 영토를 지배하며 제국을 형성했다.

셀주크 제국 시대의 이슬람 세계

　셀주크 제국은 여러 가지 점에서 역사적으로 중요한 역할을 했다. 그들은 서아시아 지방에 투르크족이 들어와 정착할 수 있는 계기를 마련했으며, 이 지방의 이슬람 문화를 한층 더 굳건히 하는 데 기여했다. 한편으로 그들의 정복 활동은 십자군 운동을 촉발시켜 십자군과의 전투에서 많은 피해를 입기도 했다. 그 때문에 셀주크 제국은 12세기 중반 무렵 이미 이란 지방에 대한 지배력을 상실해가고 있었다. 그러나 그들은 이슬람의 역사에 지울 수 없는 커다란 족적을 남길 정도로 충분히 오래 권력을 유지했다.

　이슬람의 지배력은 셀주크 제국 시대에 한층 더 강해졌다. 이것은 셀주크 제국이 의식적으로 이슬람교를 강조했기 때문이 아니라 기존의 사회적 가치들을 그대로 받아들였기 때문이었다. 이슬람 세계에서

비잔틴 제국의 바스프라카니아 테마에 있는 아르메니아의 만지케르트 근교에서 벌어졌다. 이 전투는 비잔틴 제국의 결정적인 패배로 결말이 났으며 제국의 황제 로마누스 4세 디오게네스는 포로로 잡혔다. 만지케르트 전투는 아나톨리아에서 투르크 부족에 대한 비잔틴 제국의 저항을 완전히 무력화시켰다. 이 전투는 초창기 투르크 부족의 정점을 보여준다는 점에서 의미가 있다. 이 전투의 승리 다음 2년 동안 엄청난 수의 투르크 부족 군인과 정착자들이 아나톨리아 지방으로 밀어닥쳤으며, 이들은 비잔틴 제국의 영역을 산산조각 내면서 많은 영토를 점령했다.

는 종교적 가치와 사회적 가치가 대체로 일치했다. 셀주크 제국의 이러한 특성은 그들의 통치 방식과 관련이 있었다. 셀주크 제국은 기본적으로 영지를 직접 관리하기보다는 지방의 자율성을 인정하면서 중앙에서 공물만 받아들이는 체제를 유지했다. 그러니까 이들의 체제는 부족연합의 성격이 강했던 것이다. 이러한 지방분권적 성격은 이전의 왕조들에 비해 중앙정부의 위기관리 능력을 약화시켰다.[7]

제국의 중앙기구는 군대와 군대를 유지하기 위해 필요한 장치들로 이루어져 있었다. 지방은 '울라마Ulama'라는 이슬람교 종교 지도자들이 다스렸다. 울라마는 강력한 권위를 지니고 있었고, 칼리파 시대가 끝난 이후에도 이슬람 사회의 구심점 역할을 했다. 그들은 이슬람 사회 관습의 기초를 닦는 데 지대한 공헌을 했고, 중동 전역에 이슬람 문화가 뿌리내리는 데 중요한 역할을 했다. 20세기에 민족주의가 도래하기 전까지 울라마는 이슬람 사회의 정치적이고 문화적이며 종교적인 지도자였다. 울라마 사이에는 많은 학파와 파벌이 있었다. 그러나 그들은 이슬람 사회의 각 지방이 문화적 · 사회적으로 통합성을 유지하는 데 크게 공헌했다. 이 때문에 새로운 정부가 들어서고 때로는 외래 민족에 의한 지배가 시작되더라도 이슬람 사회는 큰 사회적 혼란 없이 안정적으로 유지될 수 있었다. 새로운 정부는 울라마들의 지지만 얻으면 대중적 충성을 무난히 이끌어 낼 수 있었다. 울라마들은 각 지방의 정치적 이해관계를 대변하는 역할을 했던 것이다.

그래서 일반적으로 술탄은 울라마에게 권력을 주면서 그들을 후원했다. 그 대신 울라마는 술탄에게 합법성을 부여해주었다.[8] 이 같은 울라마의 존재는 이슬람 사회와 다른 사회의 차이점을 보여주는 중요한 사례다. 이슬람 사회는 종교적인 지식 계층인 울라마를 중심으로 한 종교적 · 사회적 공동체들로 조직되어 있었다. 그 때문에 유럽이나 중국에서처럼 관료적인 행정체제는 그다지 필요하지 않았다. 칼리파의 권위가 쇠퇴하고 이슬람 세계가 정치적 혼돈에 빠져있던 시기에도 이슬람 세계의 통합성은 이들에 의해 유지될 수 있었다. 셀주크 시대에도 이러한 통치 시스템은 아랍 전역으로 퍼져나갔으며 이는 그 이후의 왕조들에 의해서도 계승되었다.

셀주크 시대의 또 다른 제도적 특징은 노예제다. 셀주크 제국의 노예들은 때때로 행정직에 종사하기도 했지만, 그들 대다수는 군대 업무에 종사했다. 셀주크 제국은 종종 거대한 봉토를 하사하는 조건으로 자유민을 군대로 끌어들였으나, 술탄들의 권력을 유지하는 군대의 실질적인 원천은 대부분 투르크인으로 구성된 노예들이었다. 하지만 셀주크 제국은 노예들 외에도 페르시아나 아랍의 지방 귀족들의 힘을 끌어들이기 위해 많은 노력을 기울였다.[9]

셀주크 제국은 쇠퇴기로 접어들면서 구조적인 약점들이 명확히 드러나기 시작했다. 제국은 촘촘히 짜진 행정 관료조직에 의해 움직이지 않았다. 따라서 제국을 구성하는 다양한 부족들의 충성을 이끌어낼 수 있는 것은 오직 술탄의 개인적인 능력뿐이었다. 무능한 술탄들은 백성의 충성을 이끌어낼 수 없었다. 제국 내 투르크인들의 입지도 그다지 튼튼하지 못했다. 게다가 12세기가 되면서 이교도 유목민들이 쳐들어와서 동쪽 지방의 땅을 빼앗기 시작했다. 11세기 말부터 시작된 유럽의 십자군 운동은 셀주크 제국에 새로운 고민거리를 안겨주었다. 12세기 초반까지 십자군의 위협이 제국을 뒤엎을 정도로 대단하지는 않았지만 이슬람 세계는 스스로 수세에 몰린다는 느낌을 받았다. 유럽의 입장에서는 초기 십자군 운동은 성공적이었다. 그 때문에 셀주크는 십자군 세력을 막지 못함으로써 이슬람교도들로부터 신뢰를 얻지 못하게 되었다.

이때 한 셀주크 장군은 이라크의 북부 모술을 중심으로 북부 메소포타미아와 시리아 지방에 새로운 국가를 세웠다. 그는 라틴 국가들을 공격하여 1144년 에데사Edessa를 탈환하는 데 성공했다. 그의 아들 누레딘Nureddin은 기독교도에 대한 이슬람교도들의 반감을 이용하여 십자군에 대한 반격을 감행했다. 그의 조카인 살라딘은 1171년 이집트에서 권력을 잡고, 그때까지 이집트를 다스리던 파티마 왕조를 멸망시켰다. 살라딘은 우리가 잘 아는 것처럼 쿠르드족 출신의 위대한 이슬람 군주다. 그는 뛰어난 무훈뿐만 아니라 신의와 기사도 정신으로 더욱 빛나는 존재가 되었다. 살라딘은 1187년 기독교도에게 빼앗긴 예루살렘을 되찾음으로써 이슬람 세계의 영웅이 되었다. 살라딘은 아이유브 왕조를 창건하여 레반트, 이집트^{십자군 영토는 제외}, 홍해 연안 지역을 다스렸다.¹⁰ 하지만 그의 왕조는 오래가지 못하고 맘루크 왕조에게 무너졌다.

맘루크 왕조는 유럽의 십자군을 막아냈을 뿐만 아니라 그보다 훨씬 강한 적인 몽골족의 침략도 막아냈다. 몽골족은 순식간에 유라시아 초원을 정복하고, 서아시아와 동부 유럽, 러시아 지역, 나아가 중국 전체를 장악하며 폭풍처럼 세계를 휩쓸었다. 몽골군의 침략으로 아바스 왕조가 무너지고 이집트로 도망가서 명맥뿐인 칼리파 왕조를 지탱했다. 어쨌든 그걸 지켜준 것이 맘루크 왕조였다. 그들은 1517년 새로운 강자 오스만 제국에게 멸망할 때까지 유지되었다. 반면 셀주크 제국은 유럽의 십자군에 타격을 받았다. 또한 이란 지역에서 셀주크 일족이 반란을 일으켜 독립하고, 시리아와 바그다드도 떨어져 나가면서 셀주크의 영역은 아나톨리아 지역으로 축소되고 말았다. 그런데 그곳마저 13세기 몽골 군대가 쳐들어오면서 빼앗기고 말았다. 그 과정에서 오스만 투르크족이 부상했고, 셀주크 제국은 역사 속으로 사라지는 신세가 될 수밖에 없었다.

오스만 투르크의 등장과 흥기

셀주크 투르크족의 쇠퇴 이후 등장하는 것이 오스만 투르크족이다. 오스만 투르크족은 서西투르크족에 속했다. 이들은 세계적인 민족 대이동의 물결에 휩쓸려 중국 북부에서 중앙아시아 초원으로, 다시 이란 동부 고원에 정착하기까지 숱한 시련을 겪었다. 그들은 이란 동부 호라산 지역에 정착하면서 이슬람교도가 되었다. 그 뒤 몽골 기병의 위협에 쫓겨 약 4백만 가구가 족장 에르투그룰Ertugrul을 따라 소아시아에 새로운 보금자리를 마련했다. 이들이 이곳으로 왔을 당시 소아시아에는 셀주크 투르크족이 세운 룸 셀주크 왕조가 자리잡고 있었다. 룸 셀주크의 술탄은 동족인 에르투그룰 무리들을 환대했다. 에르투그룰에게는 비잔틴 제국과 접경한 소아시아 서북부 소구트Sogut를 영지로 내주었고 국경 수비를 맡겼다. 이 에르투그룰의 아들이 바로 저 유명한 오스만 1세Osman I , 1259~1326년이다.

오스만은 1281년 에르투그룰이 죽자 스물두 살의 나이로 소구트 영지의 주인이 되었다. 그는 이슬람교 중에서 수피파Sufism* 와 가지Ghazis, '승자'라는 뜻으로 이슬람 전사들의 조직을 지칭라고 불리는 자유군사조직과 연계하여 조금씩 세력을 키웠다. 또한 그는 꾸준히 병사를 모집하여 군사력을 키우고 서서히 주변 지역으로 세력을 확장했다. 그는 특히 비잔틴 제국의 국경 용병부대를 수차례 공격하여 카라만마라시, 빌레지크, 예니세히르 요새 등을 점령했으며, 근거지를 예니세히르Yenisehir, 지금의 터키 수도인 앙카라 지역 요새로 옮겼다. 이런 와중에 국제 정세에 새로운 변화가 일어났다. 오스만 투르크 세력이 빠르게 세력을 확장하고 있는 동안, 1308년 종주국인 룸 셀주크 왕국은 몽골족의 공격으로 끝내 무너지고 말았던 것이다. 이때부터 오스만 1세가 투르크족의 깃발을 이어받았다. 1299년 오스만 1세는 룸 셀주크로부터 독립을 선언하

---

* 수피즘은 이슬람교의 신비주의적 분파이다. 수피즘은 전통적인 교리 학습이나 율법이 아니라 현실적인 방법을 통해 신과 합일되는 것을 최상의 가치로 여긴다. 수피즘의 유일한 목적은 신과 하나가 되는 것으로 이를 위해 춤과 노래로 구성된 독자적인 의식을 갖고 있었다. 수피는 아랍어의 양모를 뜻하는 어근 수프(ṣūf)에서 파생된 말이다. 수피즘의 초기 수도승들은 금욕과 청빈을 상징하는 하얀 양모로 짠 옷을 입었기 때문에 수피라 불렸다. 수피즘은 이슬람의 전통적인 율법은 존중하되, 일체의 형식은 배격한다. 신도의 내면적 각성과 코란의 신비주의적 해석을 강조하며, 금욕, 청빈, 명상 등을 중요하게 여긴다. 또한, 정신적인 깨달음을 얻기 위해서는 지성보다 체험이 중요하다고 여긴다. 수피즘은 신과의 합일을 위해 진정한 자아를 찾는 것을 수행의 목표로 한다. 수피들은 예수를 특히 존중했는데, 수피즘은 예수를 사랑의 복음을 설교한 이상적인 수피로 보았다.

수피즘은 숨을 깊이 그리고 리듬에 맞추어 쉬는 동안 정신력을 집중하는 법을 배운다. 그들은 금식하고 철야하며 신의 여러 이름을 부르며 기도하고 찬양한다. 이 과정에서 수피들은 때때로 황홀경에 빠져들기도 한다. 이슬람 초기부터 존재하던 신비주의 경향은 수피들의 출현으로 하나의 분파를 이루었으며 9세기경 절정에 달했다. 아바스 왕조 시기인 12세기에 창설된 카디리 교단이 실질적인 최초의 수피즘 교단으로 알려져 있다. 카디리 교단은 개조 알카디르 알질라니가 창립하여 그 자손이 교단의 지도자를 세습했으며 15세기경 이슬람 전역에 걸친 교단으로 성장했다. 오늘날에도 수피즘은 전 세계에 퍼져 있으며 국제 수피즘 협회 등을 통해 교류하고 있다. (위키 백과 참고)

고 오스만 왕국을 세웠다. 이듬해 그가 술탄을 자처하면서 마침내 이후 6백 년간 유럽과 동방에 걸쳐 수많은 역사를 창조하게 될 오스만 제국의 깃발을 올렸다.[11]

오스만 1세는 수니파를 정통으로 받아들이고 하니파^{Hanafi}*를 따랐다. 오스만 1세는 신앙심이 매우 깊었고 검소하게 살았으며 성전聖戰에 대한 열정이 강했다. 그는 소아시아의 투르크계 공국들과 연합하여 몽골족이 세운 일 칸국을 위협하여 공물을 받아낼 정도로 국력을 신장시켰다. 기록에 의하면 오스만 1세가 죽은 뒤 그의 재산을 정리했더니, 무기 몇 가지와 말 열 마리, 양 2백여 마리가 전부였다고 한다. 훗날 투르크 역사가들은 그를 '투르크 부족의 지도자이며, 가지의 영웅'이라고 높이 평가했다. 오스만 1세는 또한 독창적이며 뛰어난 군사지도자였다. 그는 군사 훈련을 통해 뛰어난 조직력과 전투력을 갖춘 강력한 군대를 양성했으며, 약탈한 재물과 토지를 모두 공을 세운 병사들에게 나눠줌으로써 그들을 계속 고무시켰다.[12]

오스만 1세의 가장 큰 목표 가운데 하나는 이교도의 나라로 천 년의 역사를 이어온 비잔틴 제국을 정복하는 것이었다. 그는 에스키셰히르

---

* 이슬람교에는 여러 학파가 있었는데, 그 중 말리키, 한발리, 샤피이, 하나피를 수니파의 4대 학파라고 했다. 하나피 학파의 창시자 아부 하니파 아누만(Abu Hanifa anNuman)은 당시 이라크 지역에 유행하는 사상을 기초로 수니파 율법의 기초 이론을 마련했다. 후에 그의 이론은 제자인 아부 유수프(Abu Yusuf)와 무함마드 알샤이바니(Muhammad Al Shaibani) 의 손에서 더욱 완벽하게 발전해 하나의 독립된 율법 학파를 형성했다. 하나피 학파는 이라크와 시리아를 중심으로 유행하다가 중앙아시아, 인도 대륙까지 퍼져나갔다. 그리고 하나피 학파는 오스만 제국의 공인 율법 학파로 인정되면서 전성기를 구가했다. 하나피 학파는 오늘날에는 터키, 키프로스섬, 로도스섬, 발칸 반도를 비롯해 과거 오스만 제국 점령 지역의 주요 도시로 퍼져 있다. (위키 백과 참고)

Eskisehir,[*] 예니세히르 등 비잔틴 제국의 국경 요새를 점령했고, 1301년 바파에온 전투에서 비잔틴 제국군을 격파하면서 위대한 지도자를 의미하는 '베이^{Bey}'라는 칭호를 얻었다. 오스만 왕국의 위세가 높아지면서 여러 투르크족들이 그 주변으로 몰려들었다. 그들은 오스만 1세에 충성을 맹세하며 기독교 국가인 비잔틴과의 성전에 적극적으로 참여했다.

1317년 오스만 1세는 비잔틴 제국의 소아시아 마지막 근거지인 부르사^{Bursa}** 공격에 나섰다. 부르사만 장악하면 유럽으로 통하는 마르마라^{Marmara}해*** 를 장악할 수 있기 때문에 오스만 왕국의 입장에서는 결정적인 의미를 지니고 있었다. 부르사 성은 비잔틴 제국의 소아시아 서북부에서 가장 중요한 군사기지였다. 그런 만큼 성벽이 견고하고 군사력이 만만치 않았다. 부르사를 둘러싼 오스만과 비잔틴의 전쟁은 무려 9년간이나 계속되었다. 1326년 마침내 오스만 군대가 부르사를 함락시켰다. 이때 오스만은 중병에 걸려 사경을 헤매다가 아들 오르한

---

*   터키 중서부의 도시로 사카리아 강의 지류인 포르수크강을 끼고 있다. 중세기 비잔틴 제국 변경의 주요 군사도시였으나 오스만 술탄이 빼앗았다.

**   현재 터키 북서부 부르사 주의 주도다. 울루산 북쪽 기슭에 자리 잡고 있다. BC 3세기 비티니아 왕이 세운 것으로 추측되며, 비잔틴 제국 시대에 유스티니아누스 1세(527~565년 재위)가 이곳에 궁전을 지은 뒤부터 번영을 누렸다. 11세기 말 셀주크 투르크에게 정복되었으며, 1096년 제1차 십자군 전쟁이 시작되면서 번갈아가며 여러 세력의 지배를 받았다. 십자군이 1204년에 콘스탄티노플을 약탈한 후 부르사는 비잔틴 제국 저항 운동의 중심지가 되었다. 1320년대 오스만 투르크에게 점령되어 수도가 되었으나 1402년 티무르에게 약탈당했다. 오스만 투르크는 티무르에게 빼앗긴 영토를 탈환한 뒤, 1413년 수도를 에디르네(발칸 반도에 위치)로 옮겼다가 1458년에는 다시 이스탄불로 옮겼다. 부르사는 오스만 투르크의 지배를 받는 동안 계속 팽창하면서 번영을 누렸다.

***   터키의 아시아 쪽 영토와 유럽 쪽 영토를 부분적으로 갈라놓는 내해(內海)로, 북동쪽에 있는 보스포루스 해협을 통해 흑해와, 남서쪽에 있는 다르다넬스 해협을 통해 에게해와 연결된다.

Orhan에게 "공정하고 너그러워라. 학자를 존중하고 백성을 위해 최선을 다해라."라는 당부를 남기고 세상을 떠났다. 오스만 1세의 유해는 부르사의 한 교회에 안장되었고, 그 교회는 함락과 함께 모스크로 바뀌었다. 그 뒤 부르사는 오스만족의 정신적인 고향이 되었다.[13]

부르사 함락으로 비잔틴 제국의 소아시아 지배는 완전히 끝났다. 오스만 왕국은 수도를 부르사로 옮기고 유럽으로 통하는 다르다넬스 해협을 장악했다. 이로써 제국의 발판을 다지고 바다 건너 유럽의 발칸 반도를 넘보게 된 오스만 왕국은 오스만 1세가 죽은 뒤 그의 업적을 기려 '오스만 제국'이라는 정식 명칭을 정했다. 오스만 제국은 오스만 1세 이후 10대 술탄 술레이만 1세Suleyman I에 이르기까지 3백 년 동안 끊임없이 발전하며 세력을 확장했다. 그 사이 티무르Timur에게 밀렸으나 그것도 잠깐이었고 금방 기력을 회복하고 계속 상승곡선을 그렸다.

오스만 1세의 뒤를 이어 오스만 제국의 술탄이 된 오르한 1세는 정치와 군사적인 재능에서 결코 아버지에 뒤지지 않는 뛰어난 군주였다. 오스만 제국은 오르한 1세의 치세에 힘입어 본격적으로 대외 영토 확장에 들어갔다. 오르한 술탄은 탄력적인 대외 정책으로 페르시아 일대를 장악한 일 칸국에 조공을 바치며 우호관계를 유지했고, 투르크계의 이슬람 국가와도 좋은 관계를 맺었다. 이처럼 후방에 대해 안전판을 마련한 뒤 오르한은 비잔틴 공략에 나섰다.

오르한 술탄은 효과적인 대외 정복사업을 위해 상비군을 창설했다. 상비군의 병력은 크게 두 가지 형태로 충원했다. 하나는 봉건 영주들이 제공하는 군대고, 다른 하나는 새로 모집한 민간인 병사들이었다.

상비군은 초기에는 별 볼 일 없는 취약한 군대였다. 하지만 상비군은 조직적이고 체계적이며 강도 높은 훈련을 거치면서 오스만 제국의 주력군으로 자리잡았다. 상비군 병사들에게는 엄청난 부와 특권이 주어졌다. 대신 그들은 평생 독신으로 살면서 제국군으로 봉사해야 했다. 이러한 과정에서 제국에는 전쟁과 약탈을 당연시하고 영예로 여기는 사회적 풍조가 조성되었다. 그 때문에 유럽에서는 오스만 제국의 군대에 대한 말만 들어도 소름이 끼치는 무서운 존재, 혐오스러운 집단이 되었다. 제국의 상비군은 처음 창설 당시에는 1만 명 수준이었으나 16세기 중반에는 4만 명, 17세기 초반에는 9만 명에 달했다.[14] 하지만 나중에는 이 막대한 제국의 군대가 제국의 골칫거리가 되었으니 이 또한 역사의 아이러니라고 할 수 있을 것이다.

오스만 제국은 1337년 비잔틴 제국의 수도 콘스탄티노플에서 얼마 떨어지지 않은 니코메디아^{오늘날의 터키 이즈미트} 성을 함락함으로써 비잔틴 제국의 소아시아 영토를 모두 손에 넣었다. 1346년 드디어 오르한 1세의 군대가 발칸 반도에 상륙했다. 오르한 1세는 비잔틴의 내분을 이용해 황제 요한네스 6세^{Johannes VI}의 딸 테오도라^{Theodora}와 결혼했다. 1354년에는 장인의 나라 비잔틴 제국의 화근을 없앤다는 명분을 내세워 세르비아를 침략해 겔리볼루 반도를 점령했다. 오스만 제국 군대는 이곳을 군사거점으로 정하고 본격적인 동유럽 공략에 나섰다. 1354년 한 해 동안 소아시아 전체를 장악한 오스만 제국은 예니세히르, 즉 앙카라^{Ankara}*를 군사 전략도시로 발전시켰다. 이제 오스만 제국

---

*　아나톨리아 지방의 중심부에 위치한 도시다. 현재 이스탄불에 이어 터키에서 두 번째로 큰

의 기세를 꺾을 자는 아무도 없었다.

오스만 제국의 팽창과 위기

1359년 오르한 1세가 세상을 떠나고 그 뒤를 이은 무라드 1세^{Murat I}
또한 통찰력과 리더십이 뛰어난 군주였다. 무라드 1세는 아버지의 유
지를 이어 정복사업을 이어 갔고, 발칸 반도로 본격적인 관심을 돌렸
다. 1363년 무라드 1세는 에디르네를 공격했고, 여세를 몰아 불가리아
지방까지 진격했다. 무라트 1세는 1365~1366년에 수도를 다르다넬스
해협 건너 발칸 반도에 있는 에디르네^{Edirne, 당시의 이름은 아드리아노플}로 옮
겼다. 무라드 1세는 재위 30여 년 동안에 오스만 제국의 영토를 다섯
배 가까이 확장했다. 소아시아 변경의 작은 가지 군대에서 시작한 오
스만 제국은 어느덧 1백 년의 역사를 넘기며 유라시아 대륙을 아우르
는 세계적인 대제국으로 발전하고 있었다.[15]

1389년 6월, 오스만 제국의 군대는 보스니아, 헝가리, 바랑기아, 알
바니아, 폴란드, 체코의 10만 연합군과 코소보 평야에서 만났다. 전투

도시며 앙카라주의 주도이기도 하다. 앙카라는 중요한 상업·공업도시이며 주변의 농업지
대에는 매우 중요한 시장이다. 수도가 되기 전 앙카라는 앙고라 염소와 그 질기고 긴 털로
만든 앙고라 모피로 유명했다. 아나톨리아의 중심부에 자리해 무역과 터키의 도로·철도
망의 교차로가 되었다. 앙카라는 고대 프리기아인들의 풍요한 도시였으며 페르시아 제국
의 왕도(王道)가 이곳을 지나갔다. 1354년에는 오스만 제국의 2대 술탄 오르한 1세가 앙카
라를 정복했다. 티무르 제국의 티무르가 아나톨리아 원정 때 앙카라를 포위 공격해 1402년
빼앗았다. 그러나 1403년에 앙카라는 다시 오스만의 지배하에 들어와서 제1차 세계대전
때까지 오스만 제국이 지배했다. 현재는 터키 공화국의 수도다.

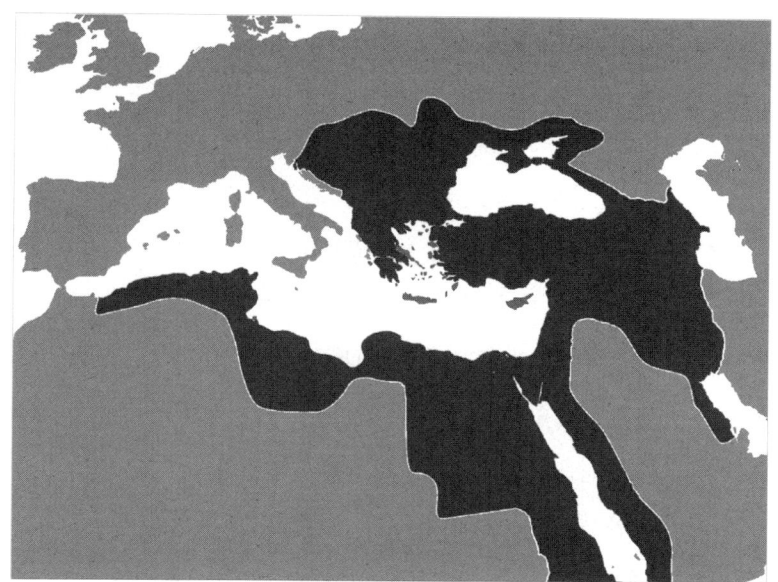

17세기의 오스만 제국

가 시작되자 세르비아의 장군 밀로스 오빌리크가 혼란을 틈타 오스만 제국 진영으로 숨어들어 무라드 1세를 암살하는 데 성공했다. 하지만 지휘권을 넘겨받은 그의 아들 바예지드 1세^{Bayezid I}가 혼란을 수습하고 전쟁을 승리로 이끌었다. 연합군은 참패했다. 코소보 전투 이후 도나우강 남쪽에서는 오스만 제국에 대한 저항이 사라졌다. 오스만 제국은 발칸 반도를 완전히 장악했고, 비잔틴 제국은 더욱 고립되고 말았다. 이제 비잔틴 제국은 오스만 제국의 위세를 인정하고 공물을 바치는 신세가 되고 말았다.

바예지드 1세 치세에서도 오스만의 질주는 거침이 없었다. 오스만 제국의 위력이 날로 강대해지자 위협을 느낀 유럽에서는 연합 세력을 형성하여 오스만 제국에 대항했다. 1396년 지기스문트^{Sigismund}가 지휘하는 헝가리 군대, 바랑기아 군대, 보스니아 군대를 비롯하여 영국, 프랑스, 이탈리아, 독일, 체코 등에서 온 수많은 기사단이 참여하여 6~10만 규모의 십자군을 조직했다. 9월 24일 니코폴리스^{Nicopolis}에서 4~5킬로미터 떨어진 곳에서 오스만 군대와 유럽의 십자군이 맞붙었다. 이 전투에서 오스만 군대는 대승을 거두었다. 십자군 병사 수만 명이 포로로 잡혔는데, 24명을 제외하고는 모두 처형되었다. 풀려난 사람들은 엄청난 몸값을 치러야 했다. 니코폴리스 전투의 승리로 오스만 제국은 도나우강 남부의 지배권을 확실히 확립했다.[16]

14세기 후반 비잔틴 제국의 수도 콘스탄티노플 주변과 펠로폰네소스 반도 일부를 제외한 도나우강에서 아테네에 이르는 발칸 반도 전 지역이 오스만 제국의 지배 아래 들어왔다. 이제 오스만 제국은 콘스탄티노플마저 함락시켜 발칸 반도 전체를 완전히 장악할 계획이었다. 하지만 이때 생각지 못한 강적이 등장했다. 칭기즈칸의 후예를 자처하는 티무르가 중앙아시아 지역을 평정하고 아나톨리아로 침공해 온 것이다. 1402년 지금까지 자신이 최고라고 여기고 있던 바예지드 1세는 앙카라 전투에서 티무르 군대에게 참패를 당하고 말았다. 이 전투에서 바예지드 1세가 사망하면서 오스만 제국의 앞날에 먹구름이 끼었다. 덕분에 바람 앞의 등불처럼 위태로운 지경에 있던 비잔틴 제국은 위기에서 벗어날 수 있었다. 하지만 그것도 잠깐이었을 뿐 수명이 다한 제국의 운명을 되돌릴 수는 없었다.

티무르에게 앙카라 전투에서 패배한 후 오스만 제국은 10년 동안 큰 혼란에 빠졌다. 패배와 함께 내분이 겹치면서 제국은 해체 직전까지 가는 위기를 겪어야 했다. 네 아들은 바예지드 1세의 뒤를 이을 후계자 자리를 놓고 심각한 경쟁과 암투를 벌였다. 결국 대권 경쟁에서 최종적으로 승리한 것은 메흐메드 1세Mehmed I였다. 그는 때를 기다릴 줄 아는 지혜를 보여주었다. 그는 모든 일을 신중하게 처리하면서도 은밀하고 조심스럽게 제국의 재기를 준비했다. 전체적으로 메흐메드 1세의 치세 동안 오스만 제국의 움직임은 조용하고 차분하게 흘러갔지만, 오스만 제국 역사 전체에서 볼 때 매우 중요한 시기였다. 메흐메드 1세의 조심스럽고 차분한 대응으로 제국은 분열을 막고 새로운 발전의 기반을 마련할 수 있었다.[17]

1421년 3월, 메흐메드 1세가 갑작스럽게 세상을 떠났다. 그의 뒤를 이은 것은 무라드 2세Murad II였다. 무라드 2세는 내향적 성격에 독서와 사색을 즐기는 타입이었던 모양이다. 그는 전쟁과 폭력을 싫어했고, 평화로운 삶을 원했다. 그래서 그는 두 차례나 왕위를 어린 아들 메흐메드 2세Mehmed II에게 넘겼다. 하지만 제국의 군주는 자기 삶도 마음대로 살 수가 없었다. 오스만 제국 왕실에 태어나 술탄이 된 그는 자신의 사명을 저버릴 수가 없었다. 결국 그도 사색을 버리고 전투마 위에 올라 군단을 지휘하지 않을 수 없었다. 무라드 2세는 알바니아와의 전투에서 수차례 패했지만, 나머지 지역에서 벌어진 전투에서 실력을 발휘해 명예를 회복했다. 1445년 3월, 코소보 평원에서 벌어진 헝가리 국왕 야노슈 후냐디Janos Hunyadi와의 전투에서 압승을 거두며 이들을 세르비아로 몰아냈다. 그는 또한 계속해서 그리스와 펠로폰네소스 반도를 향한 오랜 전쟁에서 승리하여 결국 그리스의 경제 중심지 코린토스와 파트라스를 정복했다.[18]

1451년 사색하던 청년에서 어느덧 용감한 전사로 변한 중년의 무라드 2세가 부르사에서 숨을 거두었다. 그의 뒤를 이어 메흐메드 2세가 술탄에 즉위하면서 오스만 제국은 또다시 새로운 변화와 발전을 맞이하게 된다. 메흐메드 2세는 아버지와 성격이 전혀 달랐다. 그는 뛰어난 지식을 소유하고 있었지만, 열정적인 태도로 모든 활동에 임했다. 메흐메드 2세는 현실적이고 진취적인 지도자로서, 티무르와의 전투에서 패배한 이래 오랫동안 침체에 빠져있던 오스만 제국에 신선한 활력을 불어넣었다. 그가 제위에 오르면서 오스만 제국은 다시금 야망을 드러내며 꿈틀대기 시작했다. 메흐메드 2세는 오스만 제국을 다시 부흥시켰으며, 나아가 세계 정복의 꿈을 펼쳐갔다.

1453년 콘스탄티노플 함락

오스만 왕조의 술탄 무라드 2세의 셋째 아들로 태어난 메흐메드 2세는 불우한 어린 시절을 보냈다. 무라드 2세는 그의 두 이복형인 아흐메드와 알리를 노골적으로 편애했다. 그들은 둘 다 좋은 가문 출신의 어머니를 두었던 반면, 메흐메드의 어머니는 지금의 보스니아 헤르체고비나 출신의 노예였고, 확신할 수는 없지만 아마도 그리스도교였을 것으로 추정된다. 메흐메드는 두 살 때 아나톨리아 북부의 속주인 아마사로 갔다. 아마사의 총독은 열 네 살의 아흐메드였는데, 그가 4년 뒤에 죽는 바람에 메흐메드는 여섯 살의 어린 나이로 형의 뒤를 이어 총독이 되었다.

그런데 1444년 또 다른 형 알리가 정확한 이유는 알 수 없지만 침대에서 목이 졸려 죽는 사태가 발생했다. 메흐메드는 졸지에 술탄의 유일한 계승자로 남았고, 아드리아노플^{Adrianople}* 로 긴급히 소환되었다. 그 전까지 메흐메드는 교육이라고는 거의 받지 않다가 갑자기 당대 최고의 석학들에게서 가르침을 받게 된다. 얼마 뒤 메흐메드는 그들과 더불어 학문과 문학의 토대를 마련했고, 그를 바탕으로 후대에 공헌하게 된다. 그래서 메흐메드가 즉위할 무렵에는 이미 투르크어, 아랍어, 그리스어, 라틴어, 페르시아어, 헤브라이어에 능통했다고 알려진다.[19]

술탄 무라드는 만년의 6년 동안 두 차례나 아들 메흐메드에게 왕위를 넘겼다. 그러나 그때마다 총리대신인 할릴 파샤가 그를 설득해서 다시 국정에 복귀하도록 했다. 무라드가 두 번째로 양위하려다 복귀했을 때, 이에 반발했던 메흐메드는 아나톨리아의 마그네시아로 쫓겨나고 말았다. 메흐메드는 1451년 아버지 무라드가 뇌졸중으로 사망했다는 소식을 그곳에서 들어야 했다. 새 술탄이 된 메흐메드는 관리 중 일부는 유임시키고 일부는 다른 직책에 임명했다. 당시 메흐메드는 열아홉 살이었고, 서방 세계에서는 그가 너무 어려서 큰 위협이 되지 못할 것이라고 여겼다. 그러나 이는 착각이었다. 메흐메드는 용의주도한 인물이었다. 1451년 가을 메흐메드가 유럽에 가있는 동안 소아시아 카라만족의 지도자들은 예전의 영토를 회복하기 위해 공격을 개시했으나

---

* 터키의 대도시인 이스탄불 서쪽, 그리스와 불가리아 접경지대에 있는 도시로 현재의 이름은 에디르네(Edirne)다. 고대부터 중요한 도시였고, 비잔틴 제국 시절 한때는 제2수도 역할을 했다. 14세기에 오스만 제국에 정복되었는데, 이후 콘스탄티노플 정복 전까지 이곳이 일시적으로 수도가 되기도 했으며, 발칸 방향으로 뻗어나가는 가도에 있는 도시로서 매우 중요시되었다. 그러나 19세기 오스만 제국이 하락기에 접어들면서 이 도시는 다시 한 번 주기적으로 전쟁에 휩쓸리며 3만 명의 소도시로 쇠락한다.

실패로 끝나고 말았다. 나이는 어리지만 매서운 메흐메드의 실력이 드러나고 있었다.[20]

사건을 해결하고 난 뒤 메흐메드는 유럽으로 돌아가면서 평소와는 달리 다르다넬스 해협이 아니라 보스포루스 해협 쪽을 건넜다. 이탈리아 함대가 다르다넬스 해협을 순찰하고 있었기 때문이다. 그때 메흐메드는 바예지드 1세Bayezid I가 세운 아나돌루 히사르Anadolu Hisari, '아시아의 성'이라는 뜻 성이 있는 곳으로 갔고, 거기서 그는 그 맞은 편, 즉 유럽 쪽 연안에 또 하나의 요새를 세우기로 결정했다. 그렇게 하면 그는 보스포루스 해협을 양쪽에서 완벽하게 통제할 수 있게 되고, 아울러 콘스탄티노플을 북동쪽에서 공격할 수 있는 거점을 확보하게 되는 것이다.

성채 건설 작업은 1452년 4월 15일에 시작되었다. 콘스탄티노플의 황제 팔라이올로구스Palaeologus*는 강하게 어필했지만 이는 간단히 무시되었다. 드디어 8월 31일 거대한 루멜리 히사르Rumeli Hisari, '유럽의 성'이라는 뜻 성이 완공되었다. 그 뒤 그곳을 지나는 모든 선박은 일시정지 명령을 받았다. 이를 어기게 되면 성채로부터 포격을 받아야 했다. 이를 피한 배들도 있었지만 포격으로 침몰한 배들도 있었다. 이제 보스포루스 해협은 오스만 제국의 통제 아래 들어가고 말았다.

1단계 준비를 마친 메흐메드 2세는 군대를 총동원해서 점검했다.

---

* 콘스탄티노플의 마지막 황제 콘스탄티누스 11세를 말한다. 팔라이올로구스 가문은 11세기에 전성기를 누린 비잔틴 제국의 명문가다. 이 왕가의 일원들은 콤네누스 가문, 두카스 가문, 앙겔루스 가문과 같은 황가와 혼사를 맺었다. 니케아 제국의 황제 미카일 팔라이올로구스 8세가 1261년 콘스탄티노플에서 새 왕조를 세웠는데, 비잔틴 제국의 마지막 왕조다. 아들 안드로니쿠스 2세(1282~1328년 재위)와 손자 미카일 9세(1320년 죽음)가 미카일 8세의 뒤를 이어 함께 공동 황제로 등극했다. 팔라이올로구스 가문의 콘스탄티누스 11세(1449~1453년 재위)를 끝으로 비잔틴 제국은 멸망했다.

최소의 경비병력을 뺀 나머지 총병력이 동원되었다. 정규군 8만과 비정규군 2만 명이 동원되었다. 1만 2천 명의 정예병력인 예니체리 Yeniceri[*]는 정규군에 포함되었다. 메흐메드는 육군에 대해서도 자부심이 컸지만, 그 무엇보다도 대포가 자랑이었다. 당시의 대포는 성능이 향상되어 아무리 강한 성벽도 견디기 어려울 정도로 위력이 강화되었다. 이렇게 오스만의 술탄 메흐메드가 콘스탄티노플을 공략하기 위한 준비를 하나씩 진행하고 있을 때 비잔틴 제국도 최선을 다했다. 비잔틴 제국의 황제는 서유럽에 사절을 보내 지원을 요청했으나 아무런 답변이 없었다. 그러다가 상황이 급박하게 돌아가는 것을 깨달은 베네치아 원로원은 1452년 2월에야 수송선과 갤리선 파견을 결정했다. 베네치아에 이어 제노바도 병력과 배를 파견하기로 결정했다. 스페인과 카탈루냐에서도 적으나마 병력을 파견했다.[21]

그러나 이런 수의 병력으로는 오스만의 공격을 막아낼 수 없었다. 다만 비잔틴 제국의 마지막 보루인 콘스탄티노플이 믿는 것은 마라마라 해협의 연안에서부터 황금뿔의 상부 구역까지 뻗어 수도의 서쪽 경

---

[*] 14세기 말부터 1826년까지 오스만 제국의 상비군에서 정예군단을 구성했던 군인들을 말한다. 투르크어로 '새로운 병사' 또는 '부대'라는 뜻의 예니체리들은 15, 16세기에 무용으로 높이 평가받았으며, 오스만 제국 내에서 강력한 정치 세력이 되었다. 예니체리 군단은 애초에 발칸 여러 지역의 그리스도교도 청소년들로 충원되었으며, 그들은 오스만 제국 군대에 징집되는 즉시 이슬람교로 개종해야 했다. 그들은 금욕을 포함한 엄격한 규율하에 등급이 다른 3개 사단(세마아트 · 뵐뤼칼키 · 세그반)으로 편성되어 아가(장군)의 지휘를 받았다. 16세기 말에 금욕 규정과 그밖의 제약들이 완화되었으며, 18세기 초에는 본래의 징집 방법이 폐지되었다. 예니체리들은 17, 18세기에 빈번히 무혈 쿠데타를 꾀했으며, 19세기 초에는 유럽식의 군대 개혁에 저항했다. 그들이 종말을 맞이한 것은 1826년 6월의 일명 '경사스러운 사건'에서였다. 서구화된 새로운 부대가 편성된다는 것을 알게 된 예니체리들이 반란을 일으켰다. 황제 마무드 2세는 반군 소탕전을 선포하고, 그들이 항복을 거부하자 그들의 병영에 대해 발포를 명령했다. 예니체리들은 대부분이 피살되었고, 포로로 잡힌 자들은 처형되었다.

유네스코 자금 지원으로 복원한 콘스탄티노플 성 | 성벽 · 해자 · 외성 · 내성으로 이루어진 삼중 성벽이다. 방어와 공격에 모두 유리한 구조로 축조되어 난공불락의 요새로 여겨졌다.

계선을 이루는 성벽이었다. 이 성벽은 1천 년이나 그 자리를 지키고 있었다. 성벽은 413년에 지어져 심한 지진으로 일부 망루가 무너진 것을 제외하면 한 번도 파괴되지 않았다. 지진으로 파괴되었을 때 복구하면서 외벽과 함께 해자도 추가되었다. 성의 견고한 위용에 훈족의 아틸라Attila도 말머리를 돌렸다고 한다. 수백 년의 세월 동안 비잔티움의 많은 적들이 공격을 포기했다. 중세의 포위전에서 3중으로 되어 있는 콘스탄티노플의 육로 성벽은 말 그대로 난공불락이었다.[22]

성벽 앞에는 20미터의 해자가 있었고, 해자는 비상시 10미터 깊이의 물을 채울 수도 있었다. 해자를 건너면 총안銃眼*이 설치된 낮은 흉벽이 나오고, 그 뒤에는 너비 10미터의 단이 가로막았다. 그 다음에는

---

* 적을 향해 총을 쏠 수 있도록, 성벽이나 보루(堡壘), 장갑차 따위에 뚫어 놓은 구멍. (다음 국어사전 참고)

두께 2미터, 높이는 거의 10미터에 이르는 데다 아흔여섯 개의 망루가 적절한 간격으로 늘어서 있는 외벽이 버티고 있다. 이 성벽 안쪽에는 또다시 넓은 단이 있고, 그 다음에 방어망에서 주요한 역할을 하는 육중한 내벽이 나왔다. 내벽은 아래쪽 밑동의 두께가 약 5미터이고 높이는 12미터나 되어 시 전체를 내려다볼 수 있을 정도였다. 이 내벽에도 아흔여섯 개의 망루가 외벽의 망루와 엇갈리도록 설치되어 있었다.[23]

그러나 아무리 성벽이 튼튼해도 이를 방어하고 운용할 인력이 없어서는 안 된다. 1453년 4월, 메흐메드의 오스만 군대가 공격을 시작할 무렵, 콘스탄티노플 성벽에 배치할 수 있는 인원은 고작 7천 명이 안 되었다. 수도사와 성직자를 포함하여 그리스인 4천 983명과 외국인 2천 명 정도가 전부였다. 이 숫자로 10만 대군을 맞아 22킬로미터에 이르는 성벽을 방어해야만 했다. 4월 2일 서부 지평선에서 투르크군이 진격하고 있는 모습이 보초병들에게 목격되었다. 보고를 받은 황제는 성문을 모두 닫고, 해자의 교량을 모두 부수고, 황금뿔 입구의 대형 사슬을 아크로폴리스^{지금의 세랄리오 궁전이 있는 지점} 바로 아래에서 갈라타의 해로 성벽까지 쳐놓으라고 명령했다. 4월 6일부터 오스만 군대의 포격과 함께 성을 향한 공격이 시작되었다. 오스만군은 포위 전쟁의 역사상 전례가 없을 정도의 강력한 공격을 퍼부었다.[*]

---

* 콘스탄티노플의 공격과 방어 과정을 실감나게 감상하려면, 김형오의 『술탄과 황제』(21세기북스) 라는 책을 참고할 수 있을 것이다. 이 책은 메흐메트 술탄과 팔라이올로구스 황제의 가상의 비망록을 설정하고 쓴 팩션으로, 콘스탄티노플 함락을 전후한 역사적 전개 과정을 흥미롭게 읽을 수 있다.

서방에 대한 동방의 승리

1453년 5월 29일, 마침내 1천 년의 역사를 이어온 비잔틴 제국의 운명이 막을 내렸다. 드디어 54일간의 치열한 격전 끝에 난공불락의 철옹성은 무너지고 성루에는 오스만의 깃발이 나부꼈다. 제국의 마지막 황제 콘스탄티누스 11세와 병사들, 시민과 성직자들이 한몸이 되어 마지막까지 저항했으나 역사의 거대한 흐름을 막을 길은 없었다. 황제는 천 년의 고도 콘스탄티노플과 함께 운명을 마감했고, 대부분의 병사가 장렬한 최후를 맞았다. 콘스탄티노플을 함락한 오스만 병사들은 시가지를 파괴하고 약탈하기에 여념이 없었다. 술탄 메흐메드는 원래 병사들에게 이슬람 전통에 따라 사흘 동안 약탈할 기회를 주겠다고 했지만, 폭력이 워낙 대대적으로 자행되자 그날 저녁으로 약탈을 끝내라는 명령을 내렸다. 아무도 항의하지 않았다. 이미 그 무렵에는 더 이상 약탈할 아무것도 남아 있지 않은 상태였던 것이다.

콘스탄티노플의 함락으로 21세의 젊은 술탄 메흐메드 2세는 오스만 제국의 역대 술탄 가운데 유일하게 '파티Fatih, 정복왕'이라는 존칭으로 불리게 되었다. 비잔틴 제국의 수도였던 콘스탄티노플은 '세계 모든 도시의 어머니', '성모 마리아가 지켜주는 도시'라는 찬사를 접고 이스탄불로 이름을 바꿔 오스만 제국의 수도로 새롭게 탄생했다. 이곳에 있던 동방 기독교를 대표하는 대성당 하기아 소피아Hagia Sophia 또한 아야 소피아Aya Sofya란 이름의 이슬람 예배당인 모스크로 거듭났다. 콘스탄티누스 황제로부터 시작하여 88명에 이르는 황제들이 1천 년 넘게 영화를 누려온 비잔틴 제국은 콘스탄티누스 11세Constantine XI에 이르러 대단원의 막을 내리고 역사 속으로 사라졌다. 대신 그 자리에는 인종과 언어, 종교와 문화, 생활 방식이 전혀 다른 세력이 지배하는 새로운 제국이 등장했다.[24]

멸망하기 전 비잔틴 제국은 오스만 제국에 포위된 상태였으며, 끊임없는 위협 속에 놓여있었다. 그렇지만 1천 년이 넘는 비잔틴 제국의 역사에서 콘스탄티노플은 몇 차례 침략을 당했지만 완전히 정복된 적은 단 한 번뿐이었을 정도로 견고한 위용을 자랑했다. 콘스탄티노플이 처음으로 정복당한 것은 1204년 제4차 십자군 원정 때였다. 십자군은 처음부터 비잔틴 제국을 정복할 의도를 가지고 침공한 것이 아니어서 불안정한 라틴 제국이 콘스탄티노플에 짧은 기간 동안 세워졌을 뿐이었다. 그 뒤 비잔틴 제국은 니케아 제국, 에페이로스 공국, 트라페주스 제국 등 몇 개의 계승국가로 쪼개졌다.

그리스 국가들은 연합군을 이루어 라틴 점령국가에 대항했으나 사실상 그들은 비잔틴 제국의 계승을 놓고 서로 경쟁관계에 있었다. 1261년 마침내 니케아 제국이 처음으로 라틴인들로부터 콘스탄티노플을 재탈환했다. 그 이후 2세기 동안 세력이 대폭 약화된 비잔틴 제국은 라틴인들, 세르비아인들, 불가리아인들, 특히 가장 중요하게는 오스만 제국으로부터 끊임없는 위협에 직면해야 했다. 1453년 당시 비잔틴 제국의 영토라고는 고작 콘스탄티노플 도시 그 자체, 미스트라스 요새를 중심으로 한 펠로폰네소스 일부, 제4차 십자군 원정 이후 흑해 연안에서 살아남은 독립계승국인 트라페주스 제국뿐이었다.[25]

오스만 제국의 술탄 바예지드 1세는 보스포루스 해협의 아시아 쪽에 아나돌루 히사르Anadolu Hisari 성을 세웠다. 그리고 콘스탄티노플의 완전 정복을 목표로 삼은 술탄 메흐메드 2세가 콘스탄티노플 성벽의 북쪽, 즉 유럽 쪽 해협에 두 번째 요새 루멜리 히사르 성을 세움으로써 결정적 국면을 맞이한다. 이것은 해협에 대한 오스만 제국의 지배를 공고히 하려는 의도에서 세운 것이었다. 새로운 요새는 흑해 연안의 제노바 식민지에서 이 도시로 접근하는 것을 차단할 능력을 갖추고 있었고, 이것은 바로 콘스탄티노플의 공략을 염두에 둔 것이다.

콘스탄티노플은 동방정교회와 로마 가톨릭의 통합을 조건으로 서방에 도움을 요청했으나 성과를 얻지 못했다. 1054년 동방정교회와 로마 가톨릭 교회의 대분열 이후 로마 가톨릭은 끊임없이 동방과의 재통합을 추구했다. 실제로 1274년 리옹에서 통합시도가 있었던 이후로 몇몇 비잔틴 제국의 황제는 로마 가톨릭 교회를 받아들이기도 했다. 요한네스 8세 팔라이올로고스 황제는 교황 에우제니오 4세와 통합 협상을 시도했으며 1439년 통합선언문을 작성하기 위한 위원회가 피렌체에서 열렸다. 그러나 콘스탄티노플에서 대규모의 통합반대 여론이 빗발치고 연일 시위가 벌어지면서 국론은 분열되고 말았다. 1204년 제4차 십자군 원정 당시 콘스탄티노플 점령에서부터 촉발된 가톨릭에 대한 반감은 결국 통합에 걸림돌이 되고 말았다.[26]

이와 상관없이 로마 교황 니콜라오 5세는 비잔틴 제국에 도움을 주려고 했지만 그럴 수 없는 상황이었다. 당시 서방의 왕들과 제후들은 각자의 문제 때문에 동방까지 신경을 쓸 여력이 없었던 것이다. 영국과 프랑스는 백년 전쟁으로 약해져 있었고 이베리아 반도의 왕국들은 레콘키스타Reconquista*의 막바지에 있었다. 독일의 선제후들은 권력 분배를 놓고 서로 피가 터지게 싸우고 있었고, 헝가리와 폴란드는 1444

년 바르나 전투에서 오스만 제국의 술탄 무라드 2세에게 패배한 상태였다. 비록 베네치아와 제노바 등 몇몇 북이탈리아의 도시국가에서 군대와 배를 보내기는 했지만, 서방의 원조는 오스만 제국의 전력과 견주기엔 너무나 미미한 정도였다.

비잔틴 제국의 군사는 대략 7천 명으로 그중 2천 명은 해외에서 온 용병이었다. 이에 맞서는 오스만 쪽의 병력은 다소 의견 차이가 있는데 대략 예니체리 군단 1만~2만 명을 포함 전체 8~10만 명 정도로 보고 있다. 일부에서는 20만 명이었다고 증언하는 이들도 있지만, 이는 당시 방어 쪽에 있었던 동시대의 목격자들의 기록으로, 대체로 과장된 것으로 보인다. 이때 오스만 제국은 헝가리 출신^{독일인 또는 스웨덴인이라는 기록도 있음}의 우르반^{Urban}이라는 기술자를 고용했는데 그는 대포 제작 전문가였다. 그는 거대한 대포를 제작했다. 포 길이가 9미터에 가까웠고 직경은 75센티미터나 되었으며, 청동의 두께는 20센티미터였다고 한다. 시험 발사 결과 6백 킬로그램의 포탄을 2킬로미터 가까이 날려보냈고, 포탄은 지면을 2미터나 뚫고 들어갔다고 한다. 이 무시무시한 대포를 콘스탄티노플까지 옮기기 위해 2백 명의 인원이 도로를 새로 닦고 교량을 보강해야 했다.[27] 세계사에서 '공성용 대포'가 처음 등장하는 장면이다. 비잔틴 쪽도 대포를 가지고 있었는데 규모가 훨씬 작고 반동으로 인해 오히려 성벽을 파손시켰다고 한다.

이처럼 이미 비잔틴 제국은 국력이라는 측면에서는 오스만 제국의

＊   718년부터 1492년까지, 약 7세기 반에 걸쳐서 이베리아 반도 북부의 로마 가톨릭 왕국들이 이베리아 반도 남부의 이슬람 국가를 축출하고 이베리아 반도를 회복하는 일련의 과정을 말한다.

상대가 되지 않았다. 콘스탄티노플이라는 난공불락의 요새를 확보한 하나의 점點에 불과한 상태였던 것이다. 하지만 그런 미미한 힘밖에 없는 상태에서도 비잔틴 제국이 존재함으로써 오스만 제국이 발칸 반도로 확장해 가는 데 일정하게 제동을 걸 수 있었다. 비잔틴 제국이 배후에 존재하는 상황에서는 언제든지 오스만 제국에 치명적인 위협이 될 가능성도 있었다. 하지만 이제 비잔틴 제국의 숨통을 완전히 끊어버린 오스만 제국은 발칸 반도를 포함한 동지중해 세계는 물론이고 중동 지역과 북아프리카까지 마음껏 영역을 확대할 수 있게 되었다. 비잔티움을 점령한 메흐메드 2세는 정복사업을 계속 펼쳐나갔다.[28]

중세와 근대의 갈림길

메흐메드는 문자 그대로 정복자로서 강력하고 광대한 제국을 만들고자 했다. 예속군주국들과 속국들, 그리고 직할지의 연합체에 불과했던 제국을 견고하고도 강력한 통일국가로 성장시키려 했다. 그는 아네테를 비롯하여 모레아, 베오그라드를 제외한 세르비아 전역, 그리고 보스니아까지 점령하며 오스만 제국의 영토를 확장했다. 1481년에는 도나우강을 넘어 루마니아까지 진출했으며, 1463년부터 1471년까지 베네치아와 16년에 걸친 전쟁 끝에 에게해-보스포루스해-흑해를 잇는 전통 무역로*를 지키려는 베네치아를 제압하는 데 성공한다. 전쟁

---

* 이를 두고 베네치아의 고속도로라고 부르기도 한다.

결과 체결된 평화조약으로 베네치아는 선박의 통행을 보장받는 대신, 전쟁 배상금을 물고 거기다가 매년 1만 베네치아 금화를 오스만 제국에 내놓아야 했다.[29]

또한 메흐메드 2세는 소아시아 지역 대부분을 제국에 편입시켰으며, 제노바의 상업 식민지들인 아마스트리스와 시노페를 점령함으로써 흑해 남쪽 연안도 장악했다. 나아가 크림 반도의 카파를 정복했으며, 크림 반도 북부 연안의 타타르족도 제압했다. 메흐메드는 정복 전쟁뿐만 아니라 내치에도 역량을 발휘해서 오스만 제국의 행정 체계와 제도를 정비함으로써 국가적 통합력을 높였다. 이로써 오스만 제국은 서아시아와 소아시아 지역, 북아프리카와 발칸 반도, 지중해와 흑해 연안 등 광대한 지역에 영토를 지닌 명실상부한 제국으로 성장했다.

그와 함께 오스만 제국과 유럽의 충돌도 본격화되었다. 그 뒤 오스만 제국은 한동안 승승장구하며 유럽 세력의 기독교 세력을 위협하며 세력을 확장하지만 17세기부터는 약화되기 시작했다. 그리고 19세기에 들어서면 유럽 제국주의 세력과의 전쟁에서 계속 패배하면서 '유럽의 환자'라는 별명을 얻을 정도로 몰락의 위기 속으로 빠져든다. 그러다가 결국 제1차 세계대전을 계기로 제국이 완전히 해체되기에 이르렀고, 아나톨리아 지역을 중심으로 오늘날의 터키로 발전, 변신한다.[*]

---

[*] 오스만 제국은 1299년을 건국으로 보고 있으며, 1922년에 해체되어 수명을 다했다고 본다. 1923년에 건국된 터키 공화국은 오스만 제국의 영토를 부분적으로밖에 이어받지 못했지만 여러 면에서 적자(嫡子)임에 틀림없다.

그런데 콘스탄티노플의 함락은 정치적인 측면뿐 아니라 서유럽의 문화적 발전이란 측면에서도 중요한 영향을 미쳤다. 천 년 넘게 그리스·로마 문화를 간직하고 계승해온 비잔틴의 멸망으로 많은 그리스인이 이 도시를 떠나 서유럽으로 망명했고, 그들이 가져간 지식과 문서들, 고대 그리스·로마의 전통이 이탈리아를 중심으로 르네상스를 꽃피우는 원동력이 되었다. 사실 이탈리아의 도시들이 그리스 학자들을 받아들이기 시작한 것은 훨씬 이전의 일이지만, 콘스탄티노플의 함락을 계기로 이슬람에 의해 연구되고 발전된 그리스·로마의 고전과 연구 결과들이 서유럽으로 대거 유입되었던 것은 확실하다.[30]

이런 사실들 때문에 많은 역사학자들은 콘스탄티노플의 함락을, 중세를 마감하고 르네상스 시대를 여는 중요한 사건으로 보고 있으며, 아울러 이 시점을 근대의 시작으로 파악하기도 한다. 이 시점에서 볼 때, 동양 세계는 분명 서구 세계보다 모든 면에서 앞서있었다. 그런데 얼마 지나지 않아서 서구는 동양을 넘어서게 된다. 근대는 분명 서구인들이 주역으로 등장하는 시기다. 왜 그럴까? 이 문제는 근대사에서 본격적으로 다룰 것이지만, 어쨌든 여기서 이런 의문을 던져보는 것은 필요할 듯하다.

한편, 콘스탄티노플의 함락은 대단한 역사적 사건이었지만 오스만 제국의 유럽 정복과 팽창은 여기서 끝난 것이 아니었다. 1459년 오스만 제국은 세르비아를 침공한 뒤 곧바로 아나톨리아 북부의 트레비존드Trebizond 공국을 공격하여 1461년에 멸망시켰다. 트레비존드는 비잔틴 제국을 계승한 마지막 그리스계 국가였다. 트레비존드의 멸망은 콘스탄티노플의 함락만큼이나 한 시대의 종말을 보여주는 극적 사건이었다. 이는 알렉산드로스 대왕의 정복 이래 거의 1천 8백 년간이나 지속된 헬레니즘 문화의 종말을 의미했던 것이다.[31]

오스만 제국의 정복 활동은 그 뒤에도 계속되었다. 그리스의 펠로폰네소스 지방이 점령당했고, 에게해 동쪽 이오니아 지방의 섬과 알바니아가 추가로 제국의 영토로 편입되었다. 1480년에는 이탈리아의 오트란토 항이 일시적으로 점령당하기도 했다. 1517년에는 시리아와 이집트가 정복되었고, 16세기 초에는 베네치아 공화국이 공격을 받았다. 1526년에는 헝가리 남부의 모하치에서 오스만군에게 헝가리군이 섬멸당했다. 1571년에는 지중해 동부의 키프로스Kipros섬이 오스만 군대의 수중에 떨어졌고 크레타섬 또한 같은 운명에 처했다. 그러나 같은 해 레판토Lepanto 해전*에서 오스만은 서방의 연합 세력에게 패배했다. 이로써 오스만 제국의 기세는 한풀 꺾였고, 지중해로의 확장은 더 이상 힘들게 되었다. 17세기 후반 오스만군은 빈을 포위했지만 이 포위전투는 오스만군의 패배로 끝났고, 이를 계기로 그들의 정복 활동은 내리막길을 걷게 된다.[32]

이후 오스만은 쇠락의 길로 접어들었고, 그러한 상황은 20세기 초

----

* 1571년 10월 7일 베네치아 공화국, (교황 비오 5세 치하의) 교황령, 나폴리와 시칠리아, 사르데냐를 포함한 스페인 왕국과 제노바 공화국, 사보이 공국, 몰타 기사단 등이 연합한 신성 동맹의 갤리선 함대가 오스만 제국과 벌인 해상 전투다. 이때 유럽 연합병력은 오스만 함대를 패배시켰다. 전투 이후 유럽의 신성 동맹은 일시적으로 지중해의 패권을 장악했으며, 로마를 오스만의 침략으로부터 보호하고, 유럽을 향한 오스만의 팽창을 저지했다. 오직 노를 젓는 전함들만으로 치러진 이 마지막 중요한 해상 전투는 세계적으로 유명한 결정적인 전투 가운데 하나로 "레판토 전투 이후 세계를 움직이는 추는 다른 쪽으로 흔들리기 시작해, 부유함은 동쪽에서 서쪽으로 이동해 가서, 오늘날까지 계속되는 세계의 패턴을 갖추게 되었다."는 이야기가 있다. 이 사건은 "중동과 유럽 사이의 계속된 다툼의 전환점"이었으나, 그 다툼은 오늘날에도 또 다른 모습으로 계속되고 있다.

반 제국이 해체될 때까지 계속되었다. 오스만 제국의 쇠락과 몰락은 곧 서양의 상승과 번영을 의미했다. 오스만의 쇠락과 서양의 상승은 동서양의 역전된 관계를 보여주는 상징적인 징표의 하나였다. 또한 그러한 역전을 통해서 근대 세계가 어떻게 전개되고 있었는지를 단적으로 보여준다고 말할 수 있다. 동서양 사이에 패권의 확연한 반전, 이것이 중세와 근대의 또 하나의 큰 차이점이라 할 수 있다. 중세와 근대, 현대에 이르기까지 6백여 년에 동안, 오리엔트 세계와 유럽에 걸쳐 광대한 영토를 차지한 채 영욕과 부침을 동시에 겪었던 오스만 제국을 살펴보면 이러한 역사의 반전을 뚜렷이 알 수 있다.

주석

중세 유럽

1) 한국방송통신대학교 문화교양학과 편,『유럽 바로 알기』, 한국방송통신대학교출판부, 4쪽

2) 헤로도토스 지음/ 박광순 옮김,『역사(상)』, 범우사, 389~395쪽

3) 한국방송통신대학교 문화교양학과 편, 위의 책, 4쪽

4) 한국방송통신대학교 문화교양학과 편, 위의 책, 5쪽 재인용

5) 엔하위키 미러 참고

6) 엔하위키 미러 참고

7) E.M. 번즈, R. 러너, S. 미첨 지음/ 박상익 옮김,『서양문명의 역사(상)』, 소나무, 294쪽

8) 한국방송통신대학교 문화교양학과 편, 위의 책, 7쪽

9) 한국방송통신대학교 문화교양학과 편, 위의 책, 8쪽

10) 한국방송통신대학교 문화교양학과 편, 위의 책, 8~9쪽

11) E.M. 번즈, R. 러너, S. 미첨 , 위의 책, 294쪽

12) 위키 백과 참고

13) 에드워드 사이드 지음/ 박홍규 옮김,『오리엔탈리즘』, 교보문고, 18쪽

14) 에드워드 사이드, 위의 책, 20쪽

15) 두산 백과사전 참고

16) 베이징대륙교문화미디어 기획 및 엮음/ 양성희 옮김,『역사를 뒤흔든 대이동 7가지』, 현암사, 99~102쪽

17) 이혜령 외 지음,『세계의 역사』, 한국방송통신대학교출판부, 251쪽

18) 김상훈 지음,『통유럽사 1』, 다산에듀, 137~138쪽

19) 김상훈, 위의 책, 139쪽

20) 이혜령 외, 위의 책, 251쪽

21) 이혜령 외, 위의 책, 251~252쪽

서유럽 봉건제

1) 위키 백과 참고
2) 수잔 와이즈 바우어 지음/ 이광일 옮김, 『수잔 바우어의 중세 이야기 2』, 이론과실천,
   84~85쪽
3) 수잔 와이즈 바우어, 위의 책, 85~86쪽
4) 수잔 와이즈 바우어, 위의 책, 86쪽
5) 김상훈 지음, 『통유럽사 1』, 다산에듀, 157쪽
6) 오창훈 외 지음, 『고등학교 세계사』, 지학사, 125쪽 재인용
7) 위키 백과 참고
8) 아일린 파워 지음/ 이종인 옮김, 『중세의 사람들』, 즐거운상상, 101~103쪽 재인용
9) 아일린 파워, 위의 책, 76쪽
10) 아일린 파워, 위의 책, 77~78쪽
11) 아일린 파워, 위의 책, 79쪽
12) 아일린 파워, 위의 책, 87쪽
13) 아일린 파워, 위의 책, 93쪽
14) 이혜령 외 지음, 『세계의 역사』, 한국방송통신대학교출판부, 253쪽
15) 이혜령 외, 위의 책, 253쪽
16) 이혜령 외, 위의 책, 254쪽
17) 오창훈 외, 위의 책, 130쪽
18) 오창훈 외, 위의 책, 131쪽
19) 아일린 파워, 위의 책, 80~85쪽; 오창훈 외, 위의 책, 131쪽 재인용

농업 혁명과 도시 혁명

1) E.M. 번즈, R. 러너, S. 미첨 지음/ 박상익 옮김, 『서양문명의 역사(상)』, 소나무, 334~335쪽
2) E.M. 번즈, R. 러너, S. 미첨, 위의 책, 346쪽
3) E.M. 번즈, R. 러너, S. 미첨, 위의 책, 346쪽
4) E.M. 번즈, R. 러너, S. 미첨, 위의 책, 347~351쪽

5) E.M. 번즈, R. 러너, S. 미첨, 위의 책, 351~352쪽

6) E.M. 번즈, R. 러너, S. 미첨, 위의 책, 352쪽

7) E.M. 번즈, R. 러너, S. 미첨, 위의 책, 356쪽

8) E.M. 번즈, R. 러너, S. 미첨, 위의 책, 356쪽

9) E.M. 번즈, R. 러너, S. 미첨, 위의 책, 358쪽

10) E.M. 번즈, R. 러너, S. 미첨, 위의 책, 359~360쪽

11) E.M. 번즈, R. 러너, S. 미첨, 위의 책, 362쪽

12) E.M. 번즈, R. 러너, S. 미첨, 위의 책, 363쪽

13) E.M. 번즈, R. 러너, S. 미첨, 위의 책, 364쪽

14) 이혜령 외 지음, 『세계의 역사』, 한국방송통신대학교출판부, 253쪽

15) E.M. 번즈, R. 러너, S. 미첨 , 위의 책, 367쪽

16) E.M. 번즈, R. 러너, S. 미첨 , 위의 책, 364쪽

17) 이혜령 외, 위의 책 , 256쪽

18) 이혜령 외, 위의 책, 256~257쪽

19) 이혜령 외, 위의 책, 257쪽

신성 로마 제국

1) 다음(브리태니커) 백과사전 참고

2) 마틴 키친 지음/ 유정희 옮김, 『사진과 그림으로 보는 케임브리지 독일사』, 시공사, 34쪽

3) 김상훈 지음, 『통유럽사 1』, 다산에듀, 165쪽

4) 마틴 키친, 위의 책, 37쪽

5) 마틴 키친, 위의 책, 37쪽

6) 마틴 키친, 위의 책, 40쪽

7) 마틴 키친, 위의 책, 41~45쪽

8) 마틴 키친, 위의 책, 50쪽

9) 마틴 키친, 위의 책, 55쪽

10) 마틴 키친, 위의 책, 58~59쪽

11) 마틴 키친, 위의 책, 60쪽

12) 마틴 키친, 위의 책, 62

13) 마틴 키친, 위의 책, 64~65쪽

14) 김상훈, 위의 책, 229쪽

15) 위키 백과 참고

16) E.M. 번즈, R. 러너, S. 미첨 지음/ 박상익 옮김, 『서양문명의 역사(상)』, 소나무, 372쪽

17) E.M. 번즈, R. 러너, S. 미첨, 위의 책, 374쪽

18) 김상훈, 위의 책, 234쪽

19) 김상훈, 위의 책, 235쪽

20) 마틴 키친, 위의 책, 83~84쪽

21) 마틴 키친, 위의 책, 95쪽

교황군주 국가

1) E.M. 번즈, R. 러너, S. 미첨 지음/ 박상익 옮김, 『서양문명의 역사(상)』, 소나무, 262쪽

2) 위키 백과 참고

3) E.M. 번즈, R. 러너, S. 미첨, 위의 책, 262~263쪽

4) E.M. 번즈, R. 러너, S. 미첨, 위의 책, 332~333쪽

5) E.M. 번즈, R. 러너, S. 미첨, 위의 책, 394쪽

6) E.M. 번즈, R. 러너, S. 미첨, 위의 책, 395쪽

7) E.M. 번즈, R. 러너, S. 미첨, 위의 책, 396쪽

8) E.M. 번즈, R. 러너, S. 미첨, 위의 책, 397쪽

9) 마틴 키친 지음/유정희 옮김, 『사진과 그림으로 보는 케임브리지 독일사』, 시공사, 55쪽

10) 마틴 키친, 위의 책, 56쪽

11) 마틴 키친, 위의 책, 56~57쪽

12) 위키 백과 참고

13) 위키 백과 참고

14) 마틴 키친, 위의 책, 58쪽

15) 마틴 키친, 위의 책, 56~57쪽

16) 마틴 키친, 위의 책, 59~61쪽

17) 마틴 키친, 위의 책, 62쪽

18) 위키 백과 참고

19) E.M. 번즈, R. 러너, S. 미첨, 위의 책, 399쪽

20) E.M. 번즈, R. 러너, S. 미첨, 위의 책, 400쪽

21) E.M. 번즈, R. 러너, S. 미첨, 위의 책, 400~401쪽

십자군 전쟁

1) 수잔 와이어 바우어 지음/ 이광일 옮김,『수잔 바우어의 중세이야기 2』, 이론과 실천, 465~466쪽

2) 시오노 나나미 지음/ 송태욱 옮김,『십자군 이야기 1』, 문학동네, 22쪽

3) 마틴 키친 지음/ 유정희 옮김,『사진과 그림으로 보는 케임브리지 독일사』, 시공사, 58~60쪽

4) 시오노 나나미, 위의 책, 26쪽

5) E.M. 번즈, R. 러너, S. 미첨 지음/ 박상익 옮김,『서양 문명의 역사(상)』, 소나무, 405~406쪽

6) E.M. 번즈, R. 러너, S. 미첨, 위의 책, 406~407쪽

7) E.M. 번즈, R. 러너, S. 미첨, 위의 책, 408쪽

8) E.M. 번즈, R. 러너, S. 미첨, 위의 책, 408쪽

9) E.M. 번즈, R. 러너, S. 미첨, 위의 책, 408~409쪽

10) 시오노 나나미, 위의 책, 41~44쪽

11) 시오노 나나미, 위의 책, 44~45쪽

12) 시오노 나나미, 위의 책, 46~51쪽

13) 시오노 나나미, 위의 책, 52~53쪽

14) 시오노 나나미, 위의 책, 33~35쪽

15) 시오노 나나미, 위의 책, 36~37쪽

16) 시오노 나나미, 위의 책, 62쪽

17) 시오노 나나미, 위의 책, 123~124쪽

18) 사이먼 시백 몬티피오리 지음/ 유달승 옮김,『예루살렘 전기』, 시공사, 357쪽

19) 시오노 나나미, 위의 책, 226쪽

20) 사이먼 시백 몬티피오리, 위의 책, 360쪽

21) 사이먼 시백 몬티피오리, 위의 책, 360쪽 재인용

22) 사이먼 시백 몬티피오리, 위의 책, 360쪽 재인용

23) 시오노 나나미, 위의 책, 238쪽

24) 김상훈 지음, 『통유럽사 1』, 다산에듀, 206~207쪽

25) 김상훈, 위의 책, 208~209쪽

26) 위키 백과 참고

27) 김상훈, 위의 책, 209쪽

28) E.M. 번즈, R. 러너, S. 미첨, 위의 책, 410쪽

29) 위키 백과 참고

30) 위키 백과 참고

31) E.M. 번즈, R. 러너, S. 미첨, 위의 책, 411~412쪽

32) 이혜령 외 지음, 『세계의 역사』, 한국방송통신대학교출판부, 264쪽

33) E.M. 번즈, R. 러너, S. 미첨, 위의 책, 412~413쪽

백년 전쟁과 잔 다르크

1) 위키 백과 참고

2) 위키 백과 참고

3) 이원주·손향숙 외 공편, 『영미희곡』, 한국방송대학교출판부, 237~254쪽

4) 위키 백과 참고

5) 이원주·손향숙 외, 위의 책, 260~261쪽

6) 이혜령·박용진 외 지음, 『유럽 바로 알기』, 한국방송대학교출판부, 25쪽

7) 김상훈 지음, 『통유럽사 1』, 다산에듀, 240~241쪽

8) 이혜령·박용진 외, 위의 책, 26쪽

9) 이혜령·박용진 외, 위의 책, 27쪽

10) 이혜령·박용진 외, 위의 책, 28쪽

11) 이혜령·박용진 외, 위의 책, 28~29쪽

12) 이혜령·박용진 외, 위의 책, 29쪽

13) 이혜령·박용진 외, 위의 책, 30쪽 재인용

14) 이혜령·박용진 외, 위의 책, 31쪽

15) 이혜령·박용진 외, 위의 책, 32쪽

16) 위키 백과 참고

17) 위키 백과 참고

18) 위키 백과 참고

19) 위키 백과 참고

20) 위키 백과 참고

21) 이혜령·박용진 외, 위의 책, 34쪽

22) 이원주·손향숙 외, 위의 책, 237~257쪽

23) 이혜령·박용진 외, 위의 책, 34쪽

24) 위키 백과 참고

25) 이혜령·박용진 외, 위의 책, 34쪽

26) 이혜령·박용진 외, 위의 책, 36쪽

27) E.M. 번즈, R. 러너, S. 미첨 지음/ 박상익 옮김, 『서양 문명의 역사(상)』, 소나무, 474쪽

28) 이혜령·박용진 외, 위의 책, 38쪽

29) 이혜령·박용진 외, 위의 책, 39쪽

30) 이혜령·박용진 외, 위의 책, 40쪽

비잔틴 제국

1) 존 줄리어스 노리치 지음/ 남경태 옮김, 『비잔티움 연대기 1』, 바다, 91쪽

2) E.M. 번즈, R. 러너, S. 미첨 지음/ 박상익 옮김, 『서양문명의 역사(상)』, 소나무, 295쪽

3) 수잔 와이즈 바우어 지음/이광일 옮김, 『수잔 바우어의 중세 이야기 1』, 이론과 실천, 377쪽

4) 존 줄리어스 노리치, 위의 책, 473쪽

5) 존 줄리어스 노리치, 위의 책, 474쪽

6) 존 줄리어스 노리치, 위의 책, 475쪽

7) 수잔 와이즈 바우어, 위의 책, 380쪽

8) 수잔 와이즈 바우어, 위의 책, 382쪽

9) 존 줄리어스 노리치, 위의 책, 489쪽

10) 수잔 와이즈 바우어, 위의 책, 383쪽

11) 존 줄리어스 노리치, 위의 책, 499쪽

12) 존 줄리어스 노리치, 위의 책, 514쪽

13) 존 줄리어스 노리치, 위의 책, 513쪽

14) 존 줄리어스 노리치, 위의 책, 514쪽

15) 브리태니커 백과사전 참고

16) 브리태니커 백과사전 참고

17) 위키 백과 참고

18) 브리태니커 백과사전 참고

19) 위키 백과 참고

20) E.M. 번즈, R. 러너, S. 미첨, 위의 책, 296~297쪽

21) E.M. 번즈, R. 러너, S. 미첨, 위의 책, 298쪽

22) E.M. 번즈, R. 러너, S. 미첨, 위의 책, 308~309쪽

23) 이노우에 고이치 지음/ 이경덕 옮김, 『살아남은 로마, 비잔틴 제국』, 다른세상,
242쪽

24) E.M. 번즈, R. 러너, S. 미첨, 위의 책, 307쪽

무함마드

1) 비르질 게오르규 지음/ 민희식·고영희 옮김, 『마호메트 평전』, 초당, 135~136쪽

2) 『꾸란』 96:1~8; 앨버트 후라니 지음/ 김정명·홍미정 옮김, 『아랍인의 역사』, 심산,
42~43쪽 재인용

3) 정수일 지음, 『이슬람 문명』, 창비, 71~72쪽

4) 정수일, 위의 책, 72쪽

5) 하르트무트 보브친 지음/ 염정용 옮김, 『무함마드는 이렇게 말했다』, 들녘, 124쪽

6) 앨버트 후라니, 위의 책, 44쪽

7) 정수일, 위의 책, 73쪽

8) 이슬람자료실, 한국이슬람교중앙회(http://www.koreaislam.org/data/data.jsp) 참고

9) 정현욱, '세계 인구 3분의 1은 종교에 관심 없어…2위 무슬림은 23%', 《기독일보》, 2013년 5월 21일

10) 프랜시스 로빈슨 외 지음/ 손주영 외 옮김, 『사진과 그림으로 보는 케임브리지 이슬람사』, 시공사, 15쪽

11) 프랜시스 로빈슨 외, 위의 책, 15쪽

12) 프랜시스 로빈슨 외, 위의 책, 19쪽

13) 프랜시스 로빈슨 외, 위의 책, 15~19쪽

14) 정수일, 위의 책, 61쪽

15) 엔하위키 미러 참고

16) 앨버트 후라니, 위의 책, 31쪽

17) 앨버트 후라니, 위의 책, 32~33쪽

18) 앨버트 후라니, 위의 책, 33쪽

19) 정수일, 위의 책, 40쪽

20) 정수일, 위의 책, 41쪽

21) 정수일, 위의 책, 42쪽

22) 정수일, 위의 책, 43쪽

23) 정수일, 위의 책, 44~45쪽

24) 정수일, 위의 책, 68쪽

25) 정수일, 위의 책, 68쪽

26) 정수일, 위의 책, 68~69쪽

27) 엔하 위키미러 참고

28) 정수일, 위의 책, 74쪽

29) 엔하 위키미러 참고

30) 정수일, 위의 책, 76쪽

31) 엔하 위키미러 참고

32) 정수일, 위의 책, 78쪽

이슬람 제국

1) 프랜시스 로빈슨 외 지음/ 손주영 외 옮김, 『사진과 그림으로 보는 케임브리지 이슬람사』, 시공사, 38쪽

2) 앨버트 후라니 지음/ 김정명·홍미정 옮김, 『아랍인의 역사』, 심산, 54쪽

3) 김상훈 지음, 『통아시아사 1』, 다산에듀, 246쪽

4) 앨버트 후라니, 위의 책, 57쪽

5) 앨버트 후라니, 위의 책, 57~58쪽

6) 앨버트 후라니, 위의 책, 58쪽

7) 정수일 지음, 『이슬람 문명』, 창비, 112~131쪽

8) 김상훈, 위의 책, 248쪽

9) 프랜시스 로빈슨 외, 위의 책, 42~43쪽

10) 앨버트 후라니, 위의 책, 59쪽

11) 앨버트 후라니, 위의 책, 61쪽

12) 앨버트 후라니, 위의 책, 73쪽

13) 프랜시스 로빈슨 외, 위의 책, 45쪽

14) 앨버트 후라니, 위의 책, 63쪽

15) 앨버트 후라니, 위의 책, 64쪽

16) 김상훈, 위의 책, 254~255쪽

17) 앨버트 후라니, 위의 책, 72쪽

18) 앨버트 후라니, 위의 책, 75쪽

19) 프랜시스 로빈슨 외, 위의 책, 54~55쪽

20) 김상훈, 위의 책, 260쪽

21) 앨버트 후라니, 위의 책, 80쪽

22) 앨버트 후라니, 위의 책, 81~82쪽

23) 앨버트 후라니, 위의 책, 82쪽

24) 앨버트 후라니, 위의 책, 83쪽

25) 김상훈, 위의 책, 314~315쪽

26) 앨버트 후라니, 위의 책, 23~24쪽

27) 앨버트 후라니, 위의 책, 24쪽

오스만 제국

1) J. M. 로버츠 지음/ 조윤정 옮김, 『히스토리카 세계사 4』, 이끌리오, 102쪽

2) 위키 백과 참고

3) 위키 백과 참고

4) 위키 백과 참고

5) 글로벌 세계대백과사전 참고

6) J. M. 로버츠, 위의 책, 102쪽

7) J. M. 로버츠, 위의 책, 103쪽

8) 프랜시스 로빈슨 외 지음/ 손주영 옮김, 『사진과 그림으로 보는 케임브리지 이슬람사』,
   시공사, 76쪽

9) J. M. 로버츠, 위의 책, 104쪽

10) J. M. 로버츠, 위의 책, 106쪽

11) 베이징대륙교문화미디어 기획 및 엮음/ 양성희 옮김, 『역사를 결정한 대정복 8장면』,
   현암사, 304~305쪽

12) 베이징대륙교문화미디어, 위의 책, 307~308쪽

13) 베이징대륙교문화미디어, 위의 책, 308~309쪽

14) 베이징대륙교문화미디어, 위의 책, 312쪽

15) 베이징대륙교문화미디어, 위의 책, 316~317쪽

16) 베이징대륙교문화미디어, 위의 책, 320~321쪽

17) 베이징대륙교문화미디어, 위의 책, 324~325쪽

18) 베이징대륙교문화미디어, 위의 책, 325쪽

19) 존 줄리어스 노리치 지음/ 남경태 옮김, 『비잔티움 연대기 3』, 바다출판사, 733~734쪽

20) 존 줄리어스 노리치, 위의 책, 735쪽

21) 존 줄리어스 노리치, 위의 책, 747~748쪽

22) 김형오 지음, 『술탄과 황제』, 21세기북스, 384~398쪽

23) 존 줄리어스 노리치, 위의 책, 750쪽

24) 김형오, 위의 책, 26쪽

25) 위키 백과 참고

26) 위키 백과 참고

27) 존 줄리어스 노리치, 위의 책, 744쪽

28) 진원숙 지음,『오스만제국: 지중해의 세 번째 패자』, 살림, 21쪽

29) 진원숙, 위의 책, 22쪽

30) 위키 백과 참고

31) J. M. 로버츠, 위의 책, 124쪽

32) J. M. 로버츠, 위의 책, 124~125쪽

중세편 참고 자료 (4권, 5권)

구글/ 다음/ 네이버/ 위키 백과/ 브리태니커 백과사전/ 두산 백과사전/ 글로벌 세계대백과사전/ 엔하위키 미러/ 한국민족문화대백과사전

E. M. 번즈 외 지음/ 박상익 옮김, 『서양 문명의 역사(상)』, 소나무
J. M. 로버츠 지음/ 조윤정·김기협 옮김, 『히스토리카 세계사 1~4』, 이끌리오
고마츠 히사오 외 씀/ 이평래 옮김, 『중앙유라시아의 역사』, 소나무
구대열 지음, 『삼국통일의 정치학』, 까치
김기협 지음, 『밖에서 본 한국사』, 돌베개
김상훈 지음, 『통아시아사 1, 2』, 다산에듀
김상훈 지음, 『통유럽사 1, 2』, 다산에듀
김용만·김준수 지음, 『지도로 보는 한국사』, 수막새,
김운회, '〈기황후〉, 한·몽 관계를 왜곡하다', 《프레시안》, 2013년 12월 17일~2014년 2월 26일
김종성, '김부식은 왜 '오국시대'를 '삼국시대'라 속였나', 《오마이뉴스》, 2011년 1월 6일
김한규 지음, 『티베트와 중국』, 소나무
김한규 지음, 『요동사』, 문학과지성사
김형오 지음, 『술탄과 황제』, 21세기북스
김형준 지음, 『이야기 인도사』, 청아출판사
김호동 지음, 『몽골제국과 세계사의 탄생』, 돌베개
김희영 엮음, 『이야기 일본사』, 청아출판사
김희영 편저, 『이야기 중국사 2, 3』, 청아출판사
남경태 지음, 『철학』, 들녘

노태돈 지음,『삼국통일전쟁사』, 서울대학교출판부

데이비드 O. 모건 지음/ 권용철 옮김,『몽골족의 역사』, 모노그래프

동북아역사재단 엮음,『동아시아의 역사 1~3』, 동북아역사재단

라시드 앗 딘 지음/ 김호동 역주,『부족지-라시드 앗 딘의 집사 1』, 사계절

라시드 앗 딘 지음/ 김호동 역주,『칭기스칸기-라시드 앗 딘의 집사 2』, 사계절

라시드 앗 딘 지음/ 김호동 역주,『칸의 후예들-라시드 앗 딘의 집사 3』, 사계절

레이황(황인우) 지음 /권중달 옮김,『허드슨 강변에서 중국사를 이야기하다』,
　　푸른역사

루스 베네딕트 지음/ 김윤식·오인식 옮김,『국화와 칼』, 을유문화사

르네 그루쎄 지음/ 김호동 외 옮김,『유라시아 유목제국사』, 사계절

마틴 키친 지음/ 유정희 옮김,『사진과 그림으로 보는 케임브리지 독일사』,
　　시공사

박영규 지음,『고려왕조실록』, 들녘

박전열·이영 지음,『일본전통문화론』, 한국방송통신대학교출판부

박종기 지음,『새로 쓴 5백년 고려사』, 푸른역사

박한종·김병종 외 지음,『아틀라스 중국사』, 사계절

베이징대륙교문화미디어 엮음/ 양성희 옮김,『역사를 결정한 대정복 8장면』,
　　현암사

비르질 게오르규 지음/ 민희식·고영희 옮김,『마호메트 평전』, 초당

사이먼 시백 몬터피오리 지음/ 유달승 옮김,『예루살렘 전기』,시공사

손승철·조법종 외 지음,『고등학교 동아시아사 교사용 지도서』, 교학사

송찬섭·송순권 지음,『한국사의 이해』, 한국방송통신대학교출판부

수잔 와이즈 바우어 지음/ 이광일 옮김,『수잔 바우어의 중세 이야기 1, 2』,
　　이론과실천

시오노 나나미 지음/ 김석희 옮김,『로마인 이야기1~15』, 한길사

시오노 나나미 지음/ 송태욱 옮김,『십자군 이야기 1~3』, 문학동네

아일린 파워 지음/ 이종인 옮김,『중세의 사람들』, 즐거운상상

아틀라스한국사편찬위원회 지음, 『아틀라스 한국사』, 사계절

앨버트 후라니 지음/ 김정명·홍미정 옮김, 『아랍인의 역사』, 심산

에드워드 사이드 지음/ 박홍규 옮김, 『오리엔탈리즘』, 교보문고

오금성·유경준 외 지음, 『고등학교 세계사』, 금성출판사

이노우에 고이치 지음/ 이경덕 옮김, 『살아남은 로마, 비잔틴 제국』, 다른세상

이원주·손향숙 외 공편, 『영미희곡』, 한국방송대학교출판부

이케가미 에이코 지음/ 남명수 옮김, 『사무라이의 나라』, 지식노마드

이혜령·박용진 외 지음, 『유럽 바로 알기』, 한국방송대학교출판부

이혜령·윤혜영 외 지음, 『세계의 역사』, 한국방송통신대학교출판부

이희진 지음, 『옆으로 읽는 동아시아 삼국지1』, 동아시아사

일본사학회 지음, 『아틀라스 일본사』, 사계절

정병준·권은주 외 지음, 『중국학계의 북방민족·국가 연구』, 동북아역사재단,

정수일 지음, 『실크로드 문명기행』, 한겨레출판

정수일 지음, 『이슬람 문명』, 창비

정현욱, '세계 인구 3분의 1은 종교에 관심 없어', 《기독일보》, 2013년 5월 21일

존 줄리어스 노리치 지음/ 남경태 옮김, 『비잔티움 연대기 1~3』, 바다

존 킹 페어뱅크 지음/ 중국사연구회 번역, 『신중국사』, 까치

진원숙 지음, 『오스만제국: 지중해의 세 번째 패자』, 살림

프랜시스 로빈슨 외 지음/ 손주영 외 옮김, 『사진과 그림으로 보는 케임브리지
    이슬람사』, 시공사

하르트무트 보브친 지음/ 염정용 옮김, 『무함마드는 이렇게 말했다』, 들녘

한국방송통신대학교 문화교양학과 편, 『인물로 본 문화』, 한국방송대학교출판부

한영우 지음, 『다시 찾는 우리 역사』, 경세원

허탁운 지음/ 이인호 옮김, 『중국 문화사(상, 하)』, 천지인

헤로도토스 지음, 『역사(상, 하)』, 범우사

홍익희 지음, 『유대인 이야기』, 행성B잎새

KI신서 5647

스토리 세계사 • 5

1판 1쇄 인쇄 2014년 8월 12일
1판 1쇄 발행 2014년 8월 25일

지은이 임영태
펴낸이 김영곤 **펴낸곳** (주)북이십일 21세기북스
부사장 임병주
출판사업본부장 주명석
책임편집 정지은 장보라 양으녕
마케팅 민안기 최혜령 이영인 강서영
영업본부장 안형태 **영업팀** 권장규 정병철
출판등록 2000년 5월 6일 제10-1965호
주소 (우 413-120) 경기도 파주시 회동길 201 (문발동)
대표전화 031-955-2100 **팩스** 031-955-2151
이메일 book21@book21.co.kr **홈페이지** www.book21.com
트위터 @21cbook **블로그** b.book21.com

ⓒ 임영태, 2014

ISBN 978-89-509-5589-2 13900
      978-89-509-5595-3 13900 (SET)